화 성 에 서 온

실용
화성학

세광음악출판사

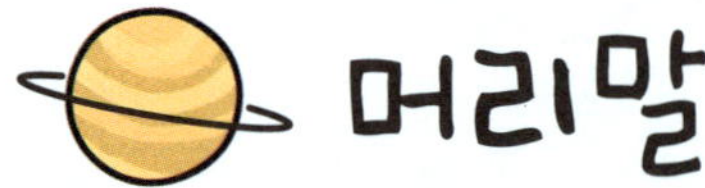 머리말

   나는 음악을 좋아한다. 여태까지의 삶 속에서 음악은 항상 내 주변에 있었고 때로는 가족보다도 더 가깝게 느껴졌던 인생의 친구 같은 존재이다. 공부를 할 때나 TV, 영화를 보고 게임을 할 때도 음악을 들었다. 친구들과 같이 듣고 서로 듣는 음악을 공유했다. 어디선가 우연히 만나게 되는 멋진 음악은 놀라움과 반가움이었고 그런 일들은 나를 더 음악에 빠져들게 했다.

   음악은 내가 무엇을 하며 인생을 살아야 할지에 대한 많은 고민 가운데 동경하던 것을 용기를 내서 도전하게 된 첫 번째 선택이기도 하다. 하지만 그와 동시에 첫 번째로 부딪힌 관문이 바로 화성학, 어려웠고 낯설었다. 영어가 많았고 수학적 표기법도 낯설었다. 그럼에도 불구하고 하나씩 습득할수록 나의 음악적 뿌리가 단단해짐을 느끼게 되었고 자신감도 커졌다.

   물론, 화성학을 잘 안다고 좋은 음악을 만드는 것은 아니다. 게다가 지식 축적의 목적을 갖고 일정 기간에만 머릿속에 잠시 머물렀다가 시험과 동시에 날아가 버리는 한국의 고질적 입시용 교육 문제와 같은 화성학 공부는 비극이 아닐 수 없다.

　사람의 귀는 익숙한 것을 편안하게 듣고 싶어 하는 기대 심리, 그리고 새롭고 신선한 어떤 요소들에 매료된다. 언어가 시대에 따라 변화하듯 음악도 다르지 않다. 화성학 역시 시대의 흐름에 따라 끊임없이 변화하는 학문이다. 바로크 시대 이후 화성학의 통주저음(Figured Bass)은 모든 음악가와 작곡가들에게 필수적인 요소였지만, 19세기부터는 점점 쓰지 않게 되었다. 20세기로 들어서며 유럽 중심의 서양음악 이론에서부터 레코딩의 시작과 함께 시작된 재즈 음악과 대중음악 성장의 배경에는 아메리카 대륙(미국: USA) 주도권 체제에서의 재즈 화성학이 있었다.

　이 책은 실용음악, 재즈 화성학의 오랜 장벽인 많은 영어 표현의 생소함, 어려운 화성학의 인상을 조금 비틀어 보고자 한다. 음악 초보인 내가 재즈 화성학을? 그것은 마치 지금 인류가 상상조차 하지 못했던 화성(Mars)으로의 이주를 가능케 하는 것과 같은 원리이며 화성학은 더욱 일상적이고 친숙하게 느껴질 것이다.

　재즈 피아노 연주자, 작곡자, 프로듀서, 교육자로 지내온 나의 오랜 경험과 평소의 생각들이 챕터별 주제와 함께 할 것이다. 아무리 생소하고 어려운 주제도 간단하고 쉽고 재미있게 설명하는 것을 좋아한다. 여러분들의 활짝 열린 마음으로 이 책을 즐겨 주길 바랄 뿐이다. 하나씩 알아가다 보면 그것이 나의 언어가 되고 눈에 드러나지 않는 무기가 된다고 믿어 보길 바란다. 우선 매일 조금이라도 읽는 연습을 해본다. 챕터의 순서는 상관없고 천천히 읽는 것이 중요하다.

저자 배장은

INDEX

1. **Accent**(악센트): 음악에서 강조된 음표, 중요한 음이나 리듬을 뚜렷하게 표현하는 기법

2. **Approach Note**(어프로치 노트): 특정 음을 자연스럽게 연결하거나 강조하기 위해 그 앞에 덧붙여 연주하는 음 (주로 반음 또는 도약적 움직임)

3. **Avoid Note**(어보이드 노트): 코드의 특정 구성음과 충돌하여 불협화음을 유발할 수 있어 멜로디나 솔로에서 피하는 음

4. **Arpeggio**(아르페지오): 화음의 각 음을 차례로 연주하는 것

5. **Arrangement**(어레인지먼트): 편곡

6. **Articulation**(아티큘레이션): 음악적 표현력을 높이는 중요한 요소로, 음의 길이, 강도, 발음 방식(스타카토, 레가토 등)을 조절하여 다채로운 연주 표현을 가능하게 함

7. **Augmented**(오그멘티드): 증가된, 증화음

8. **Backbeat**(백비트): 보통 2박과 4박에 강세를 주는 리듬 스타일로, 록, 팝, R&B 등에서 많이 쓰임

9. **Ballad**(발라드): 느리고, 서정적인 노래

10. **Bass Clef**(베이스 클레프): 낮은음자리표

11. **Bridge**(브릿지): 재즈 스탠다드 AABA 형식에서 곡 구조의 변화를 위한 B 파트를 의미하며, 가요나 팝 등에서는 Verse → Pre-Chorus → Chorus 형식에서 주로 2절 후반~후렴 직전에 등장하여 분위기를 전환, 감정을 고조시켜 후렴(클라이맥스)로 연결하는 다리를 뜻함

12. **Changes**(체인지스): 곡의 코드 진행만 뜻함

13. **Chord Progression**(코드 프로그레션): 음악에서 화음이 진행되는 방식으로 특정한 패턴을 따라 전개됨

14. **Chord Symbol**(코드 심벌): 화음 기호

15. **Chorus**(코러스): 곡의 주요 섹션이자 반복되는 후렴 부분, 가사나 멜로디가 반복되며 'Hook(훅)' 역할을 하기도 한다.

16. **Chromatic Scale**(크로매틱 스케일): 반음계, 12개의 이웃하는 모든 음이 반음(단2도)인 음계

17. **Circle of 4ths**(서클 오브 포스): 4도권, 반시계방향으로 음이 완전5도씩 내려가며 배열된 원 모양의 도표

18. **Circle of 5ths**(서클 오브 피프스): 5도권, 시계방향으로 음이 완전5도씩 올라가며 배열된 원 모양의 도표

19. **Clef**(클레프): 음자리표

20. **Comping**(컴핑): 즉흥적으로 코드 반주를 하며 리듬과 보이싱으로 솔리스트를 받쳐주는 연주 기법, 특히 재즈에서 사용됨

21. **Consonance**(컨조넌스): 협(어울림), 화음의 안정감과 조화로움

22. **Counterpoint**(카운터포인트): 두 개 이상의 선율이 서로 독립적으로 진행되면서도 화성적으로 조화를 이루는 작곡 기법

23. **Diatonic Scale**(다이아토닉 스케일): 온음계, 기본적인 7개 음계 배열을 의미하는 용어

24. **Diminished**(디미니쉬드): 감소된, 감화음

25. **Dissonance**(디조넌스): 불협, 화음의 불안정함과 긴장감

26. **Dotted Note(도티드 노트)**: 점음표, 음표의 기본 길이에 점이 붙어 원래 길이의 1/2만큼 더 연장되는 음표

27. **Double Time(더블 타임)**: 빠른 속도에서 연주할 때, 2배 빠른 박자에 맞춰서 연주하는 것

28. **Double Time Feel(더블 타임 필)**: 실제 템포는 그대로 두고, 리듬을 두 배 빠르게 느끼게 연주하는 리듬 기법

29. **Enclosure(인클로저)**: 특정 음을 장식하거나 강조하기 위해 주변 음을 사용하며 감싸듯 연주하는 기법

30. **Flat(플랫)**: 낮은, 반음 낮은 음

31. **Ghost note(고스트 노트)**: 뚜렷한 음정 없이 약하게 내는 소리지만 리듬감을 강조하는 역할을 하는 음

32. **Grace Note(그레이스 노트)**: 장식음표

33. **Grand Staff(그랜드 스태프)**: 큰보표

34. **Groove(그루브)**: 기본적인 박자와 리듬감이 일정한 패턴과 느낌으로 일관성 있게 연주되어 생동감 있게 만들어지는 것

35. **Guide Tone(가이드 톤)**: 코드의 성격을 결정하는 핵심음으로, 보통 3도와 7도 음을 의미함

36. **Half Time(하프 타임)**: 실제 템포는 유지하되, 리듬을 절반 속도로 느끼게 연주하는 기법

37. **Head In(헤드 인)**: 곡의 도입에서 연주되는 주제 멜로디 또는 테마, 이후 즉흥연주(Solo)와 코드 진행 전개의 기준이 됨

38. **Head Out(헤드 아웃)**: 즉흥연주가 끝난 뒤, 다시 Head로 돌아와 곡을 마무리하는 구간

39. **Hybrid Chord(하이브리드 코드)**: 다른 음을 베이스로 둔 Slash 코드로, 코드의 구성음과 베이스가 서로 다른 성격을 갖는 복합적인 코드

40. **Improvisation(임프로비제이션)**: 즉흥연주, 즉석에서 하는 연주

41. **Interlude(인터루드)**: 재즈에서 분위기 전환 목적으로 곡의 중간에 삽입되는 독립적인 연주 부분으로 Head와 Solo 사이, 혹은 Solo와 Solo 사이를 연결하는 역할을 함, 팝이나 가요에서 가사 없이 분위기 전환을 위한 연주만 나오는 짧은 연결 파트

42. **Interval(인터벌)**: 음정(두 음간의 간격)

43. **Inversion(인벌전)**: 전위, 코드의 베이스음을 근음이 아닌 다른 구성음으로 바꾼 형태

44. **Key(키)**: 조성(=key center) [Key Signature-조표]

45. **Lead Sheet(리드 시트)**: 멜로디와 코드 진행이 적혀진 송폼을 나타낸 간단한 악보

46. **Lick(릭)**: 특정한 실용적인 연주를 패턴화한 것

47. **Major(메이저)**: 장조

48. **Minor(마이너)**: 장조(Major)에 대비되는 음계 체제로, 주로 단3도를 포함한 구조로 어두운 성향을 띤다.

49. **Modal Interchange(모달 인터체인지)**: 한 조성(C Major)에서 평행 단조(C Minor)나 다른 모드의 화음을 빌려오는 기법, 곡의 분위기를 바꾸거나 색다른 느낌을 줄 때 사용됨

50. **Modulation(모듈레이션)**: 곡이 진행되는 도중에 조성(Key)을 바꾸는 것

51. **Movable Clef(모버블 클레프)**: 가온음자리표

52. Octave(옥타브): 완전8도

53. Original(오리지널): 자작곡

54. Ostinato(오스티나토): 같은 패턴의 특정 리듬으로 구성되며, 화성이나 선율이 반복되어 쓰이는 작곡 기법

55. Pad(패드): 밴드 연주에서 백그라운드로 활용되는 화음 연주

56. Passing Chord(패싱 코드): 코드 진행에서 두 코드 사이를 부드럽게 연결하거나 변화를 주기 위해 일시적으로 삽입하는 코드

57. Pedal Point(페달 포인트): 화성 진행에서 특정 음을 계속 유지하면서 다른 선율이나 화성을 움직여 사용하는 것

58. Phrasing(프레이징): 음악에서 선율이나 리듬의 구성을 문장처럼 정리하여 연주하는 방식으로, 감정표현에 중요한 역할을 함

59. Polychord(폴리코드): 두 개 이상의 화음을 동시에 사용, 분수 모양(ex.——)으로 표기되며 위아래로 코드를 씀

60. Polyrhythm(폴리리듬): 서로 다른 리듬이 동시에 진행되는 것

61. Reharmonization(리하모니제이션): 기존의 멜로디와 가사를 유지하면서 새로운 코드 진행을 적용해 색다른 분위기를 만드는 기법

62. Resolution(레졸루션): 해결

63. Rhythm(리듬): 음의 길이와 간격이 시간적으로 배열되는 방식으로, 박자, 강약, 패턴 등의 요소로 구성

64. Rhythm Section(리듬 섹션): 리듬을 담당하는 연주 그룹으로 보통 드럼, 베이스, 건반, 기타로 구성됨

65. Riff(리프): 반복적으로 나오는 멜로디나 리듬을 가진 패턴

66. Rubato(루바토): 연주의 속도를 자유롭게 늘리거나 줄이며, 음악적 표현력을 극대화 하는 기법

67. Semitone(세미톤): 반음(=Half Step) [참고 Whole Tone: 온음(=Whole Step)]

68. Seventh Chord(세븐스 코드): 4화음, 서로 다른 네개의 음으로 만든 화음, 3화음에 7도를 쌓은 코드

69. Sharp(샵): 반음 높은음

70. Slash Chord(슬래시 코드): /(ex.C/D)로 표기되며 왼쪽은 코드, 오른쪽은 베이스 노트를 씀

71. Solo(솔로): 독주, 즉흥연주의 뜻도 있음

72. Song Form(송폼): 곡의 형식(AB, AABA, ABAC 등으로 표기하며 여기서 `ABC'는 Verse, Bridge, Chorus를 뜻함)

73. Staff(스태프): 오선, 악보 위의 가로줄

74. Standard(스탠다드): 재즈에서 시작된 지금까지 널리 알려진 기준이 되는 유명한 곡

75. Straight 8th(스트레이트 에잇스): 두 개의 8분음표를 길이 차이 없이 동등하게 연주하는 리듬

76. Subdominant(서브도미넌트): 버금딸림화음, 주로 IV도(약자로 SD)

77. Substitute Dominant 7th(섭스티튜드 도미넌트 세븐스): 주어진 화음의 트라이톤 관계에 있는 도미넌트 화음, 트라이톤 대리 도미넌트

78. Substitution(섭스티튜션): 대리 코드(Sub란 어원은 대신한다는 의미가 있음=Subsitute chord)

79. Superimposition(슈퍼임포지션): 기본적인 화음이나 화성 진행에 다른 화음이나 화성 진행을 겹쳐서 사용하는 것

80. Symmetric Scale(시메트릭 스케일): 음과 음 사이의 간격이 규칙적으로 반복되는 대칭적인 구조의 음계, 예) 디미니쉬드 스케일, 홀톤 스케일

81. Syncopation(싱코페이션): 당김음

82. Swing(스윙): 두 개의 8분음표를 셋잇단음표의 첫째재, 셋째재로 연주해 앞은 길고 뒤는 짧게 들리도록 만드는 재즈 리듬

83. Tempo(템포): 곡의 빠르기 또는 느림을 나타내는 것

84. Tension(텐션): 기본 코드에 추가되어 긴장감과 다른 색채를 주는 음들, 주로 9th, 11th, 13th가 해당

85. Texture(텍스쳐): 멜로디, 리듬, 하모니, 동시성 등의 다양한 요소들이 어떤 방식으로 조합되어 전개되는지를 나타내는 음악적 특성

86. Tonic(토닉): 으뜸화음, 주로 I도(약자로 T)

87. Transcription(트랜스크립션): 카피(copy), 다른 연주자의 연주를 자신이 연주할 수 있도록 악보로 옮기는 작업

88. Transposition(트랜스포지션): 전조, 곡을 다른 조성으로 옮기는 것

89. Treble Clef(트레블 클레프): 높은음자리표

90. Triad(트라이어드): 3화음, 세 개의 음으로 이루어진 화음

91. Tritone(트라이톤): 3개의 온음 또는 6개의 반음 간격을 가진 음정으로, 증4도 또는 감5도와 같음

92. Turnaround(턴어라운드): 곡의 끝에서 처음으로 돌아가게 만드는 짧은 코드 진행으로 흐름을 자연스럽게 이어줌

93. Unison(유니즌): 둘 이상의 악기나 보컬이 동일한 음을 연주하는 것

94. Upper Structure(어퍼 스트럭쳐): 텐션을 포함한 7th 코드 위에 생기는 코드

95. Vamp(뱀프): 짧은 코드 진행이나 리듬 패턴을 반복해서 다음 파트를 준비하거나 기다리는 구간 또는 연주방식

96. Verse(벌스): 팝, 가요에서 가사를 전개하는 반복 파트, 재즈에서는 본곡 앞에 나오는 인트로를 뜻함

97. Voice Leading(보이스 리딩): 코드 구성음을 수평적으로 자연스럽게 연결하기 위해 최소한으로 움직이는 기법

98. Voicing(보이싱): 근음과 코드 구성음을 다양한 방식으로 쌓아 소리를 다르게 표현하는 것

99. Walking Bass(워킹 베이스): 리듬감 있게 연속되는 4분음표의 즉흥연주 기법으로 코드 진행을 받쳐주는 베이스 라인

100. Whole Tone(홀톤): 온음(=Whole Step)

 # 이 책을 학습하는 분들에게

☀ 학습 Tip 1

"~이다", 아니면 "~고 한다"라는 단정적 표현의 문장은 정답이 있는 파트의 화성학 이론이므로 바로 머릿속에 입력해 버리자. 영어적 표현을 이해하는 것과 12개의 조성을 모두 이해하는 것 모두 이에 해당한다. 하지만 지금 현재에도 진화하는 재즈 화성학은 "~라고 할 수 있다" 등의 개연적 표현을 쓰기도 하는데 이는 정답이 딱 떨어지지 않는다. 이전의 화성학에서는 Avoid note(피해야 할 음)에 대한 강한 주장이 있었지만, 시간이 지날수록 경계가 흐려지고 있다.

이 책의 또 다른 특징 중 하나는 코드 및 스케일 등, 영어적 표기법에 관한 혼선을 줄이기 위해서 대표되는 명칭을 표기하고, 추가로 대체 가능한 모든 명칭을 표기하였다. 이는 화성학을 공부하고 있는 사람, 혹은 화성학을 가르치는 선생님, 각각의 화성학 교재마다, 다른 표기법이 종종 쓰일 수 있는 가능성을 염두에 둔 것이다.

　반드시 건반악기인 피아노로 여러 이론적인 개념을 꼭 쳐 보는 것을 추천한다. 이 책에서는 테크니컬한 피아노 연주를 요구하지 않는다. 단지 예제의 악보를 보고 칠 수 있는 수준이면 된다. 악보를 읽지 못하는 사람들 역시 악보 보는 훈련을 꼭 하길 바란다. '보고 읽으면 는다', '읽고 치면 입력이 된다', '반복한다', 이 세 가지 과정을 반복하면 자신도 모르는 사이 실력이 다져질 것이다. 연주하는 메인 악기가 피아노가 아닌 기타나 베이스라면 그것도 좋다. 다만 관악을 전공하는 학생이라면 이론을 공부할 때만큼은 꼭 피아노로 연주해 보길 권한다. 보컬이나 드럼 전공도 마찬가지다. 피아노가 없으면, 쉽게 구할 수 있는 멜로디언도 좋다. 그러나 스마트폰, 태블릿과 같은 앱을 사용하는 것은 추천하지 않는다. 건반 자체를 눌러보면서 손가락의 위치와 칠 때의 느낌이 12개의 키 별로 무엇이 다른지 알기 어렵기 때문이다. 익숙하지 않은 언어와 기술들은 그것을 사용하는 경험이 쌓일수록 비로소 이해의 폭이 넓어진다. 낯선 것들에 관해 관심을 두고 끊임없이 의문을 제기하며 수많은 연습을 통해 나의 것으로 만드는 과정이 모두 공부다. 어렵더라도 공부를 바탕으로 성장하는 실력, 그리고 그에 비례하여 높아지는 자신감을 떠올려 보자. 그리고 이 과정을 통해 평생의 동반자인 음악에 대한 사랑도 더욱 깊어질 것이라 믿는다.

chapter 01 기초 악전
(The Music Fundamentals)

Prologue...

   음악은 언어이다. 들은 만큼 말할 수 있고 아는 만큼 들을 수 있다. 물론 음악은 심장을 몹시 뛰게도 하며 마음속 깊이 울림을 주는 그런 감동의 언어이다. 책으로 읽는 음악은 눈을 통해 두뇌로 파고들 것이다. 그것을 다시 감성과 감각을 통해 음악으로 표현하고자 함이 음악을 공부하는 하나의 이유일 것이다. 이 첫 번째 챕터는 한글의 `ㄱ, ㄴ, ㄷ` 등의 자음이 어떻게 생기고 발음하는지, `ㅏ, ㅓ, ㅣ` 등의 모음을 어떻게 쓰고 소리 내는지 알아보는 것 같이 음악에서의 가장 기본적인 내용을 담고 있다. 여느 언어가 그렇듯, 음악 역시 기본 구조라고 해서 단순한 것만은 아니다. 규칙이 있으며 꼭 알아두고 이해해야 할 명칭 등이 있다. 한번 알고 습득하면 다시는 까먹지 않는 실용음악, 재즈 화성학을 향해 기초 악전을 먼저 부숴버리자.

기초 악전(The Music Fundamentals)

1. 오선(Staff)

5개의 줄과 4개의 칸으로 이루어져 있으며, 다섯 줄의 위나 아래에 음을 표시할 경우엔 짧은 가로줄인 덧줄을 사용하여 표현합니다.

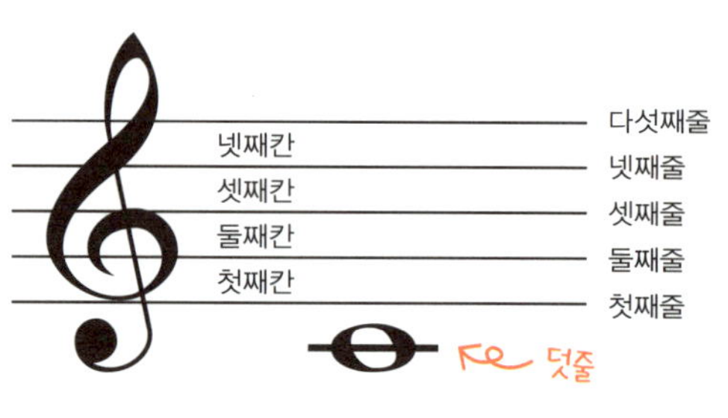

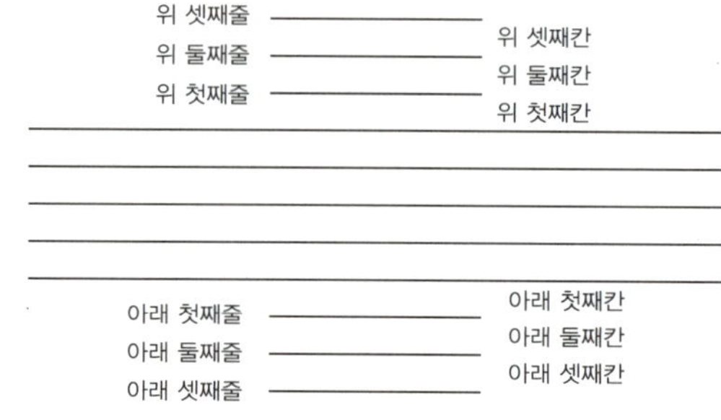

2. 음자리표(Clef)

정확한 음의 높낮이를 나타내기 위해 오선의 가장 앞부분에 표시합니다.

1. **높은음자리표(Treble Clef)** : 가장 일반적이며 주로 높은 음역의 기보에 사용합니다.(피아노 오른손, 트럼펫, 색소폰, 플루트 등)
2. **낮은음자리표(Bass Clef)** : 낮음 음역의 기보에 사용합니다.(피아노 왼손, 베이스, 첼로 등)
3. **가온음자리표(Movable Clef)** : 중간 음역의 기보에 사용합니다.(비올라 등)

❯ 음자리표 종류별 으뜸음 '가온 도'의 위치

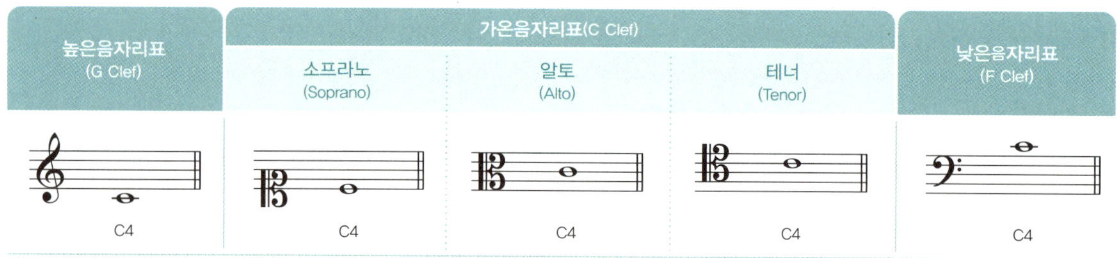

3. 큰보표(Grand Staff)

두 개의 보표를 합쳐서 만든 보표로, 주로 위쪽은 높은음자리보표를, 아래쪽은 낮은음자리보표를 배치합니다. 주로 건반악기(피아노)에 사용되며, 작곡이나 편곡시에도 많이 사용됩니다.

4. 계이름과 음이름

1. **계이름** : 음계를 이루는 자리의 이름으로 이탈리아어에서 유래되어 각 음의 상대적인 관계를 나타냅니다.

2. **음이름** : 각 음의 절대적인 높이를 가리키는 말로 우리나라 음이름과 영어 음이름이 있습니다.

계이름		도	레	미	파	솔	라	시
음이름	우리나라	다	라	마	바	사	가	나
	영어	C	D	E	F	G	A	B

큰보표와 건반의 관계

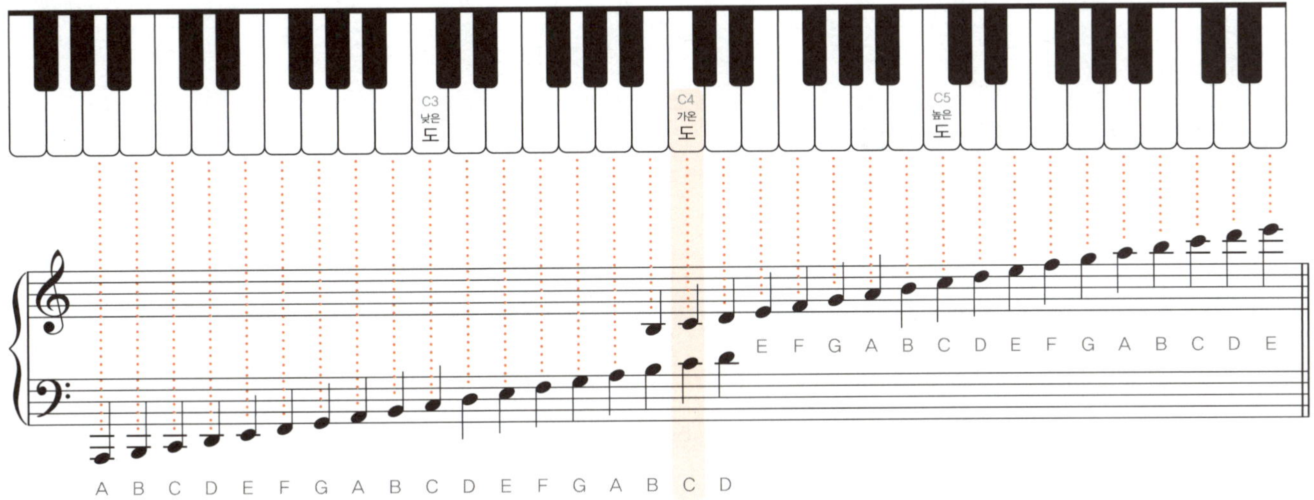

개념 CHECK 01 다음 악보가 제시하는 음의 계이름과 영어 음이름을 써보세요.

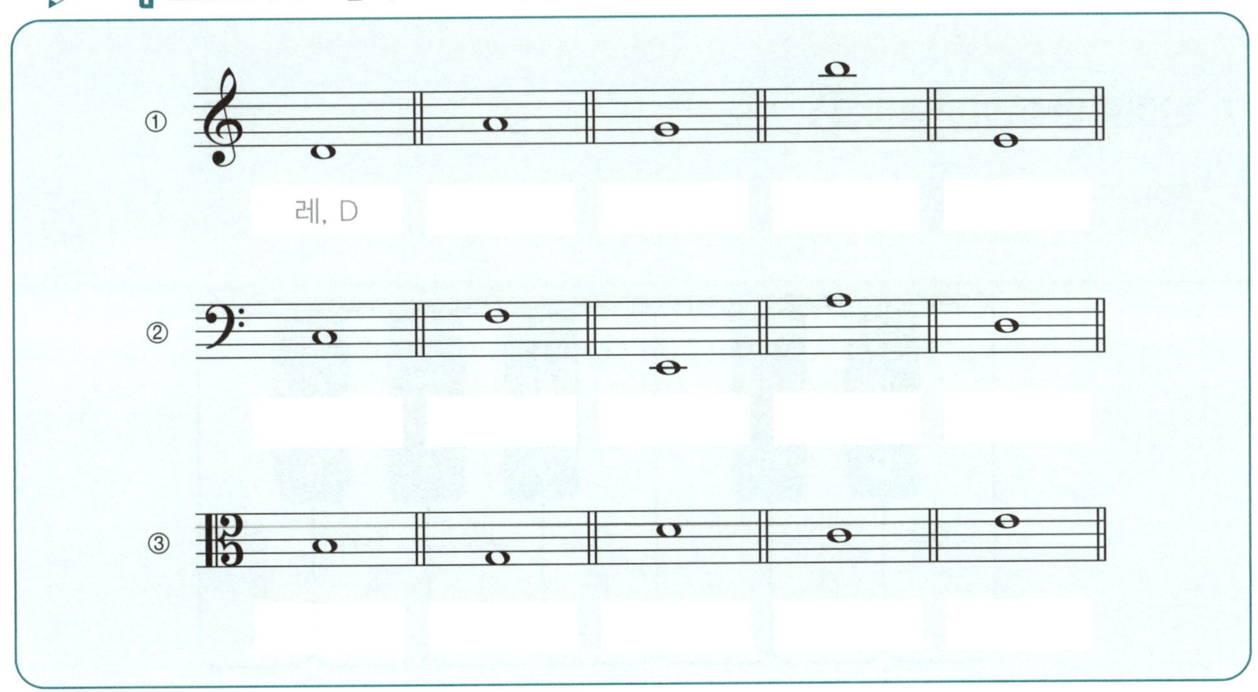

5. 온음과 반음

1. 온음(1, Whole Step) : 두 개의 음 사이에 하나의 다른 음이 존재하며 반음 2개가 합쳐진 음정입니다.
2. 반음($\frac{1}{2}$, Half Step) : 두 개의 음 사이에 아무것도 없는 최소 단위의 음정입니다.

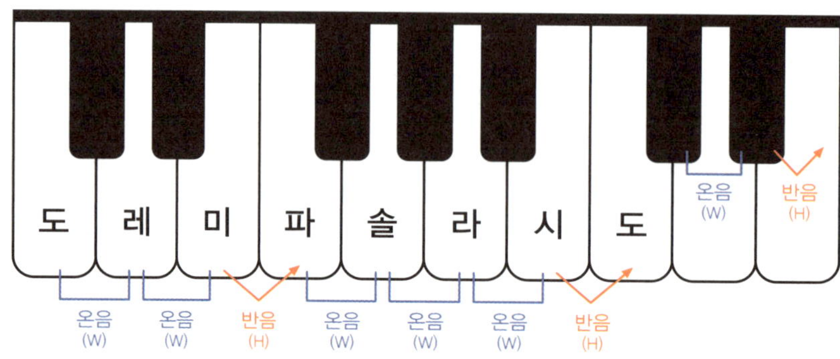

6. 임시표(Accidentals)

음의 변화를 표현하기 위한 기호

1. ♯ 샵(Sharp) : 올림표라고도 하며 원래의 음에서 반음 올려 연주합니다.
2. ♭ 플랫(Flat) : 내림표라고도 하며 원래의 음에서 반음 내려 연주합니다.
3. ♮ 내추럴(Natural) : 제자리표라고도 하며 원래의 음으로 되돌아갑니다.
4. 𝄪 더블샵(Double Sharp) : 겹올림표라고도 하며 원래의 음에서 온음 올려 연주합니다.
5. ♭♭ 더블플랫(Double Flat) : 겹내림표라고도 하며 원래의 음에서 온음 내려 연주합니다.

7. 딴이름한소리(이명동음)

음이름은 다르지만 똑같은 높이를 가진 음

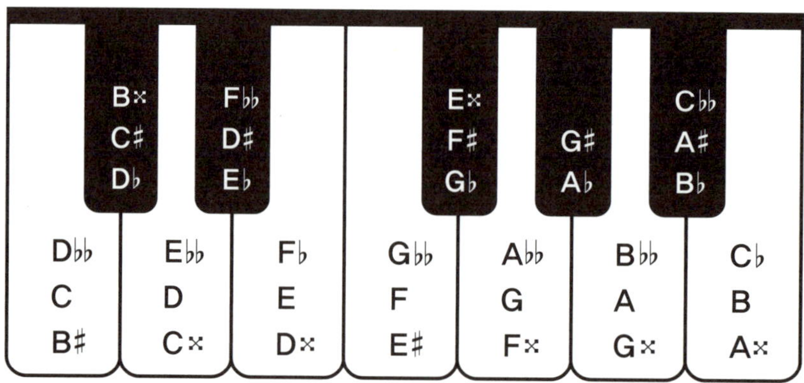

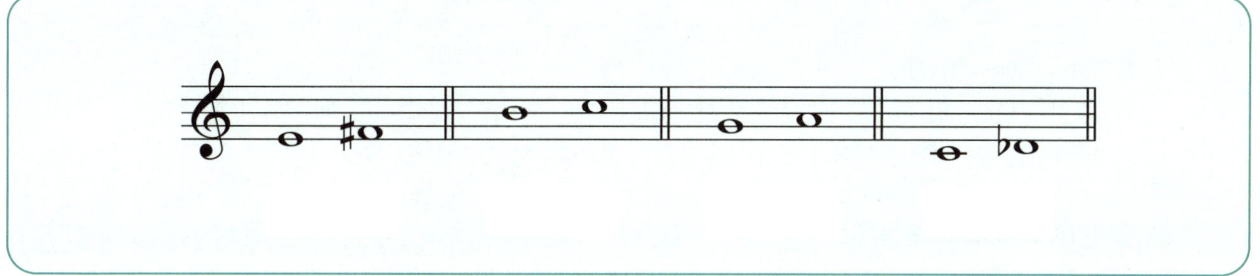

8. 음표와 쉼표

음표	이름	쉼표	이름	길이	박자
o	온음표 (Whole Note)		온쉼표 (Whole Rest)		4박
	2분음표 (Half Note)		2분쉼표 (Half Rest)		2박
	4분음표 (Quarter Note)		4분쉼표 (Quarter Rest)		1박
	8분음표 (8th Note)		8분쉼표 (8th Rest)		반박 (1/2박)
	16분음표 (16th Note)		16분쉼표 (16th Rest)		반의 반박 (1/4박)
	32분음표 (32th Note)		32분쉼표 (32th Rest)		1/8박
o.	점온음표 (Dotted Whole Note)		점온쉼표 (Dotted Whole Rest)	o + ♩	6박
	점2분음표 (Dotted Half Note)		점2분쉼표 (Dotted Half Rest)	♩ + ♩	3박
	점4분음표 (Dotted Quarter Note)		점4분쉼표 (Dotted Quarter Rest)	♩ + ♪	1박 반
	점8분음표 (Dotted 8th Note)		점8분쉼표 (Dotted 8th Rest)	♪ + ♪	3/4박
	점16분음표 (Dotted 16th Note)		점16분쉼표 (Dotted 16th Rest)	♪ + ♪	3/8박

9. 박자(Meter)

일정한 수의 박이 모여 규칙에 따라 셈여림이 반복되는 리듬의 기본 단위

1. 홑박자(Simple Meter)
1박을 한 단위로 보는 박자로 일반적으로 4분음표 각각을 1박으로 계산합니다. 예를 들어 $\frac{4}{4}$ 박자는 한 마디에 4분음표 4개가 들어가며 더 작은 단위의 음표로 분할되기도 합니다.

2. 겹박자(Compound Meter)
같은 종류의 홑박자가 여러 개 합쳐진 것으로 홑박자의 각 박을 다시 3등분하여 만든 박자입니다. 즉 3박을 한 단위로 보는 박자로 일반적으로 8분음표 3개를 합쳐 1박으로 계산합니다.

3. 혼합박자(Odd Meter)
서로 다른 종류의 홑박자가 합쳐진 것으로 대표적으로 $\frac{3}{4}$ 박과 $\frac{2}{4}$ 박이 합쳐진 $\frac{5}{4}$ 박자가 있습니다.

	박자표 (Time Signatures)	한 마디의 비트 숫자 (Beats per Measure)	비트 노트 (Beat Note)	비트의 분할 (Division of the Beat)
홑박자	$\frac{4}{4}$	4	♩	♫
	$\frac{3}{4}$	3	♩	♫
	$\frac{2}{4}$	2	♩	♫
	$\frac{2}{2}$	2	𝅗𝅥	♩ ♩
겹박자	$\frac{6}{8}$	2	♩.	♫♪
	$\frac{9}{8}$	3	♩.	♫♪
	$\frac{12}{8}$	4	♩.	♫♪
	$\frac{6}{4}$	2	𝅗𝅥.	♩ ♩ ♩
혼합박자	$\frac{5}{4}$	5	♩	♫
	$\frac{7}{4}$	7	♩	♫

✧ 정리 ✧

	2박자 계통	3박자 계통	4박자 계통
홑박자	$\frac{2}{4}$ $\frac{2}{2}$ $\frac{2}{8}$	$\frac{3}{4}$ $\frac{3}{2}$ $\frac{3}{8}$	$\frac{4}{4}$ $\frac{4}{2}$ $\frac{4}{8}$
겹박자	$\frac{6}{8}$ $\frac{6}{4}$ $\frac{6}{2}$	$\frac{9}{8}$ $\frac{9}{4}$ $\frac{9}{2}$	$\frac{12}{8}$ $\frac{12}{4}$ $\frac{12}{2}$
혼합박자		$\frac{5}{4}$ $\frac{7}{4}$	

10. 마디(Measure)

악보에서 세로줄(Bar Line)로 구분되어 있는 악곡의 가장 작은 단위로 갖춘마디와 못갖춘마디가 있습니다. 못갖춘마디는 첫마디가 규정된 박수를 갖추지 못해 끝마디를 합해서 완성되는 마디를 말하며, 마디를 구분 짓는 세로줄에는 곡에 변화가 생길 때 사용하는 겹세로줄과 곡이 끝날 때 사용하는 끝세로줄이 있습니다.

▶ **갖춘마디**

▶ **못갖춘마디**

11. 잇단음표(Tuplet)

음표를 원래의 분할법이 아닌 원하는 수만큼 분할하는 방법으로 음표의 아래나 위에 나누고 싶은 분할 수자를 쓰고 묶음 기호로 표기합니다. 대표적으로 셋잇단음표(Triplet)가 가장 많이 사용되며 중간에 음표 대신 쉼표를 섞는 것도 가능합니다.

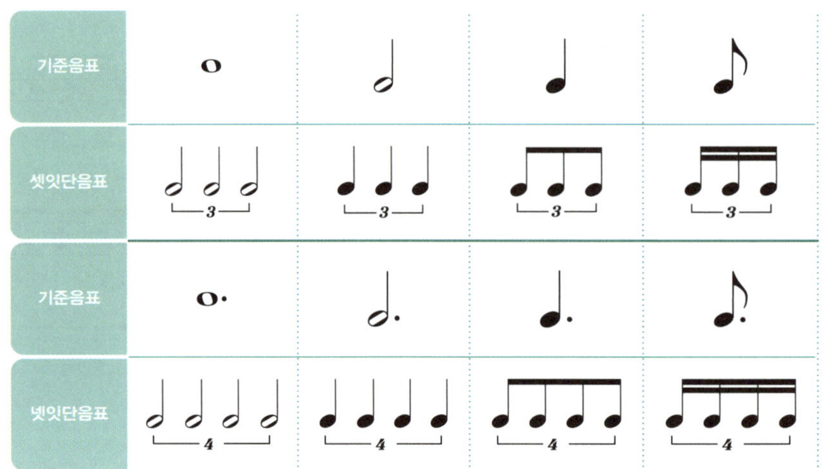

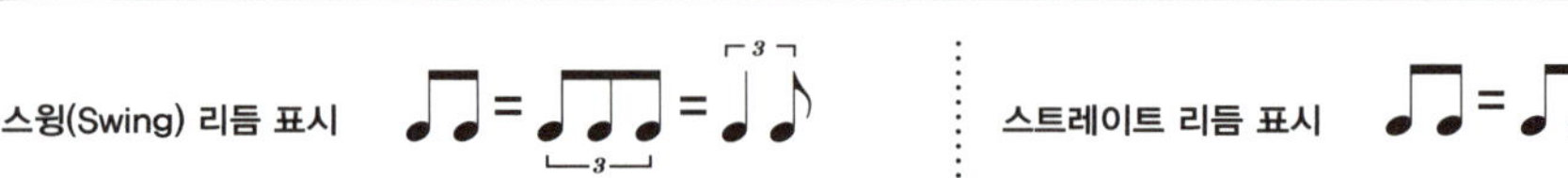

위와 같이 재즈 악보에서 종종 볼 수 있는 스윙 리듬은 두 개의 8분음표를 셋잇단음표 중 첫째와 셋째 음으로 연주해 앞은 길고, 뒤는 짧게 느껴지도록 특유의 재즈 그루브를 만드는 리듬입니다.

개념 CHECK 04 빈칸에 알맞은 잇단음표를 표시해 보세요.

12. 셈여림표와 반복기호

셈여림표(Dynamics Markings)

강약 기호라고도 하며 음의 세기를 표현하는 말로 아래와 같이 표기합니다.

기호	이름	뜻
pp	피아니시모(Pianissimo)	매우 여리게
p	피아노(Piano)	여리게
mp	메조 피아노(Mezzo Piano)	조금 여리게
mf	메조 포르테(Mezzo Forte)	조금 세게
f	포르테(Forte)	세게
ff	포르티시모(Fortissimo)	매우 세게
sfz	스포르잔도(Sforzando)	그 음만 특히 세게
◁ *cresc.*	크레셴도(Crescendo)	점점 세게
▷ *decresc.*	데크레셴도(Decrescendo)	점점 여리게

반복기호(Repeat Signs)

곡 진행의 순서를 표현하기 위한 기호로 도돌이표, 다 카포, 달 세뇨, 코다, 피네 등이 있습니다.

기호	이름	뜻
도돌이표 그림	도돌이표(Repeat)	도돌이표 사이를 반복
D. C.	다 카포(Da Capo)	처음으로 돌아가서 반복
D. S.	달 세뇨(Dal Segno)	세뇨(𝄋)로 돌아가서 반복
⊕	코다(Coda)	반복 연주 시 코다 사이의 마디는 생략
Fine	피네(Fine)	반복 연주 후 해당 기호에서 마침

Q 악보에서 ⌐1.⌐ ⌐2.⌐ 표시는 무엇인가요?

도돌이표와 함께 사용되며 긋다와 비슷한 역할을 하는데 ⌐1.⌐ + 간의 마지막 마디에는 항상 도돌이표가 있어 처음이나 ‖: 로 되돌아가 연주하되 반복 연주 시에는 ⌐1.⌐ 을 건너뛰고 ⌐2.⌐ 으로 가면 됩니다. 숫자는 3, 4, 5 등등 더 늘어날 수도 있습니다.

✏️ **개념 CHECK 05** 다음 악보의 연주 순서를 빈칸에 써보세요.

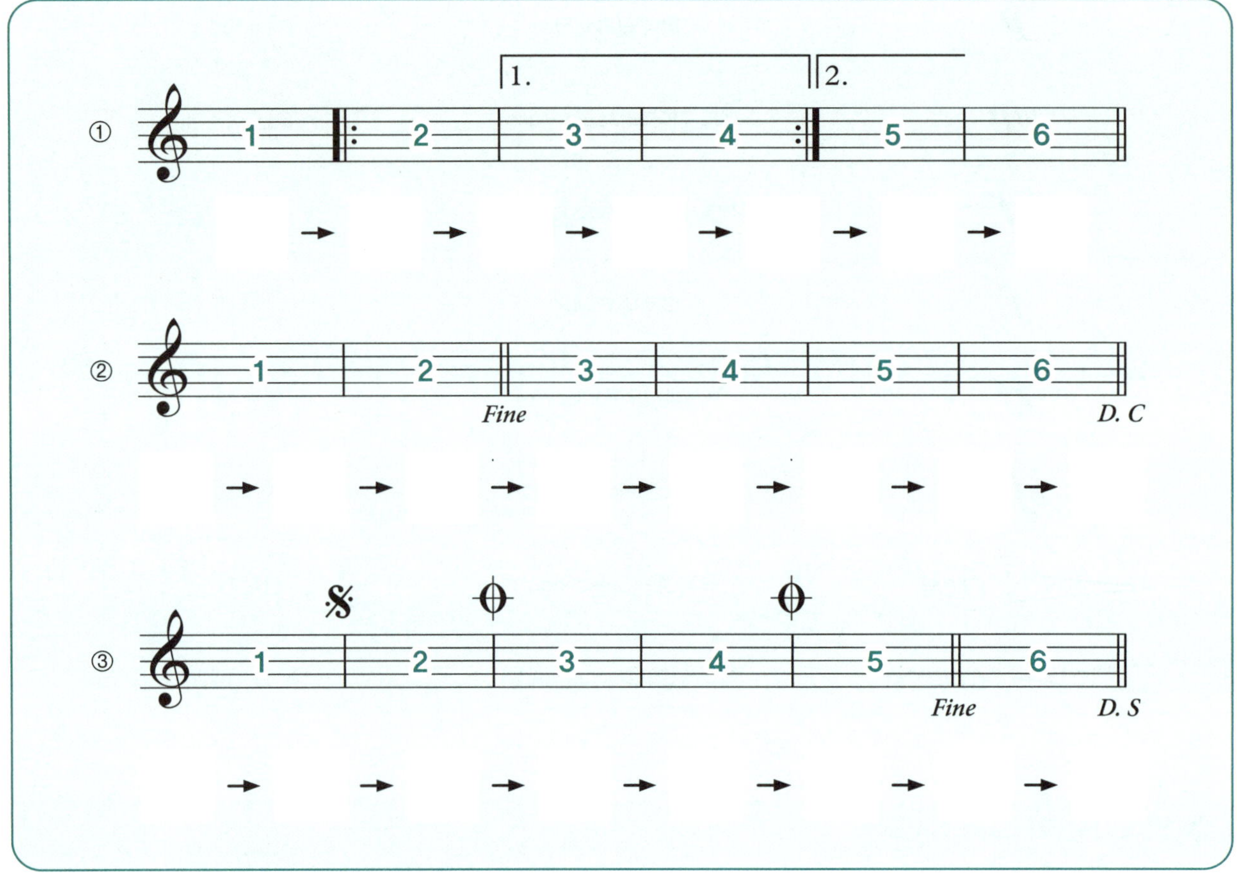

13. 악상기호(Expression Markings)

	붙임줄 (Tie)	이음줄 (Slur)	늘임표 (Fermata)	스타카토 (Staccato)	악센트 (Accent)
기호					
뜻	두 음을 하나의 길이로 붙여서 연주	두 음을 부드럽게 이어서 연주	그 음의 길이를 2~3배 늘여서 연주	그 음만 짧게 끊어서 연주	그 음만 특히 세게 연주

↑ Articulation (스타카토, 악센트)

↳ 겹세로줄과 함께 엔딩에서 *Fine*의 역할을 대신하기도 함

FINISH CHECK

01 다음 건반과 악보의 빈칸을 채워보세요.

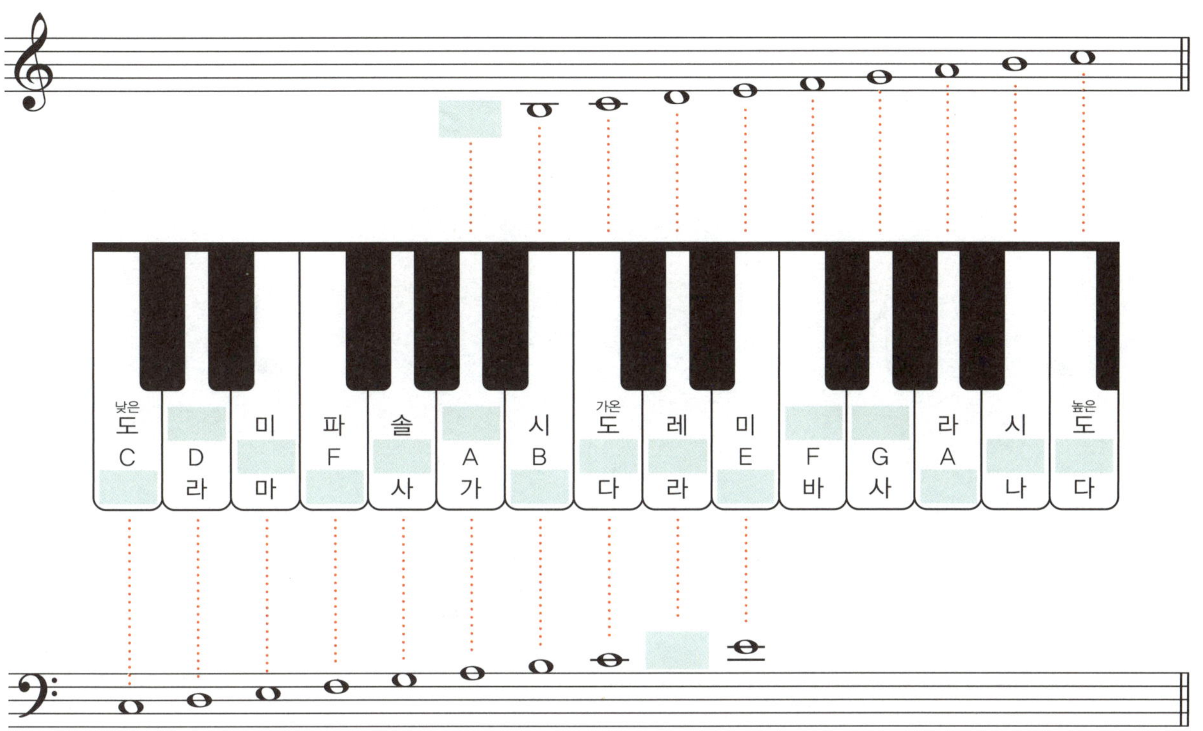

02 아래 악보의 음에서 아래 위로 제시하는 온음이나 반음 관계의 음을 그려보세요.

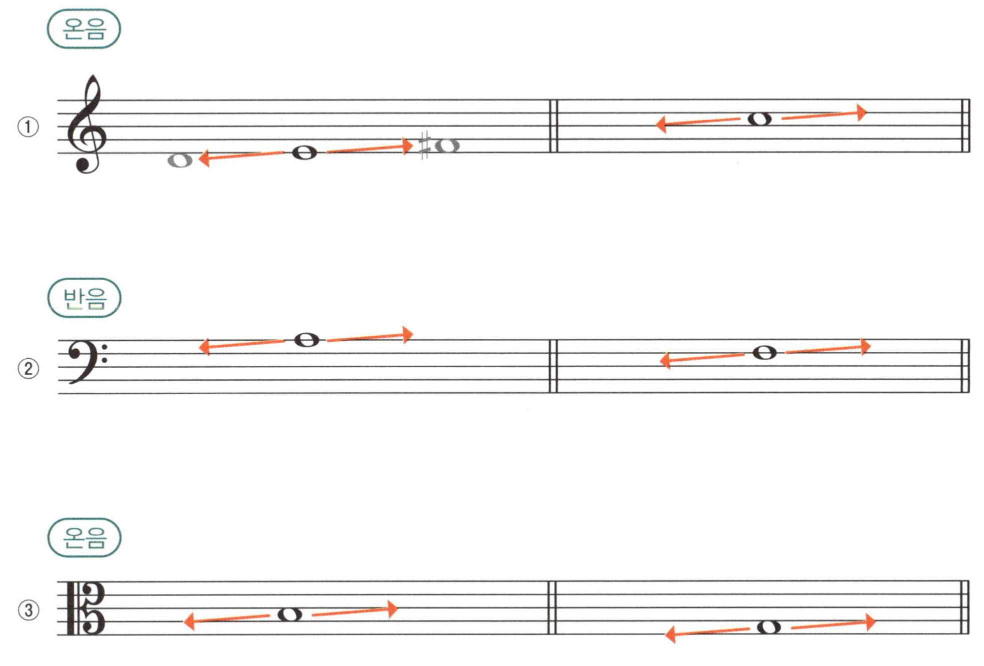

03 빈칸에 들어갈 음표와 쉼표를 그려보세요.

① 𝅝 = ♩ +　　　　② ♩ = ♪ +

③ ♪ = ♫ +　　　　④ ♫ = ♬ +

⑤ 　　 = 𝄾 + 𝄿　　　⑥ ♩. = ♪ +

⑦ 𝄽 = 𝄾 +　　　　⑧ 𝄾 = 𝄿 +

04 다음 중 박자표가 맞지 않는 악보를 고르세요.

 빈칸에 들어갈 음표를 그려보세요.

 다음 악보를 연주할 때 [ ] 표시된 마디는 몇 번 연주되는지 써보세요.

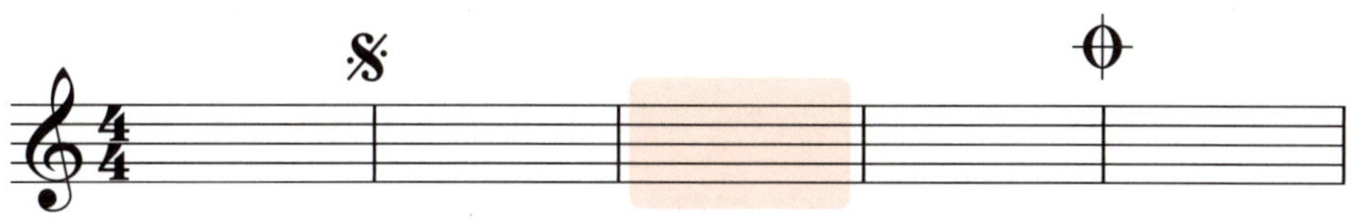

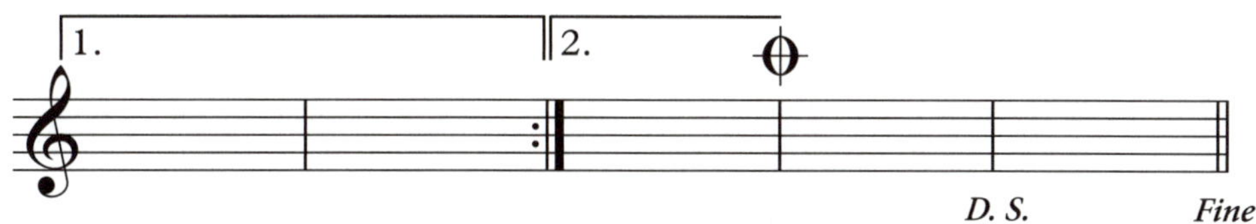

07 다음 악보에서 사용된 악상기호의 이름을 빈칸에 써보세요.

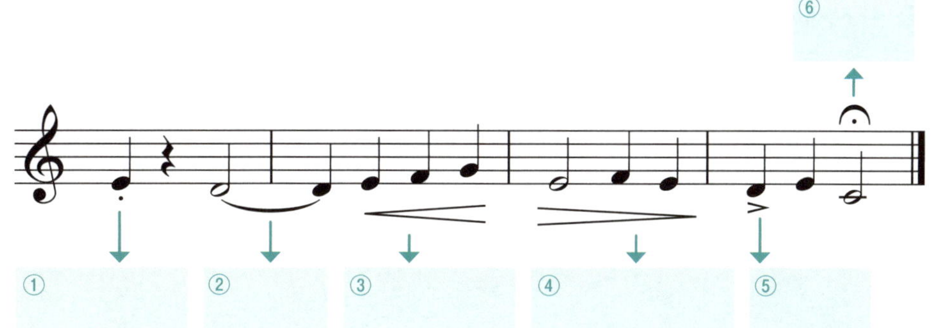

음정(Intervals)

Prologue...

재즈를 좋아하는 사람들이라면 한 번쯤은 들어 보았을 듀크 엘링턴의 'C Jam Blues'를 떠올려 보면 이 곡의 멜로디는 완전1도의 8분음표가 주된 멜로디로 이루어진 스윙 리듬의 곡이다. 이런 간단한 리듬의 멜로디 일지라도, 블루스(Blues)의 구성(I, IV, V)으로 기-승-전-결을 느낄 수 있다. 'One Note Samba'는 보사노바의 거장 안토니오 카를로스 조빔이 만든 곡으로, 처음 8마디를 완전1도 하나의 음으로만 구성해 긴장감을 주고 이를 해소해 간다. 어렸을 때 처음 본 무시무시한 영화 '죠스'에서 식인 상어의 등장을 나타내는 범상치 않은 공포의 리드미컬한 전개, 올라가는 단2도이다. 베토벤이 작곡한 '엘리제를 위하여'를 떠올려 보자. 내려가는 단2도이다. 이 단2도의 올라가고 내려가는 효과를 잘 표현한 곡이 피아니스트 이루마의 'River Flows In You'이다. 옥타브로부터 도약하여 전개되는 단2도의 표현은 그야말로 곡 전반에서 Flow(흐름)를 느끼게 해준다. 비틀즈의 'Yesterday', 곡의 시작과 동시에 느껴지는 진한 감동, 장2도이다. 이 같은 장2도로 구성된 멜로디는 거장 퀸시 존스의 'Just Once' 후렴에서도 찾아볼 수 있다.

가장 마이너스러운 음정 단3도는 어떤 멜로디로 표현해도 구슬프다. 미국 유학 시절 어쩌다가 듣는 애국가는 타지에서 홀로 생활하는 나에겐 언제나 감동이었다. 애국가의 첫 소절은 완전4도로 완벽한 완전5도와는 달리 덜 완벽함을 추구하지만, 희망의 메시지를 담아 부르기에 충분한 멜로디이다. 얼렁뚱땅 심슨 가족의 이야기를 담은 'The Simpsons'의 오프닝 테마, 어디로 튈지 모르는 불안하기만 한 증4도의 멜로디가 1도로 해결하여 명쾌한 해답을 얻는 것과 같은 느낌을 준다.

　영화 음악의 거장 존 윌리암스의 '스타워즈 메인 테마'를 떠올리면 거대한 우주의 광활함과 평화를 위한 비장함, 그 서사를 떠올릴 수 있다. '도도 솔~파미레 도 솔~'완전5도의 시작과 완전4도의 마무리! 완벽하다! 추억의 슬픈 사랑 영화 '러브스토리'의 'where DO I To Begin', 단6도이다. 멋진 배우 박보검이 적재의 '별 보러 가자'란 곡을 부를 때 몹시도 설레었다. "나랑 별-보러 가지 않을-래?"(장6도), "어디든 좋으니 나와 가줄-래?"(단6도) 환상적인 조합의 멜로디이다. 이 곡을 듣고 있으면 쫓아가서 달이라도 따고 싶다.

　노라 존스의 명곡 중의 하나인 'Don't Know why', 이 곡의 시작은 호소력 있는 매력적인 장7도의 음정을 들을 수 있다. 장7도가 가지고 있는 살짝 불협적인 혹은 미스테리한 사운드는 왜 모르는지, 그 상황을 그려내는 노라 존스의 목소리로 너무나도 감미롭게 들린다. 옥타브(완전8도)가 주는 느낌은 아주 강렬하다. 전 세계를 들썩였던 싸이의 '강남스타일', 신디사이저 베이스로 반복하는 인트로 리듬은 완전8도이다. 전 세계적으로 잘 알려진 오즈의 마법사의 'over the Rainbow'도 첫 음절이 완전8도 상승이다.

02 음정 (Intervals)

1. 음정(Intervals)

두 개의 음 사이의 거리, 두 음 사이의 높이를 나타내는 용어이며, 음악적 거리의 단위인 '도'로 표현할 수 있습니다. 음과 음 간격에 따라 도수를 구하고, 간격에 따라 도수 앞에 음정의 성질을 표기합니다. 따라서 정확한 음정의 표기는 '음정의 성질 + 도수'로 표기해야 합니다.

▶ 선율적 음정(Melodic Interval)

두 음이 순차적으로 울리는 음정

※ 도수 구하는 방법 : '도'를 기준으로 했을 때 '레'까지의 거리는 2도, '도'를 기준으로 했을 때 '파'까지의 거리는 4도, 항상 기준이 되는 음을 1도로 보고 떨어진 거리를 구합니다.

▶ 화성적 음정(Harmonic Interval)

두 음이 동시에 울리는 음정

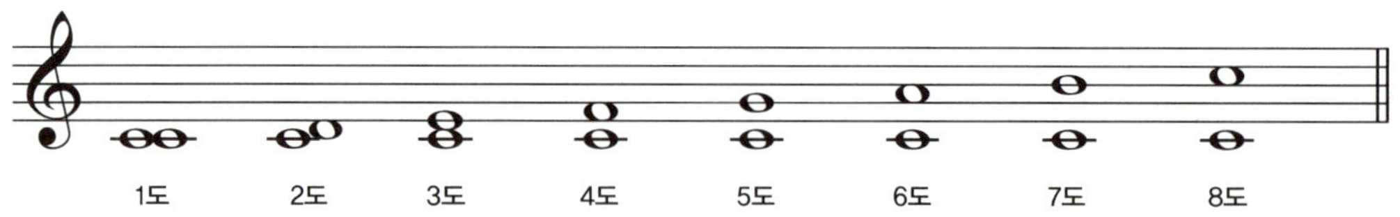

※ 도수 구하는 방법 : '도'를 기준으로 했을 때 '레'까지의 높이는 2도, '도'를 기준으로 했을 때 '파'까지의 높이는 4도, 화성의 아래음을 1도로 보고 벌어진 높이를 구합니다.

▶ 겹음정(Compound Interval)

옥타브(8도) 이상의 간격으로 통상적으로 14도까지 허용합니다.

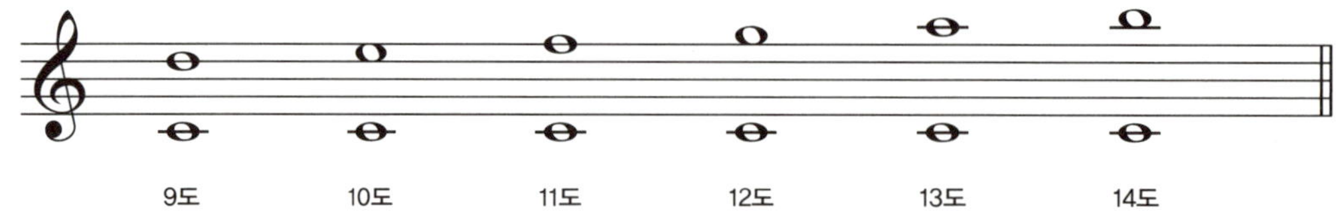

※ 도수 구하는 방법 : 상대적으로 멀리 떨어진 음이기 때문에 옥타브 아래로 내려서 도수를 구하고 옥타브 거리 7도를 더해줍니다. 예를 들어 '도'를 기준으로 했을 때 '레'까지의 거리는 2도, 떨어진 옥타브 거리 7도를 더해주면 9도가 됩니다.

개념 CHECK 01 제시하는 음정의 알맞은 도수를 구하여 빈칸에 써보세요.

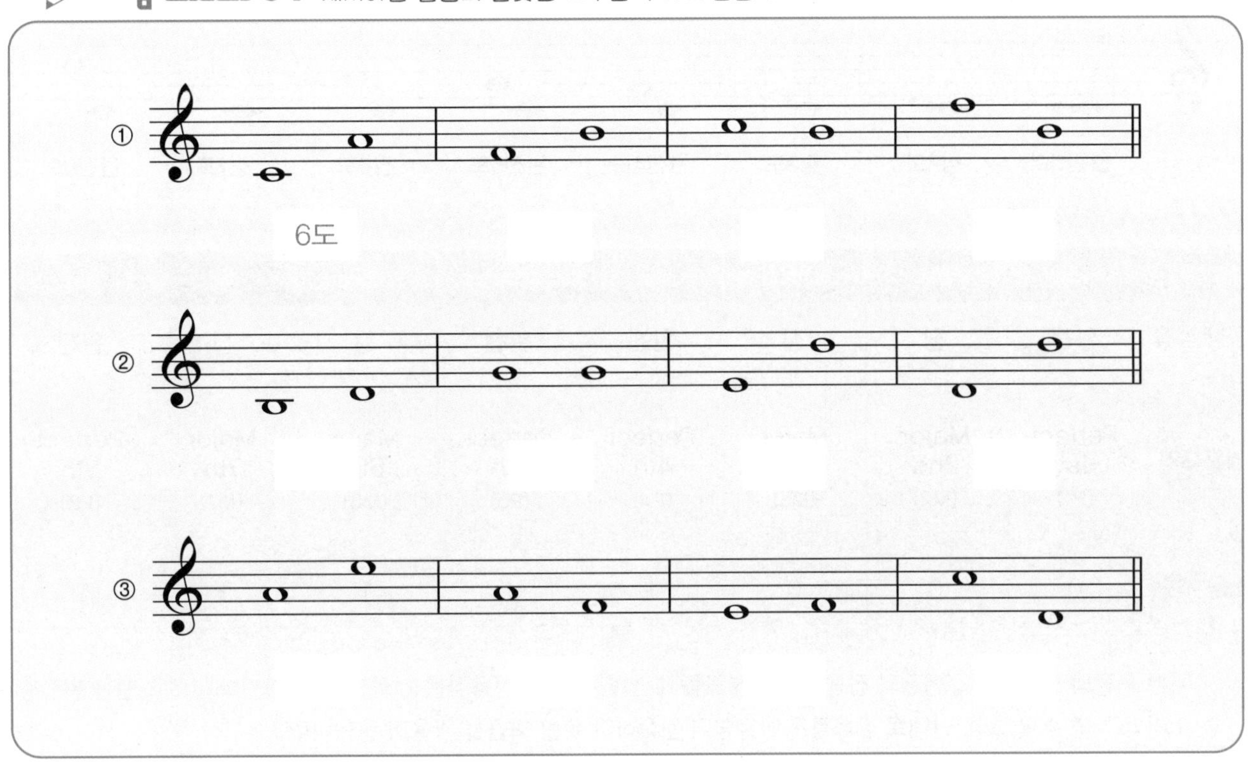
①
6도
②
③

개념 CHECK 02 제시하는 음정의 알맞은 도수를 구하여 빈칸에 써보세요.

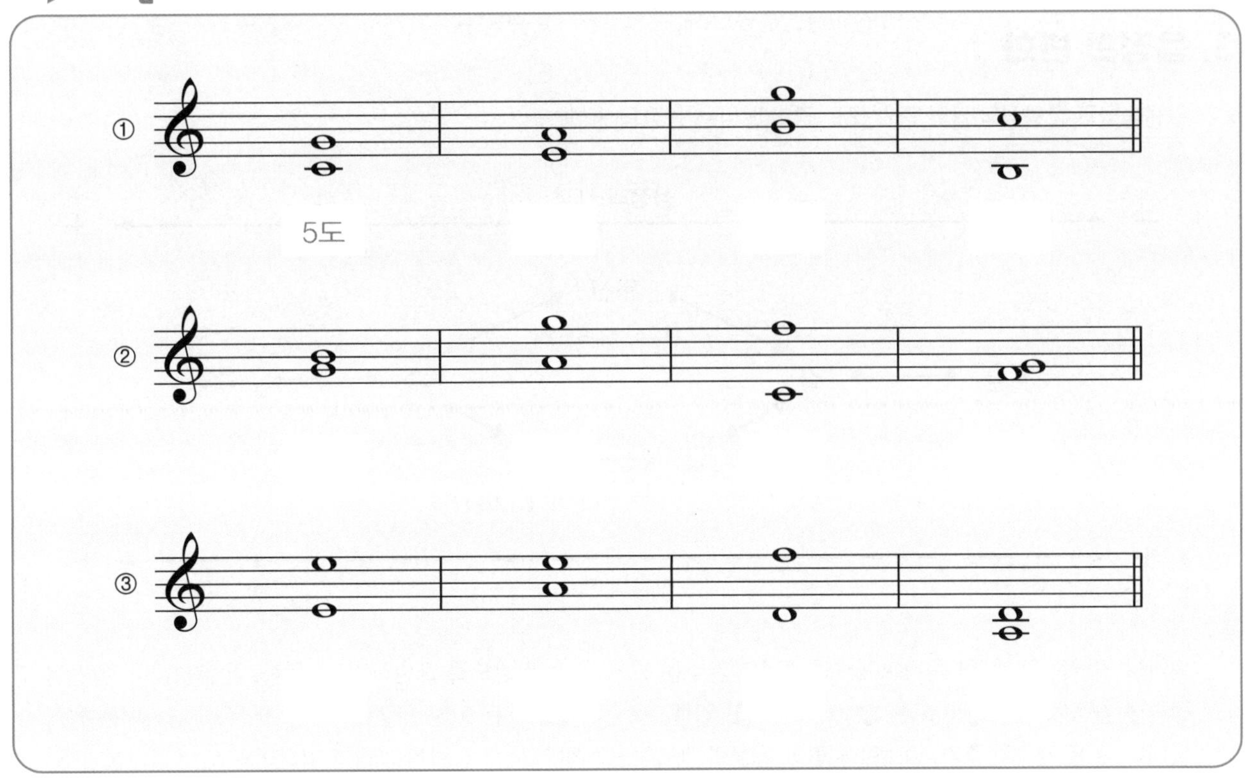
①
5도
②
③

2. 음정의 성질

음의 간격에 따른 성질

	1도	2도	3도	4도	5도	6도	7도	8도
음정 성질	완전	장	장	완전	완전	장	장	완전
영문표기	Perfect 1st (P1)	Major 2nd (M2)	Major 3rd (M3)	Perfect 4th (P4)	Perfect 5th (P5)	Major 6th (M6)	Major 7th (M7)	Perfect 8th (P8)
반음 개수	0	0	0	1	1	1	1	2

기본 음정의 성질은 완전음정과 장음정으로 분류할 수 있습니다. 완전음정은 서로 잘 어울리는 소리로 조합한 완전한 소리라고 볼 수 있으며, 반대로 장음정은 어울림이 완전하지 못한 화음을 아울러 말합니다.

> ✦ Point 외워두세요
>
> 1, 4, 5, 8 = 완전   2, 3, 6, 7 = 장(불완전)

3. 음정의 변화

완전음정과 장음정의 거리 증가 또는 감소에 따른 음정의 변화

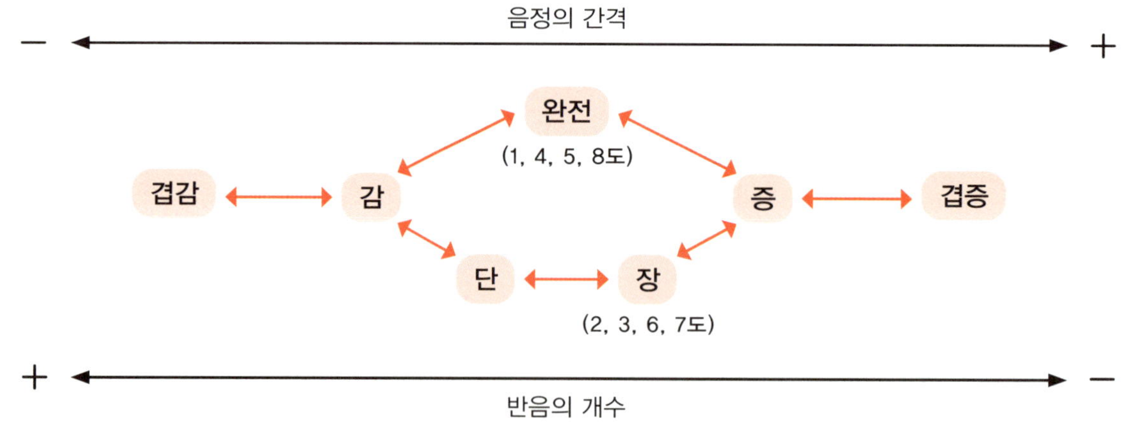

피아노 건반은 88개, 한 옥타브에서의 건반의 개수는 12음, 완전과 장으로 표현하기에는 음들이 많습니다. 완전음정과 장음정이 기본 음정 표현 방식이라면, 증, 겹증, 단, 감, 겹감 등은 기본 음정에서 변화를 주어 나타내는 방식입니다. 반음 개수가 증가, 감소함에 따라 음정의 간격이 변화하기 때문에 반음을 잘 파악하여 문제를 풀어봅시다.

> **Q 반음 개수가 무엇을 말하는 걸까요?**

왼쪽 표의 반음 개수는 C Key를 기준으로 반음관계인 미, 파와 시, 도의 개수를 표시한 것입니다.
따라서, 음정 안에 '미-파'와 '시-도'가 몇 개 있는지를 구하는 방식입니다.
아래의 예시를 보고 문제를 풀어보세요.

예시 제시하는 음의 음정을 구하여 써보세요.

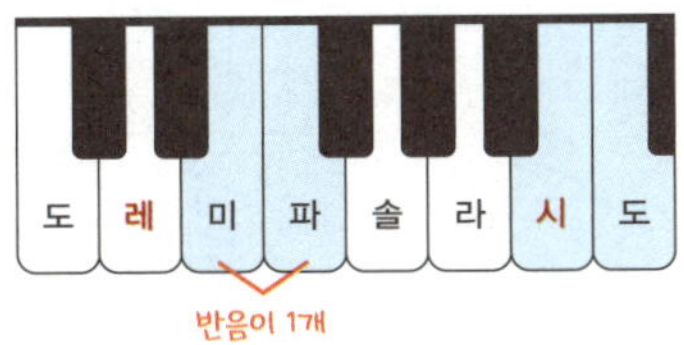

1. **두 음의 도수를 구합니다.**
   '레미파솔라시' → 6도

2. **두 음 사이의 반음 개수로 정확한 답을 구합니다.**
   → 반음 1개, 정답은 장6도

> **Q 반음 개수가 정해진 것보다 적거나 많으면 어떻게 되나요?**

네, 아주 중요한 질문입니다. 정해진 반음 개수보다 많거나 적으면 음의 간격이 넓어지고
좁아지는 것을 뜻하기 때문에 이런 간격의 변화에 따른 적절한 표현을 사용합니다.
아래의 문제를 통해 음정과 반음 개수의 관계를 정확히 이해하고 갈까요?

✪ Point 외워두세요

기본 음정을 구할 때 반음이 증가할수록 음정은 축소되고, 반음이 감소할수록 음정은 증가합니다.
완전음정은 반음이 1개씩 증가할 때마다 감음정 → 겹감음정으로 감소하고 반음이 1개씩 감소할 때마다
증음정 → 겹증음정으로 증가합니다. 장음정은 반음이 1개씩 증가할 때마다 단음정 → 감음정 → 겹감음
정으로 감소하고 반음이 1개씩 감소할 때마다 증음정 → 겹증음정으로 증가합니다.

예시 제시하는 음의 음정을 구하여 써보세요.

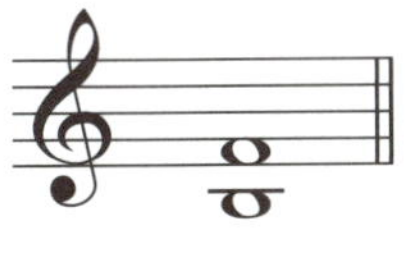

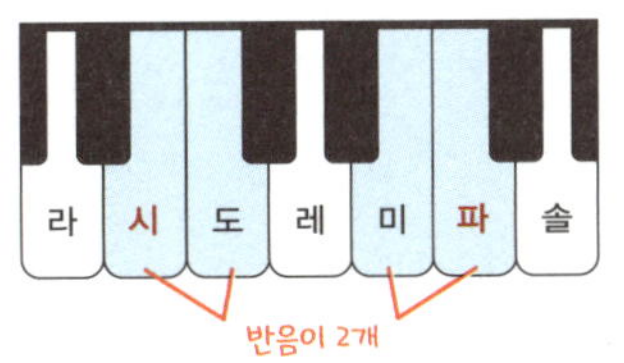

1. **임시표 유무를 확인합니다.** (임시표가 있으면 무시)

2. **두 음의 도수를 구합니다.**
   '시도레미파' → 5도

3. **두 음 사이의 반음 개수로 정확한 답을 구합니다.**
   → 반음 2개, 정답은 감5도
   → 반음이 1개 증가 했으므로 음정의 간격 감소

 개념 **CHECK 03** 반음 개수를 파악하여 아래의 악보에 알맞은 음정을 구하여 써보세요.

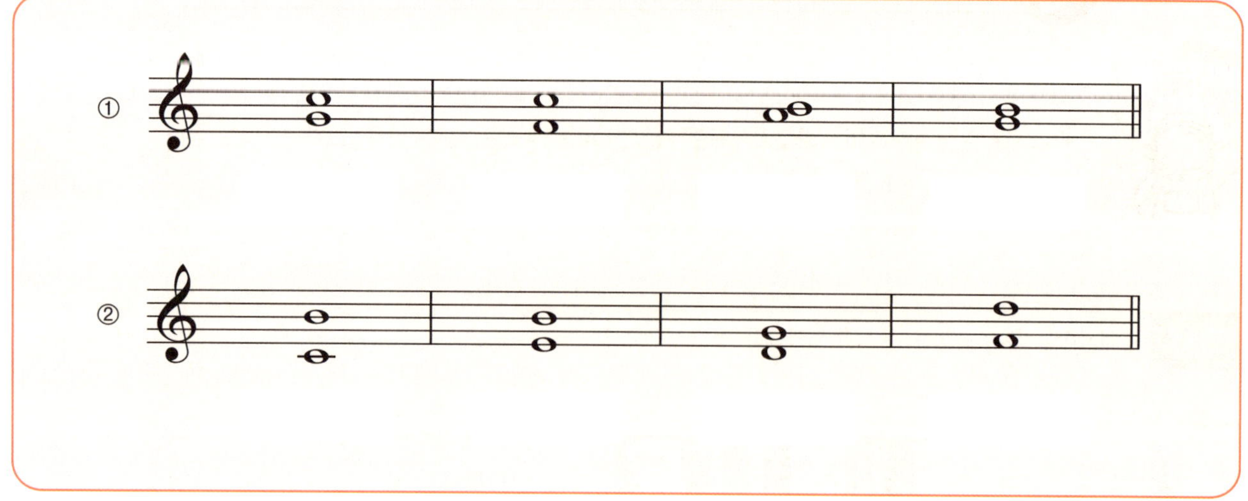

4. 임시표에 따른 음정의 변화

플랫이나 샵의 위치에 따라 음정이 감소하거나 증가할 수 있습니다. 아래의 예시를 통해 각각 임시표의 위치마다
음정이 어떻게 변화하는지 확인해 봅시다.

기본 음정

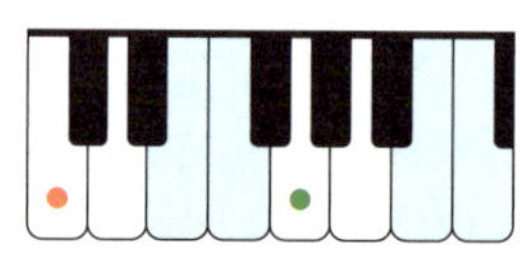

① 두 음의 도수를 구합니다. → 5도
② 두 음 사이의 반음 개수를 세어 음정의 성질을 파악합니다.
　 → 반음 개수 1개, 정답은 완전5도

변화된 음정

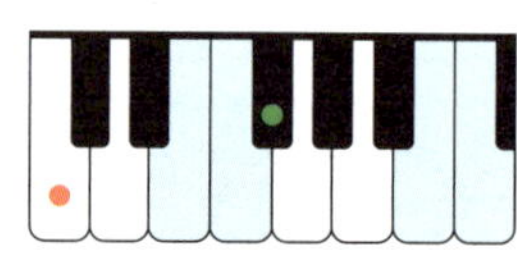

① 임시표의 유무를 확인합니다. (임시표 있으면 무시)
② 두 음의 도수를 구합니다. → 5도
③ 두 음 사이의 반음 개수를 세어 기본 음정을 구합니다.
　 → 반음 개수 1개, 완전5도
④ 임시표로 변화된 만큼 계산합니다. (플랫은 −, 샵은 +)
　 → 완전5도에서 −1 됐으므로 정답은 감5도

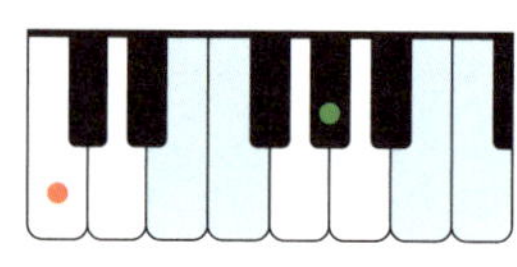

→ 완전5도에서 +1 됐으므로 정답은 증5도

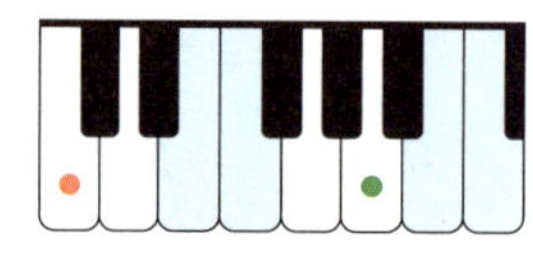

→ 완전5도에서 +2 됐으므로 정답은 겹증5도

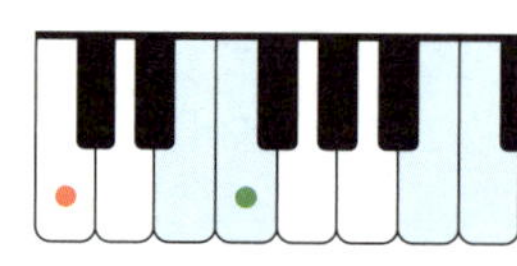

→ 완전5도에서 −2 됐으므로 정답은 겹감5도

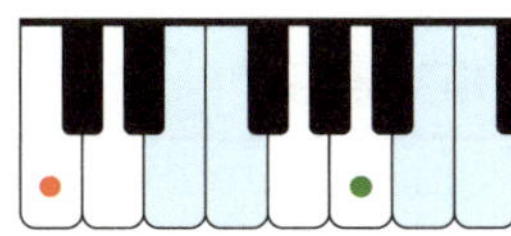

① 두 음의 도수를 구합니다. → 6도

② 두 음 사이의 반음 개수를 세어 음정의 성질을 파악합니다.

→ 반음 개수 1개, 정답은 장6도

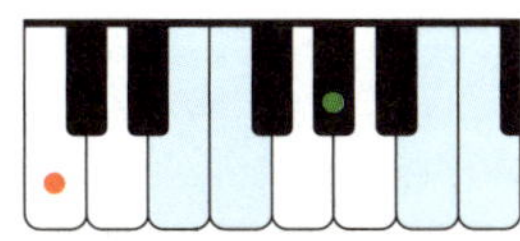

① **임시표의 유무를 확인합니다.**(임시표 있으면 무시)

② **두 음의 도수를 구합니다.** → 6도

③ **두 음 사이의 반음 개수를 세어 기본 음정을 구합니다.**

→ 반음 개수 1개, 장6도

④ **임시표로 변화된 만큼 계산합니다.**(플랫은 −, 샵은 +)

→ 장6도에서 −1 됐으므로 정답은 단6도

→ 장6도에서 +1 됐으므로 정답은 증6도

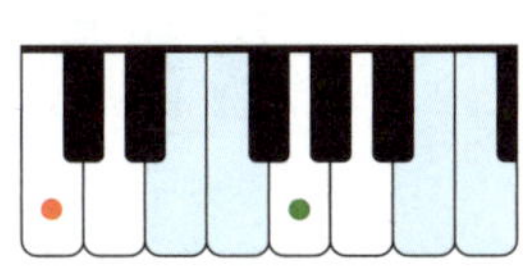

→ 장6도에서 −2 됐으므로 정답은 감6도

→ 장6도에서 +2 됐으므로 정답은 겹증6도

 개념 **CHECK 04** 다음 악보의 알맞은 음정을 구하여 빈칸을 채워보세요.

① 

❶ 임시표의 유무를 확인합니다.(임시표 있으면 무시)

❷ 두 음의 도수를 구합니다. → ☐ 도

❸ 두 음 사이의 반음 개수를 세어 기본 음정을 구합니다. → 반음 ☐ 개, ☐ 도

❹ 임시표로 변화된 만큼 계산합니다.(플랫은 −. 샵은 +)

→ ☐ 에서 ☐ 됐으므로 정답은 ☐

② 

❶ 임시표의 유무를 확인합니다.(임시표 있으면 무시)

❷ 두 음의 도수를 구합니다. → ☐ 도

❸ 두 음 사이의 반음 개수를 세어 기본 음정을 구합니다. → 반음 ☐ 개, ☐ 도

❹ 임시표로 변화된 만큼 계산합니다.(플랫은 −. 샵은 +)

→ ☐ 에서 ☐ 됐으므로 정답은 ☐

Q 임시표가 많은 문제들은 풀기가 어려워요.

플랫은 − , 샵은 + 문자로 봤을 때는 줄어들고 늘어나는 것 같지만, 건반으로 보면 플랫인데도
간격이 늘어나는 경우나, 샵인데도 간격이 줄어드는 경우가 있어요. 그래서 종종 문제 풀 때
실수하는 경우가 있답니다. 차근히 설명해 줄게요.

플랫이 위 음에 붙은 경우	플랫이 아래 음에 붙은 경우
→ 간격이 감소(-1)	→ 간격이 증가(+1)
샵이 위 음에 붙은 경우	샵이 아래 음에 붙은 경우
→ 간격이 증가(+1)	→ 간격이 감소(-1)

요약해서 말하자면
위 음에 플랫(♭) ➡ 간격 좁아짐 / 아래 음에 플랫(♭) ➡ 간격 넓어짐
위 음에 샵(♯) ➡ 간격 넓어짐 / 아래 음에 샵(♯) ➡ 간격 좁아짐

문제풀이

다음 악보의 알맞은 음정을 구하여 써보세요.

① 두 음의 도수를 구합니다.

→ 4도

② 두 음 사이의 반음 개수를 세어 기본 음정을 구합니다.(임시표 무시)

→ 반음 1개, 완전 4도

③ 임시표로 변화된 만큼 계산합니다.

→ 완전4도에서 아래 음은 −1, 위 음도 −1, 총 −2 됐으므로 정답은 겹감4도

개념 CHECK 05 다음 악보의 알맞은 음정을 구하여 빈칸을 채워보세요.

①

❶ 임시표의 유무를 확인합니다.(임시표 있으면 무시)

❷ 두 음의 도수를 구합니다. →　　　도

❸ 두 음 사이의 반음 개수를 세어 기본 음정을 구합니다. → 반음　　　개,　　　도

❹ 임시표로 변화된 만큼 계산합니다.

→　　　에서 아래 음은　　　, 위 음은　　　, 총　　　됐으므로 정답은

②

❶ 임시표의 유무를 확인합니다.(임시표 있으면 무시)

❷ 두 음의 도수를 구합니다. →　　　도

❸ 두 음 사이의 반음 개수를 세어 기본 음정을 구합니다. → 반음　　　개,　　　도

❹ 임시표로 변화된 만큼 계산합니다.

→　　　에서 아래 음은　　　, 위 음은　　　, 총　　　됐으므로 정답은

01 다음 악보의 알맞은 음정을 구하여 써보세요.

① 

② 

③ 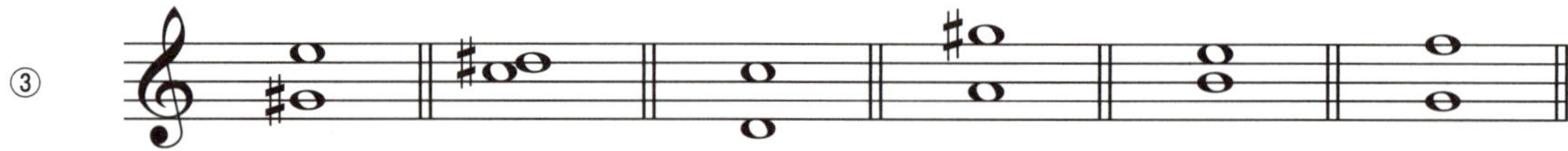

④ 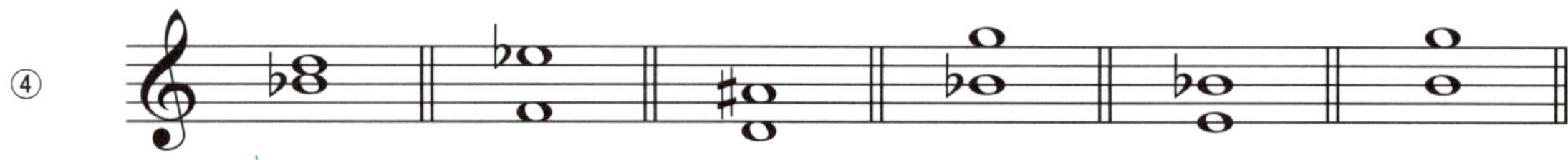

⑤ 

⑥ 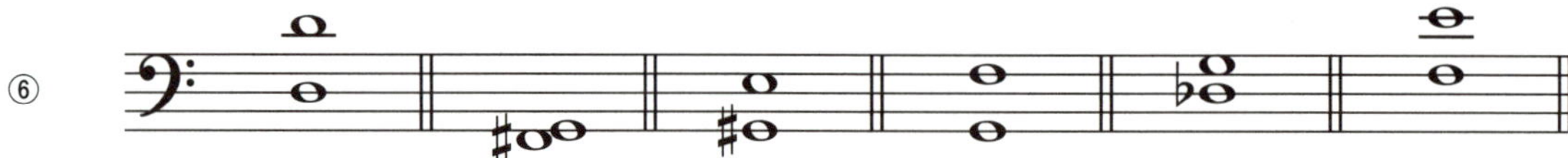

02 다음 악보에 제시하는 음정을 그려보세요.

예시

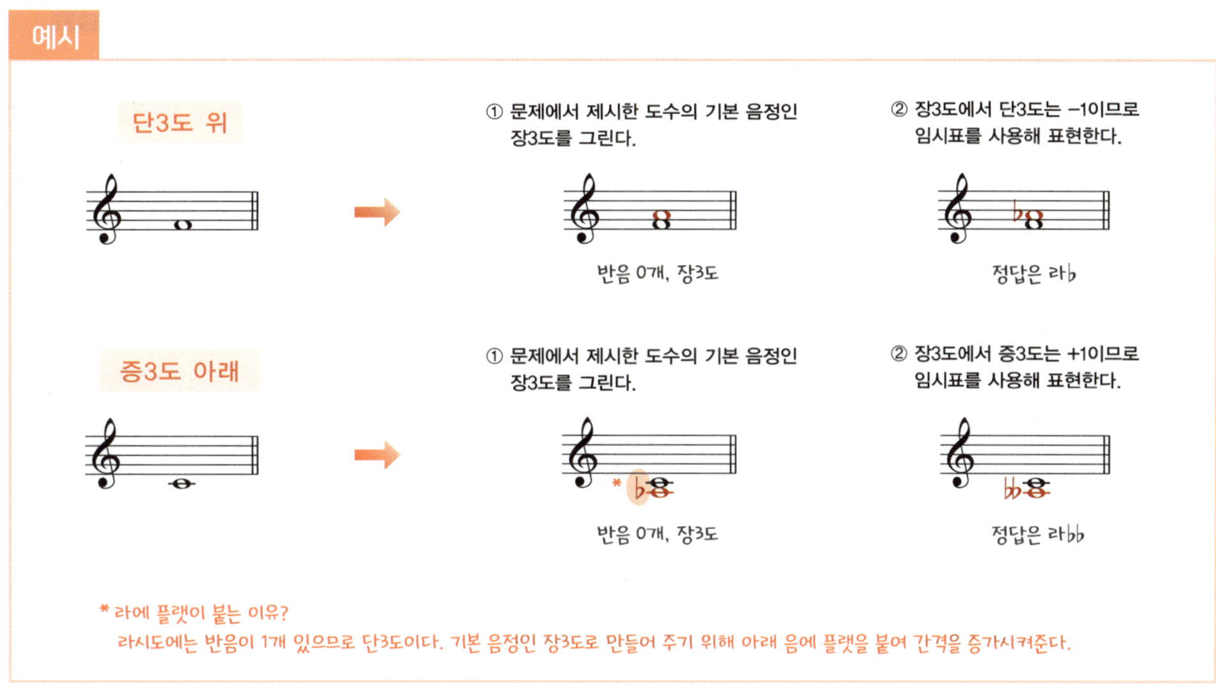

12음과 5도권 (The Circle of Fifth)

Prologue...

고대 그리스의 수학자이자 철학자였던 피타고라스는 대장간의 망치의 길이에 따라라 음의 높고 낮음을 발견해 여러 실험에 의해 5도권을 발견했다. 이후 이야기는 망치 대신 현의 길이로 대체되어 한 음의 길이가 두 배가 되면 높이가 다른 같은 음(8도, 옥타브)을 찾아냈고, 그 현의 길이를 2/3인 지점에서 튕기면 안정적인 소리를 얻게 되는데 그것이 5도가 발견된 계기가 되었다. 발견된 5도의 2/3 지점에 또 5도를 만들고 그 5도에 또 5도를 만들고 하다가 결국 12개의 음이 발견되고 대략적인 원모양의 써클(Circle: 5도권)이 만들어졌다.

그 12개의 음을 순서대로 나열한 것이 피타고라스의 음률(C→G→D→A→E→B→F#→C#→G#→D#→A#→F)이라 하였으며 이후 음악은 다양한 조율 시스템에서 연주되었다. 오랜 시간이 지나고 후대의 과학자, 수학자, 음악가들의 노력 끝에 '그럭저럭한' 오늘날의 12음 체계가 완성되었다. 이때가 바야흐로 바로크 시대이니, 이 12음을 가지고 온음계 체계(Diatonic System)의 장조와 단조를 모두 음악적으로 사용(well Tempered Clavier:평균율), 그리고 유행시킨 분이 바로 우리가 음악의 아버지라고 부르는 '바흐(Johann Sebastian Bach)'이다.

다시 요약해서 12음 체계의 근거가 되는 5도권은 바로 피타고라스에서 전해져 내려온다. 이 음악이야말로 과학적인, 철학적인, 수학적인 것을 갖고 있는 감성의 우주 생명체라고도 볼 수 있다. 장, 단조의 숫자를 나타내는 24는 흡사 한 해를 계절의 표준이 되는 24로 나눈 24절기를 연상시키며, 하루 시간을 나타내는 24시간도 그 연관성을 찾아볼 수 있다. 우리 생활 속에서 발견하는 12라는 수는 어떠한가? 1년이 12달이다. 시간은 24시간이지만 원형 시계는 오전, 오후로 나뉘는 12시간만을 나타낸다. 우리는 음악을 하는 데 있어 이 12라는 숫자에 익숙해질 필요가 있다. 나는 5도권을 음악의 시계라고 본다. 어린아이가 태어나자마자 말을 하고, 시계를 바로 볼 줄 알까? 어린아이가 말을 제대로 표현하고 상호 작용을 하는 데에는 긴 시간이 걸린다. 역시 시계를 보는 법을 익히는 것도 많은 연습이 필요하다. 왜 초등학교 저학년 수학 문제집에 나오는 주된 골칫거리가 시간 계산하기 인지 물어볼 필요도 없다. 답은 어린이들에게 익숙하지 않고 어렵기 때문이다. 역시 마찬가지로 5도권이 익숙하지 않다면 이제 시간을 들여 제대로 연습을 해봐야 한다. 시계방향으로 5도씩 진행하는 순서(5도권: C-G-D-A-E-B-F#-C#-G#-D#-A#-F), 시계방향 반대로 5도씩 진행하는 순서(4도권: C-F-B♭-E♭-A♭-D♭-G♭-B-E-A-D-G)에서 전자의 경우는 진행함에 따라 밝음이 느껴지고 후자의 경우는 진행함에 따라 어두움이 느껴진다.

03 12음과 5도권 (The Circle of Fifth)

1. 7음 – 다이아토닉 스케일 온음계

'도레미파솔라시'로 이루어진 7개의 음입니다. 한 조성 안에서 사용되는 기본 음들입니다.

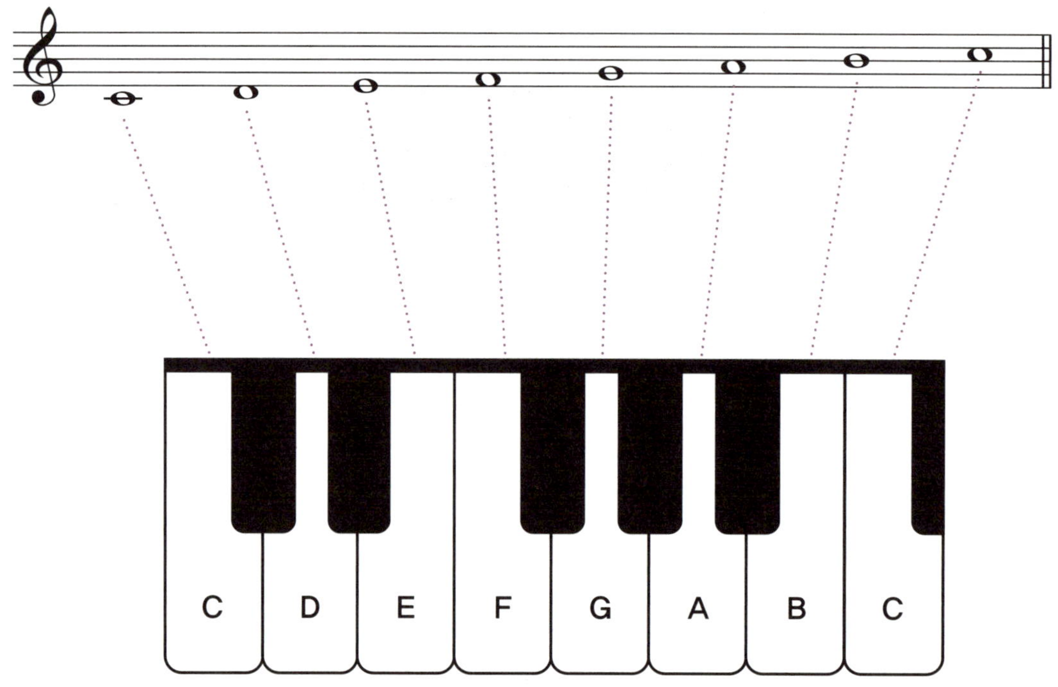

2. 12음– 크로매틱 스케일 반음계

한 옥타브(Octave) 안의 12개의 음을 일정한 간격(반음)으로 배열한 것으로, 이를 순서대로 나열하면 반음계가 됩니다.

> 상행

> 하행

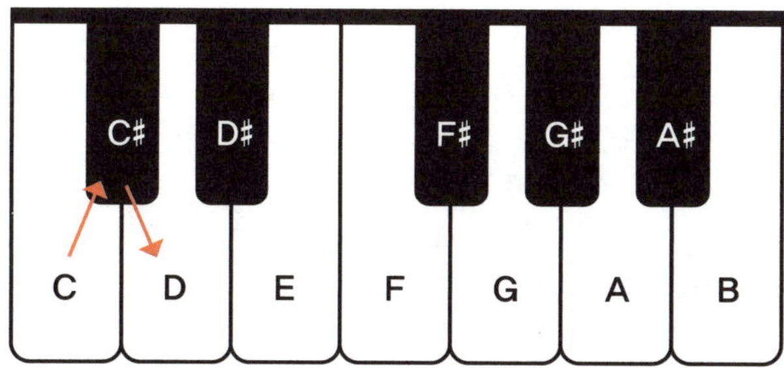
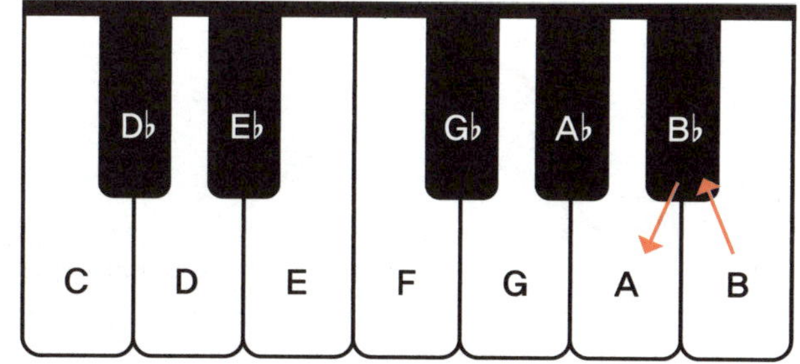

3. 피타고라스 음률

위 음들의 기초가 되는 음계 체계입니다.
고대 수학자 피타고라스가 발견한 완전5도 간격(3:2비율)을 반복하여 만든 음계 체계입니다. 완전5도를 계속 쌓아 가면
12개의 음이 만들어집니다. 이를 '피타고라스 음률(Pythagoreans Tuning)'이라고 부릅니다.
(C→G→D→A→E→B→F#→C#→G#→D#→A#→F)

Q   E-F와 B-C 사이만 반음인 이유는 뭔가요?

피타고라스는 3:2의 비율인 완전5도를 반복해 음을 만들고, 이를 옥타브(2:1)안에 정리해 7개의
음계를 구성했습니다. 이 과정에서 만들어진 7개의 음은 자연스럽게 특정 위치에만 작은 간격
(반음, 256:243)이 생기게 되는데, 그 위치가 바로 미-파와 시-도이며 이 두 구간만 반음이
된 것입니다.

Q   오늘날의 반음계와 피타고라스의 음률은 무슨 차이가 있나요?

오늘날에는 모든 음 사이 간격을 같게 나누지만(평균율), 피타고라스 음률은 5도는 순수해도
간격이 일정하지 않아 조에 따라 다르게 들립니다.

3. 5도권(Circle of 5ths)

어떤 음에서 완전5도 위로 순차적으로 이동했을 때 만들어지는 12개의 음 순환 구조입니다. 조성 간의 관계, 조표, 전조 등을 시각적으로 이해하는 데 사용되며, 전통 화성학에서도 중요한 역할을 합니다.

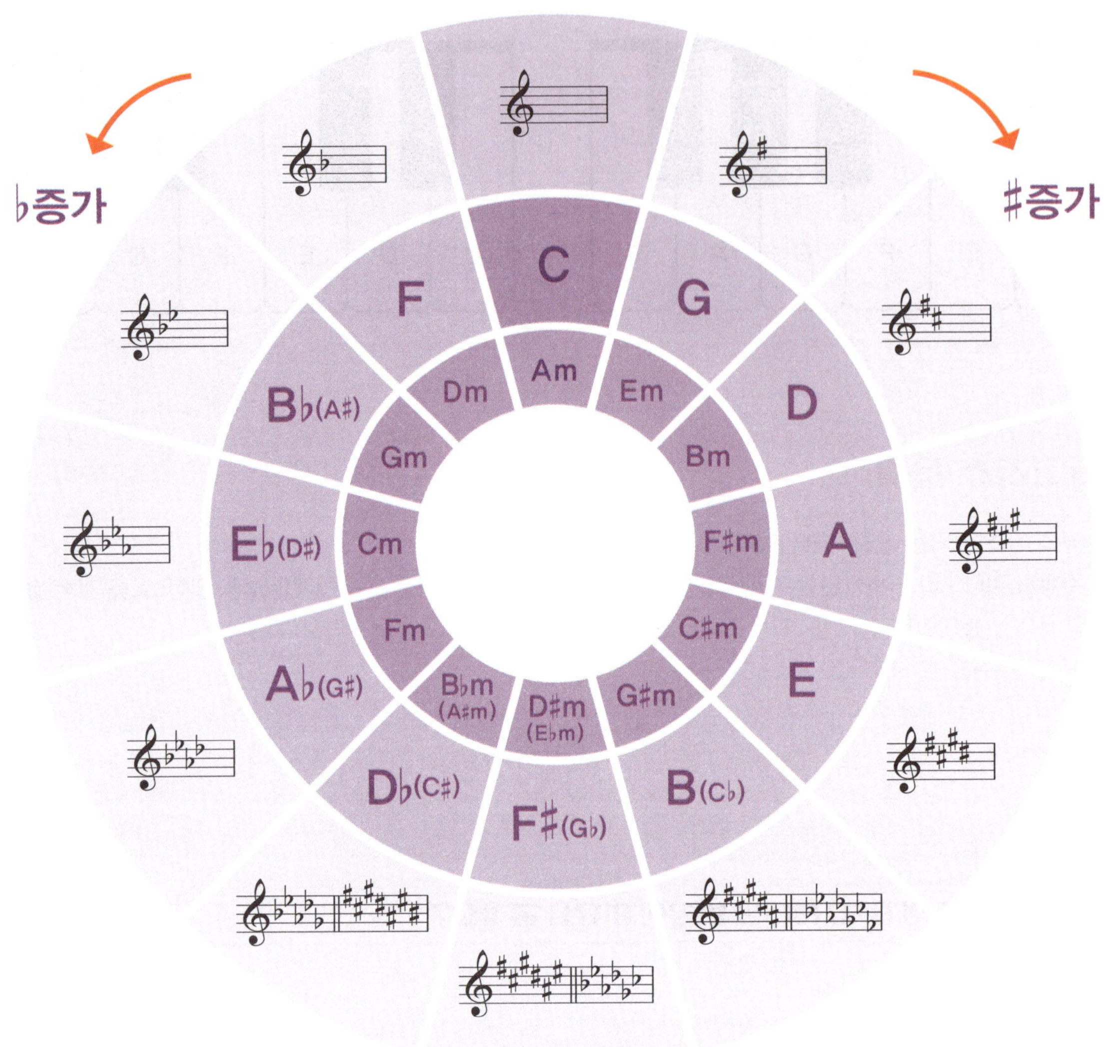

4. 4도권(Circle of 4ths)

어떤 음에서 완전4도 위로 순차적으로 이동했을 때 만들어지는 12개의 음 순환 구조입니다. 5도권과 동일한 음 배열이지만 진행 방향만 반대로 보는 관점이며, 재즈에서 코드 진행을 이해할 때 자주 활용됩니다.

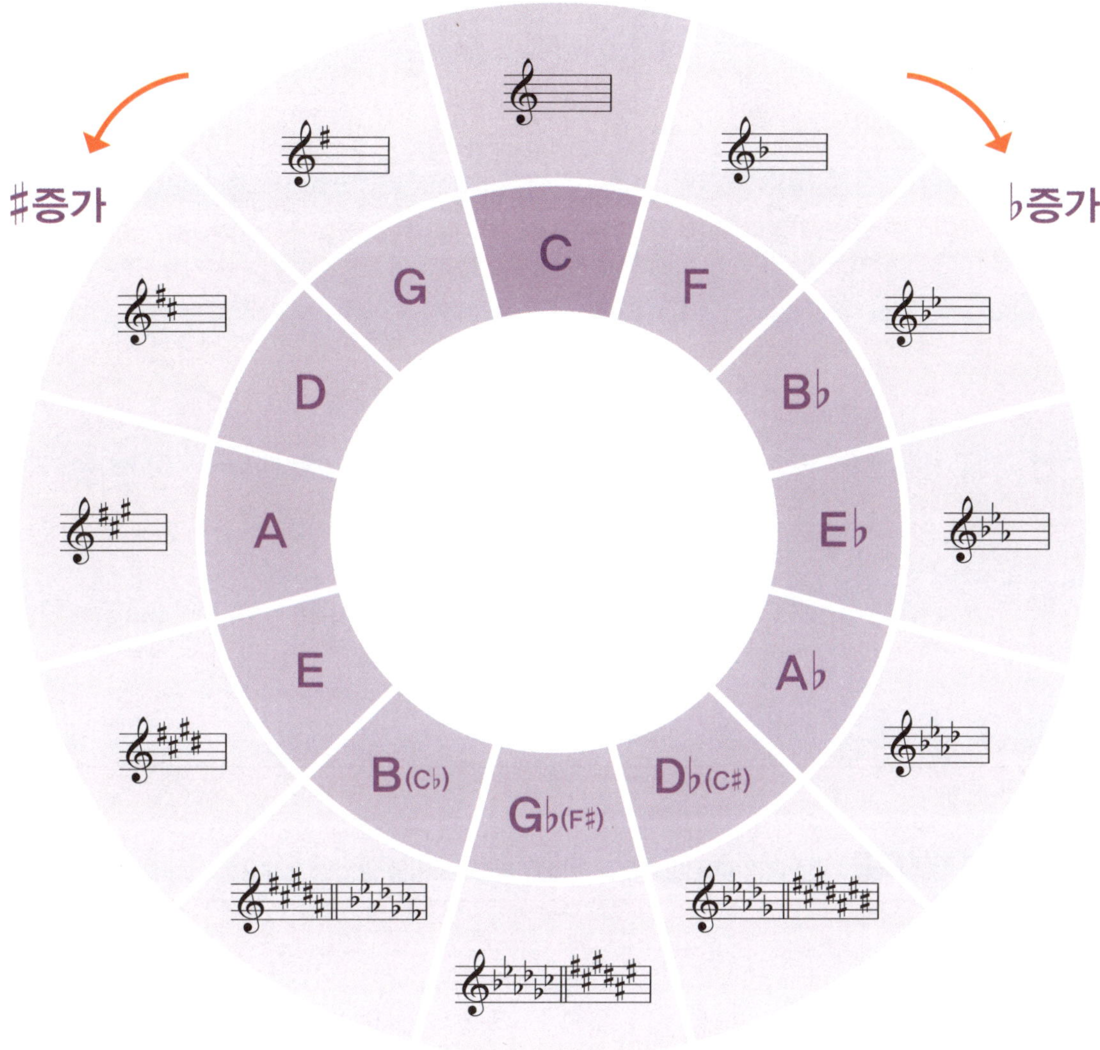

4도권은 가장 보편적인 코드 진행인 II–V–I(투파이브원)을 한 번에 알아볼 수 있습니다.

C	D	E	F	G	A	B	C
I	II	III	IV	V	VI	VII	I
(1도)	(2도)	(3도)	(4도)	(5도)	(6도)	(7도)	(1도)

완전4도 상행   완전4도 상행

II–V–I 은 각 Key의 2도, 5도, 1도로 진행하는 코드 진행 종지를 부르는 말로, 서로 완전4도씩 도약하고 있습니다. 매우 안정적인 진행이기 때문에 가장 보편적으로 사용합니다. 특히 4도권은 이 II–V–I 진행의 연속되는 순환이기 때문에 모든 코드 및 스케일 연습은 이 순서대로 연습해 주면 좋습니다.(위에 챕터 9의 127p에서 더 자세히 설명됩니다.)

개념 CHECK 01 빈칸에 알맞은 알파벳을 넣어 5도권을 완성해 보세요.

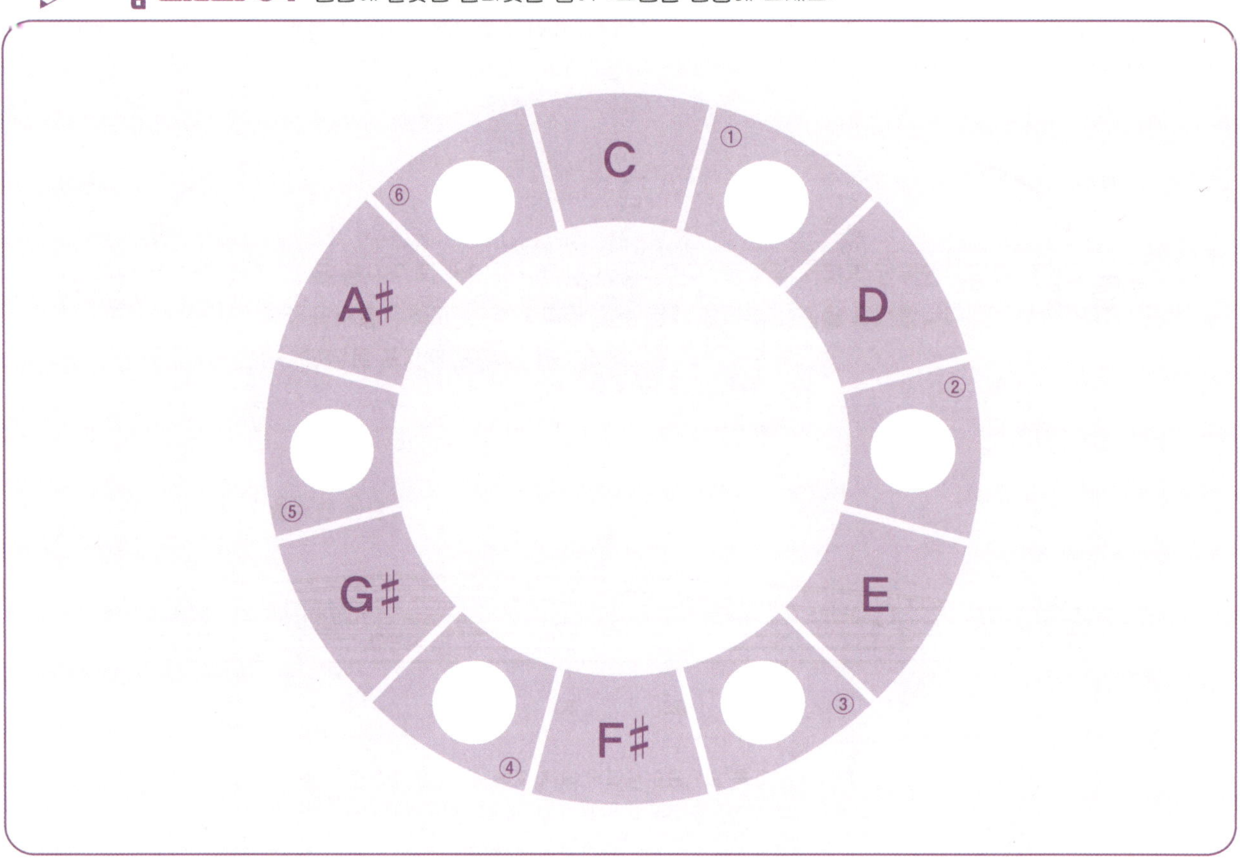

개념 CHECK 02 빈칸에 알맞은 알파벳과 기호를 넣어 4도권을 완성해 보세요.

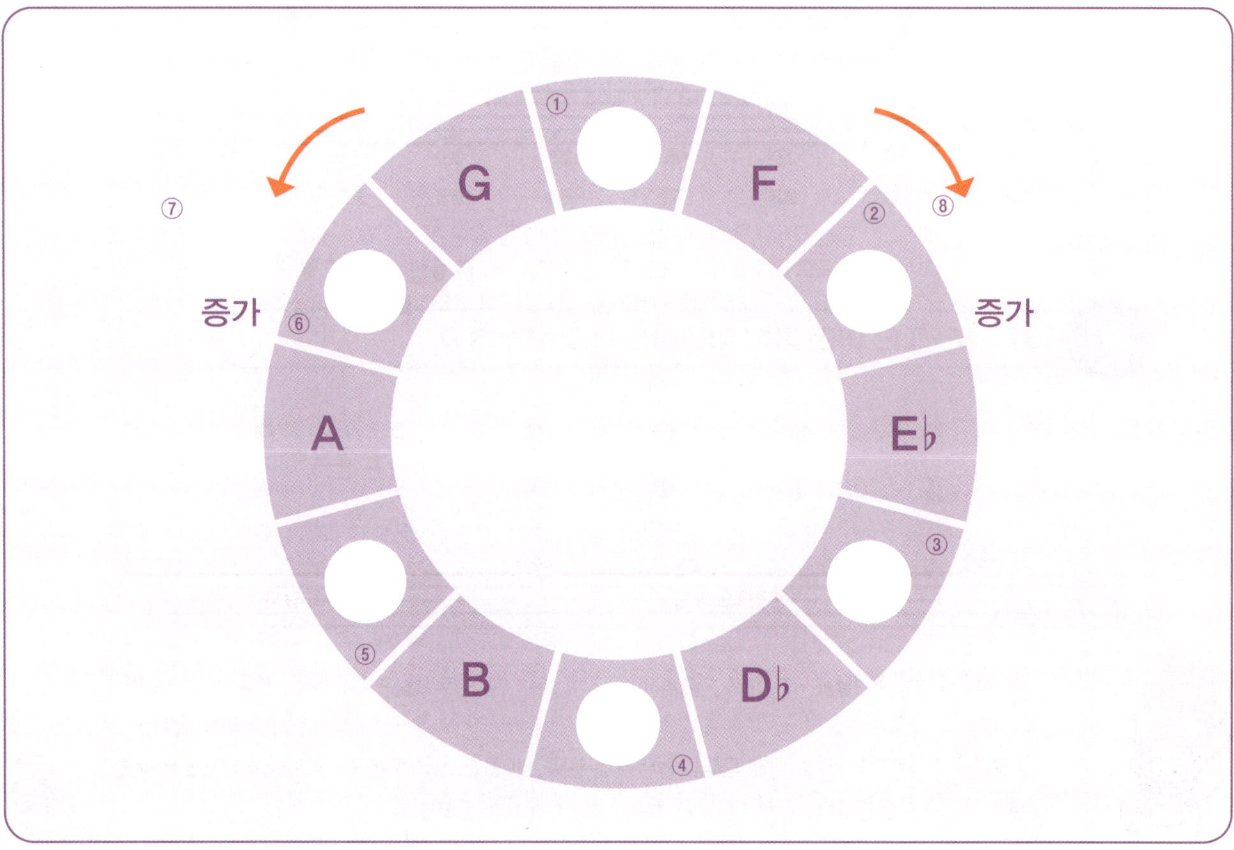

Ⅱ	Ⅴ	Ⅰ
D		C
	C	F
	F	B♭
		E♭
B♭		A♭
		D♭
	D♭	G♭
		B
F♯		E
	E	A
		D
A		G

Ⅱ-Ⅴ-Ⅰ 표를 완성해 보면, 모든 구조가 일정한 규칙을 가지고 순환하고 있다는 것을 알 수 있습니다. 정답 확인을 통해 규칙을 찾아보면 외우는 데 도움이 된답니다.

FINISH CHECK

 **01** 보기와 같이 주어진 음의 높이와 같은 음을 그려보세요.

보기

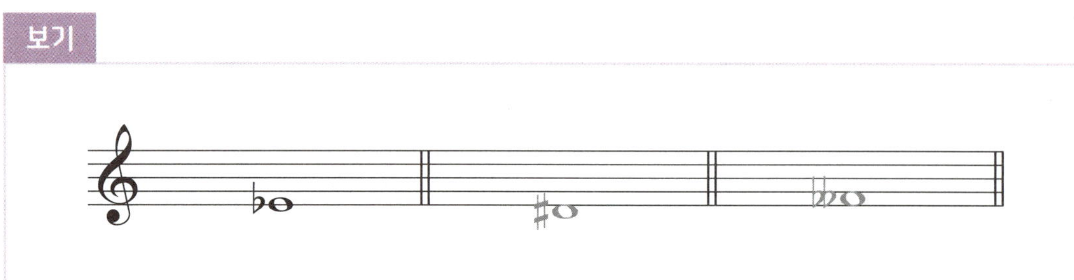

① 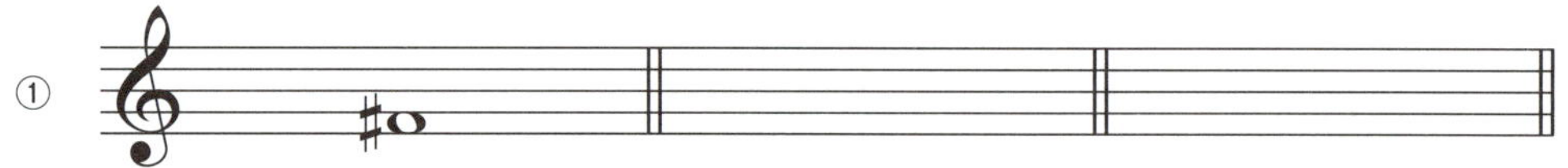

② 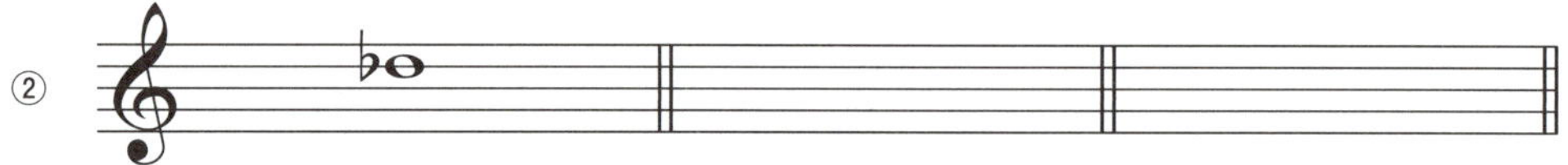

③ 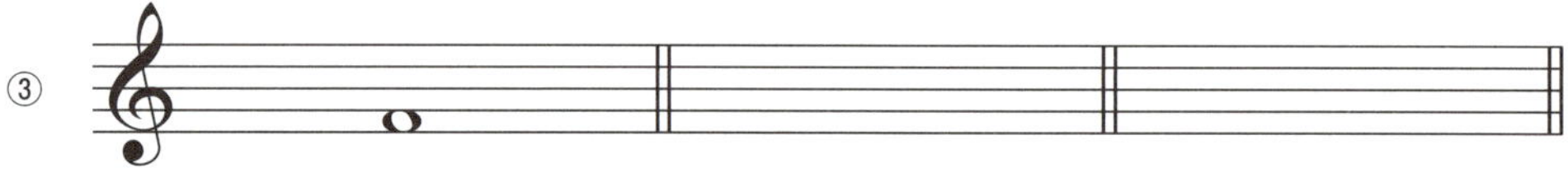

④ 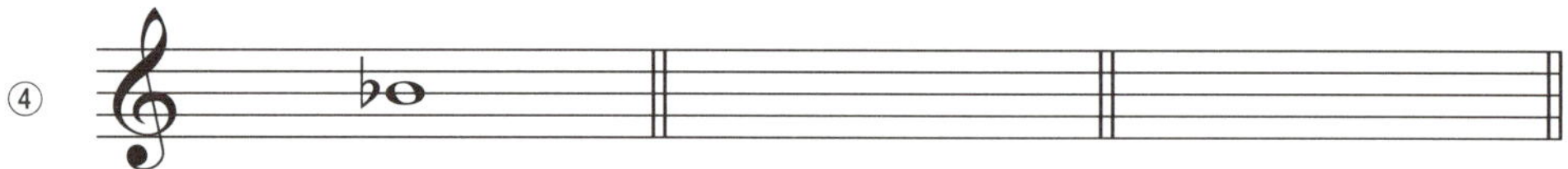

⑤ 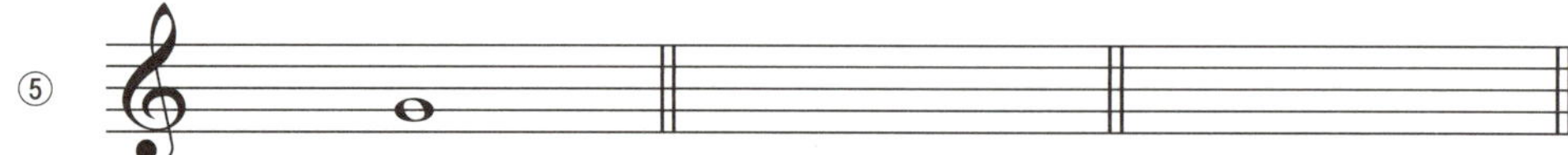

02 빈칸을 채워 5도권을 완성해 보세요.

C → → → → → →

→ → → → → →

→ → C

03 빈칸을 채워 4도권을 완성해 보세요.

C → → → → → →

→ → → → → →

→ → C

04 빈칸을 채워 Ⅱ- Ⅴ - Ⅰ을 완성해 보세요.

① C – F –   ②   – D – G

③   – E♭ – A♭   ④ G –   – F

⑤ F♯ – B –   ⑥ D –   – C

04 조성 (Tonality)

Prologue...

작가에게 있어서 글은 자신의 생각을 표현하는 도구이다. 화가에게 있어서 자신의 예술성을 표현하는 중요한 요소가 색채라면 음악가에게 있어서 자신의 음악성을 표현하는 도구는 바로 소리(Sound)가 아닐까? 단순한 소리가 아닌 '음'이다. 지난 챕터에서 음과 12가지의 음률에 대한 것을 알아보았다. 우리가 오늘날 쓰고 있는 음이름(세계공통 : CDEFGABC / 한국 : 다라마바사가나다)과 계이름(도레미파솔라시도)이 만들어지는 과정에서 표기된 음과 노래하는 음의 차이에 의해 자연스럽게 조성이 생겼다. 전조를 하고 화성을 만들고, 해피 해피 메이저(Happy Happy Major)를 나타내는 장조와 새드 새드 마이너(Sad Sad Minor)를 나타내는 단조가 그럭저럭 확립된 것이다. 오늘날 우리가 사용하는 화성학의 시작은 약 400여 년 밖에 되지 않았다. 화성학이 발전한 것도 음이름과 계이름을 함께 정리하여 이동도법을 이용한 '솔페이지' 교육법을 통해 사용하게 된 19세기 무렵이다. 그리고 오랜 기간 동안 나라들마다, 지역마다 달랐던 음높이는 세계적으로 일치하려는 노력에 의해 국제 표준음 A4=440Hz로 기준을 잡은 것도 100년의 역사가 채 안 된다.

조성에 있어서 장조와 단조가 주는 느낌은 드라마틱하게 다르다. 거기에 12개 장조와 12개 단조는 서로 단3도 차이의 배열로 같은 조표를 공유한다. 피아노에서 오직 흰 건반만을 쓰는 C장조는 조표에 아무것도 붙지 않는다. 소리를 들어보면 맑음과 밝음 그 자체이다. 많은 초보 연주자들이 접하게 되는 C장조는 화성과 선율을 이해하고 사용하는 것에도 다른 조들보다 쉽게 접근할 수 있다. 하지만 피아노에서 실제 작곡가로서 특히 연주자로서 C장조의 음악을 잘 연주하는 것은 은근히 어렵다. 7개의 음들이 수평으로 배열된 건반은 우리의 둥근 두 손을 펼쳐서만 연주해야 하고 검은 건반을 추가하지 않는 것은 어쩐지 심심하다. 그래서 검은 건반과 흰 건반이 조화롭게 만들어진 곡이 우리 손의 구조상 연주하기 편한 경우가 많다. C장조에서 C단조로 조성이 바뀌면 우선 조표에 플랫이 세 개가 붙게 되고 소리는 급격하게 어두워진다. 조성을 팔레트 안의 색깔 혹은 색채로도 비유할 수 있을 것 같다. 기본 12가지 색깔에서 혼합을 통해 다른 색을, 혹은 농도 조절과 여러 가지 테크닉을 사용해서 명암, 고조, 대비, 선명도 등 다채로운 색채를 낼 수 있다. 그래서 조성을 잘 이해하고 사용한다면, 그 키(Key)에 있는 분위기에 맞춰 다양한 화성과 멜로디의 조화로 멋진 색채의 음감을 표현하는 예술가가 될 수 있을 것이다.

04 조성(Tonality)

1. 조성

조성(Tonality)은 음악의 규칙입니다. 피아노를 아무렇게나 막 치면 좋게 들리지 않는 것처럼, 대부분의 음악은 조성이라는 큰 규칙을 따라서 만들어지고, 이렇게 규칙에 맞게 만들어진 음악을 조성 음악이라고 합니다.

▶ 장조(Major Key)

밝은 느낌의 조성, 12개의 Major Key가 존재하며 조표에 따라 조성이 결정됩니다.

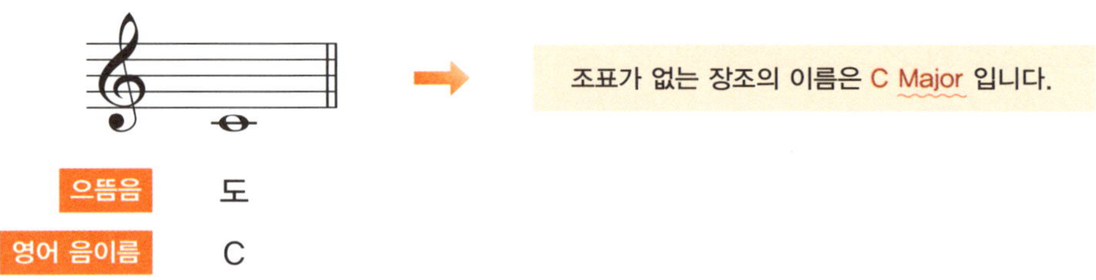

▶ 단조(Minor Key)

어두운 느낌의 조성, 12개의 Minor Key가 존재하며 *조표에 따라 조성이 결정됩니다.

* 조표 : 조성을 나타내는 기호, 음자리표 뒤에 표시

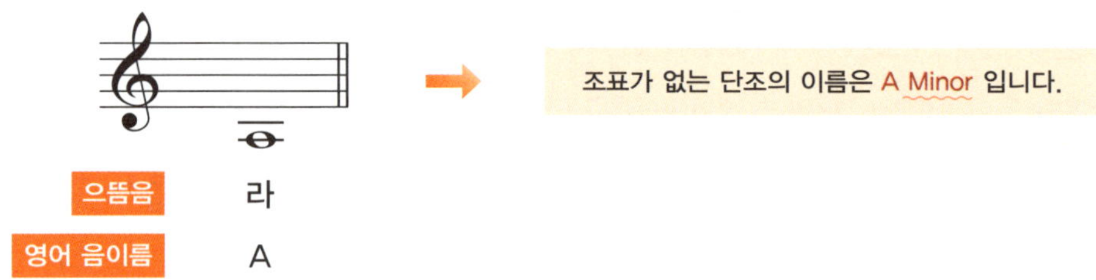

Q 조표는 몇 개까지 붙을 수 있나요? 샵도 붙을 수 있나요?

조표는 최대 7개까지 붙을 수 있고, 붙이는 순서가 정해져 있으니 그대로 외워두면 좋아요. 조표 붙이는 순서에 따라 조성이 달라지니, 조성을 구하는 방법과 조표 붙이는 방법에 대해 배워봅시다.

2. 조표 붙는 순서

❯ 플랫(♭)이 붙는 순서

시 – 미 – 라 – 레 – 솔 – 도 – 파

❯ 샵(♯)이 붙는 순서

파 – 도 – 솔 – 레 – 라 – 미 – 시

개념 CHECK 01 오선에 주어진 위치에 따라 조표가 붙는 순서를 그려보세요.

① 플랫이 붙는 순서

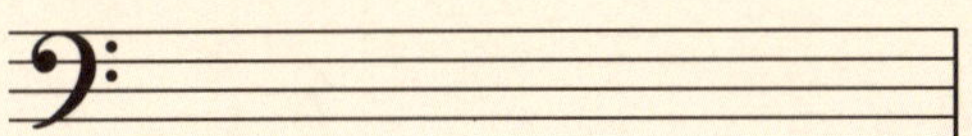

② 샵이 붙는 순서

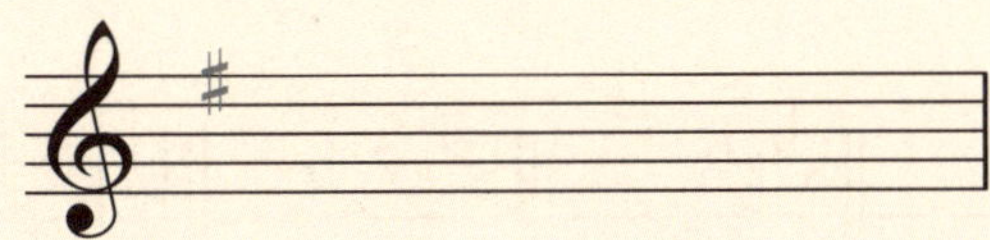 

Chapter 04

3. 장조 이름(Major Key)

❯ 샵(♯) Key 장조 이름 찾기

마지막으로 붙은 ♯에서 단2도(반음) 위의 음이 으뜸음이며, 이 음이 조성의 이름이 됩니다.

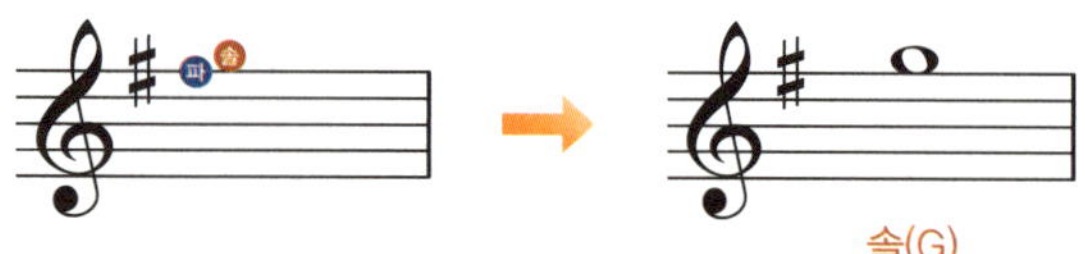

마지막으로 붙은 ♯의 위치는 '파(♯)'이므로 단2도 위의 음인 '솔'이 으뜸음이며, 조 이름은 G Major입니다.

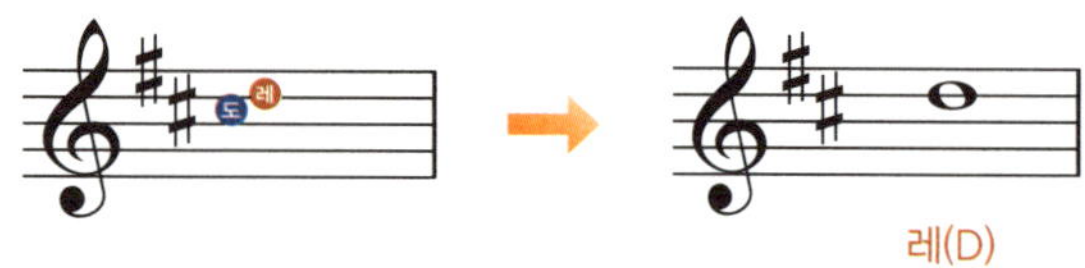

마지막으로 붙은 ♯의 위치는 '도(♯)'이므로 단2도 위의 음인 '레'가 으뜸음이며, 조 이름은 D Major입니다.

🛸 샵(♯) Key 장조 이름

❯ 플랫(♭) Key 장조 이름 찾기

마지막으로 붙은 ♭에서 완전4도 아래의 음이 으뜸음이며, 이 음이 조성의 이름이 됩니다.

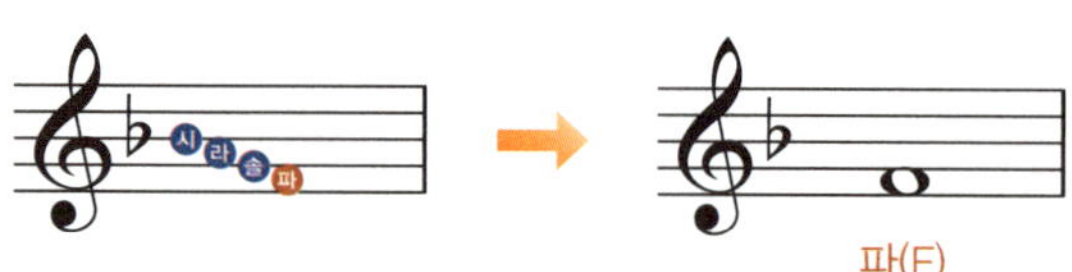

마지막으로 붙은 ♭의 위치는 '시(♭)'이므로 완전4도 아래의 음인 '파'가 으뜸음이며, 조 이름은 F Major입니다.

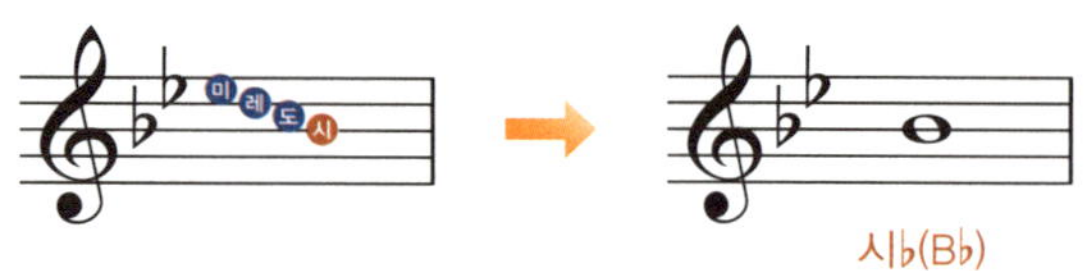

마지막으로 붙은 ♭의 위치는 '미(♭)'이므로 완전4도 아래의 음인 '시♭'이 으뜸음이며, 조 이름은 B♭ Major입니다.

🛸 플랫(♭) Key 장조 이름

① 마지막으로 붙은 ♭의 위치 → 솔(♭)

② '솔♭'에서 완전4도 아래의 계이름 → 레♭

③ 해당 으뜸음의 영어 음이름 → D♭

④ 정답은 → D♭ Major

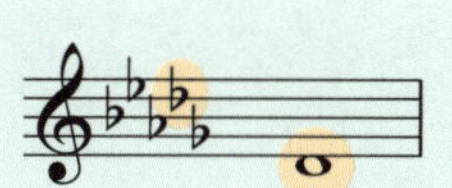

위 문제의 조표는 시, 미, 라, 레, 솔에 플랫이 붙은 조성입니다. 해당 으뜸음인 레에 조표가 붙어 있으므로 해당 조의 이름에는 ♭을 붙여줘야 합니다. 따라서 D♭ Major가 됩니다.

개념 CHECK 02 주어진 조 이름에 따른 조표를 그려보세요.

4. 단조 이름(Minor Key)

단조는 장조와 *나란한조로 같은 조표를 공유하는 단3도 아래에 있는 조입니다.

* 나란한조 : 같은 조표를 갖고 있는 관계조

① 장조의 으뜸음을 먼저 찾습니다.　　② 장조의 으뜸음에서 단3도 아래 음이 단조의 으뜸음입니다.

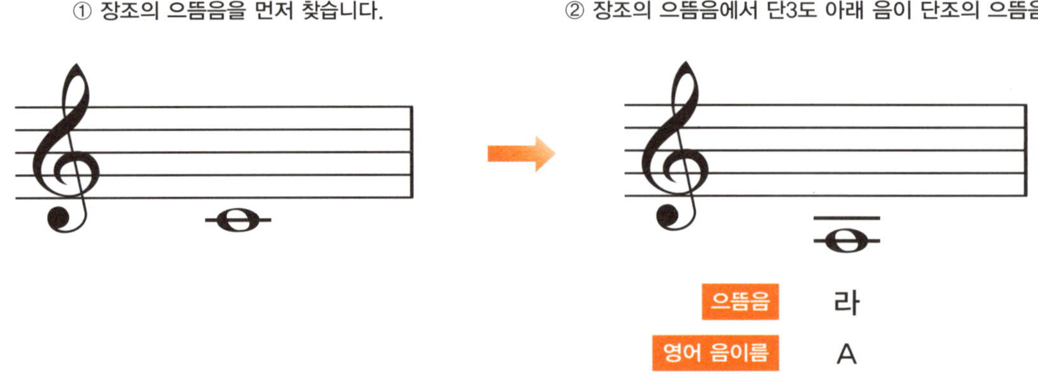

 단조 이름

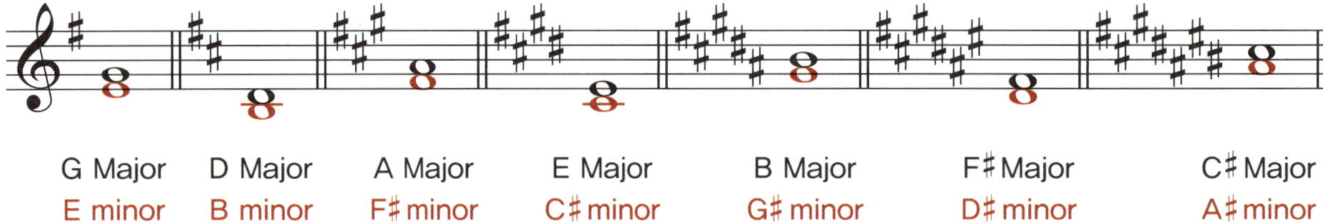

단조 이름 구하기 Tip!

단조 이름을 구할 때는 항상 장조를 먼저 구한 다음에 단3도 아래 으뜸음을 찾는 것이 가장 빠르고 정확합니다.

① 다음 조표의 장조 이름은? → F# Major

② 'F#'에서 단3도 아래 음이름은? → D#

③ 해당 조표의 단조 이름은? → D# minor

개념 CHECK 03   주어진 조표를 보고 단조 이름을 구하고 으뜸음을 그려보세요.

① 다음 조표의 장조 이름은? →

② '①'에서 단3도 아래 음이름은? →

③ 해당 조표의 단조 이름은? →

① 다음 조표의 장조 이름은? →

② '①'에서 단3도 아래 음이름은? →

③ 해당 조표의 단조 이름은? →

① 다음 조표의 장조 이름은? →

② '①'에서 단3도 아래 음이름은? →

③ 해당 조표의 단조 이름은? →

① 다음 조표의 장조 이름은? →

② '①'에서 단3도 아래 음이름은? →

③ 해당 조표의 단조 이름은? →

FINISH CHECK

 **01** 다음 조표를 보고 장조 이름을 구해보세요.

*M = Major

① FM

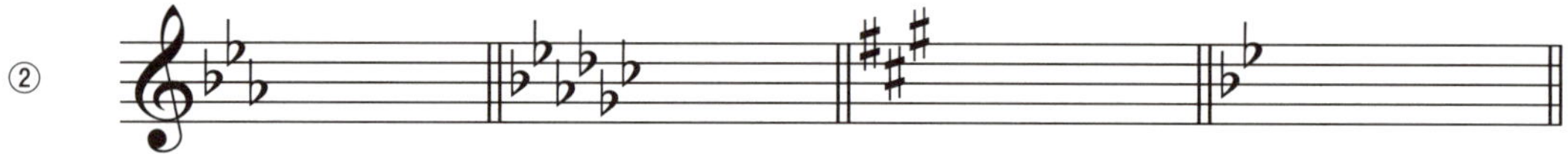

②

02 다음 조표를 보고 단조 이름을 구해보세요.

*m = Minor

① Dm

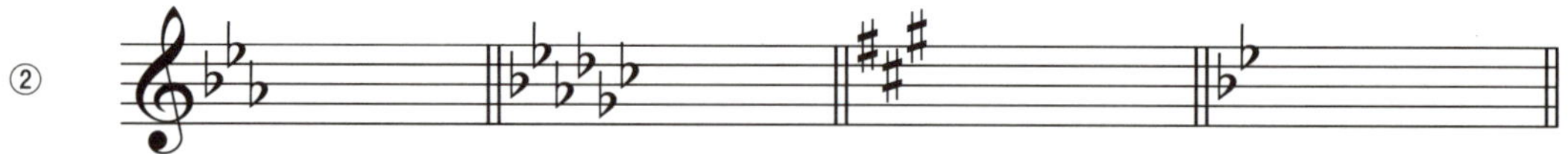

②

주어진 조건에 맞는 장조의 이름과 조표를 그려보세요.

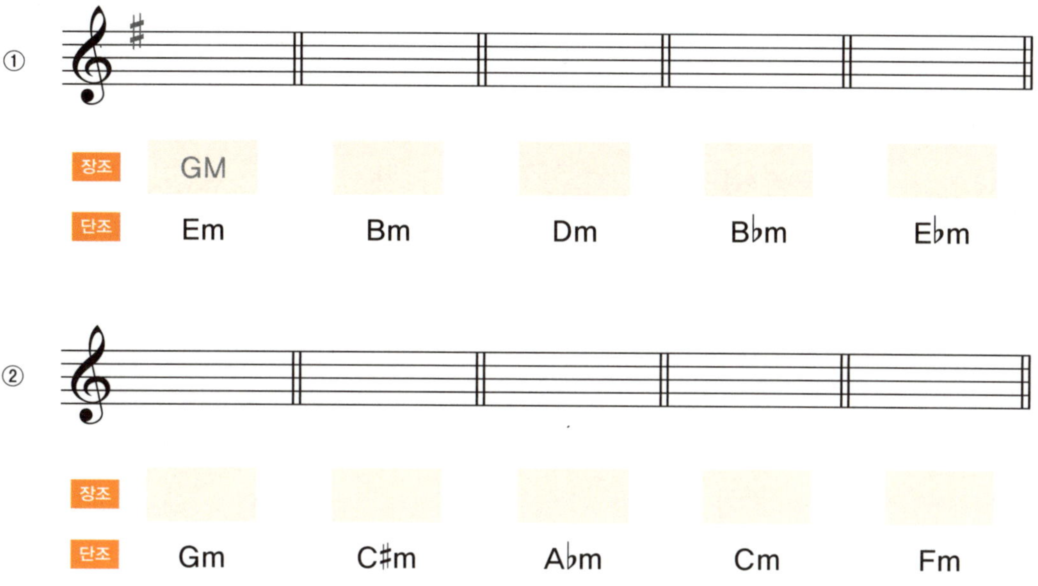

①

장조	GM				
단조	Em	Bm	Dm	B♭m	E♭m

②

장조					
단조	Gm	C#m	A♭m	Cm	Fm

주어진 조건에 맞는 단조의 이름과 조표를 그려보세요.

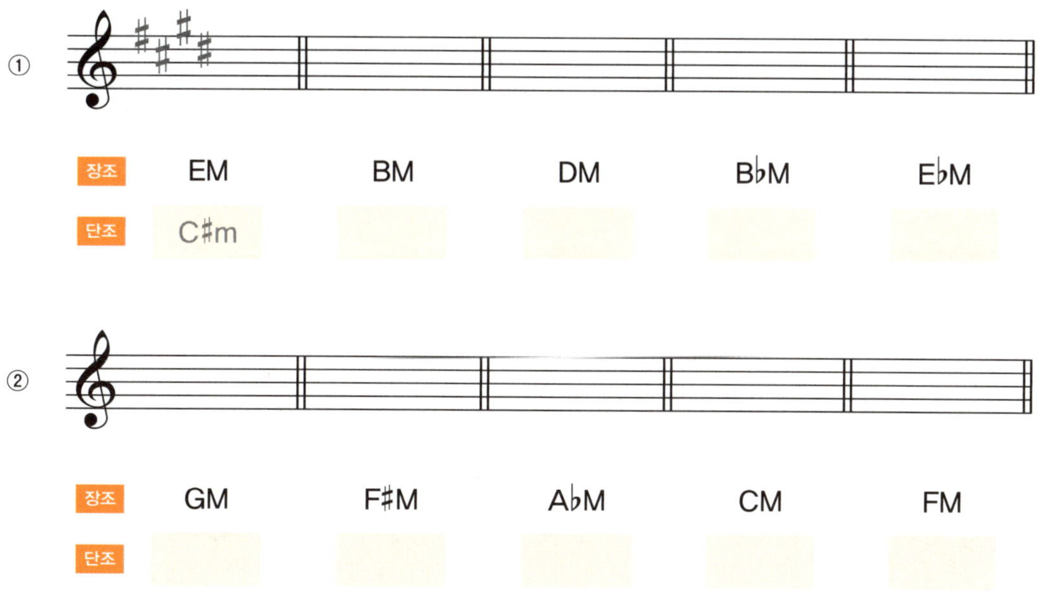

①

장조	EM	BM	DM	B♭M	E♭M
단조	C#m				

②

장조	GM	F#M	A♭M	CM	FM
단조					

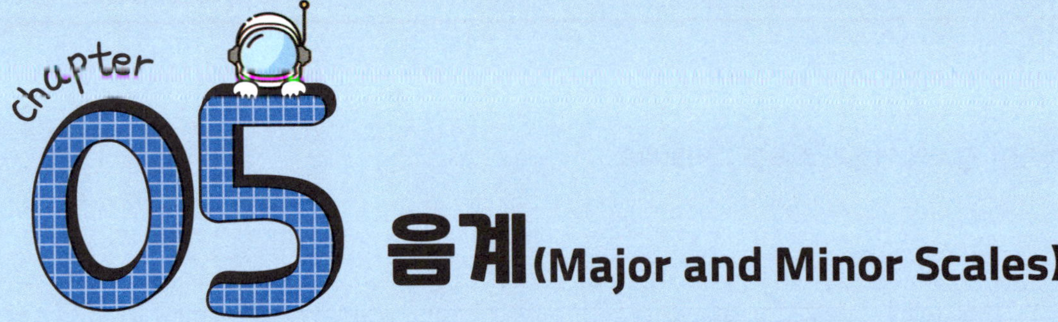

05 음계(Major and Minor Scales)

Prologue...

우리가 살고 있는 지구와 다른 세계가 존재할까? 영화 '스타워즈'에 등장하는 우리 은하가 아닌 다른 은하계가 존재하는 가능성을 상상해 볼 수도 있다. 역사적인 변화와 함께 알 수 있게 된 12음의 탄생 배경 속에서 찾아낸 규칙들을 여러 방향으로 해석할 수 있는데, 이 안에서도 정답이 있는 듯한 딱 떨어짐과 정답이 없는 모호함이 공존한다.

우리가 화성학을 공부하는 중요한 이유 중 한 가지는 바로 정답이 있는 것과 없는 것을 구별해 내는 능력을 갖추는 것이다. 그러기 위해서는 우선 정답이 있는 것을 알아야 한다. 예를 들어 어떤 조(키 : Key)로 연주하는가? 이 코드의 이름은 무엇인가? 구성음은 무엇인가? 이런 질문들은 음악을 함께 작업하는 사람들 간의 상호작용을 가능하게 한다. 소통을 가능하게 하는 언어가 음악이기 때문이다.

그렇다면 5도권의 순서는 무엇인가? 조표에 붙는 플랫(♭)이나 샵(♯)의 순서는 어떻게 구성되는가? 이 두 음 사이의 높이나 거리는 무엇인가(음정)? 이런 질문들은 정답이 분명히 존재한다. 마치 언어를 배울 때 규칙을 이해하는 유용한 문법과도 같은 원리이다. 혹은 소통을 위한 약속과도 같다. 하지만, 영어를 예로 들어 문법을 어려서부터 대학에 입학할 때까지 오랜 시간 공부한 학생이 영어를 모국어처럼 구사할 수 있을까? 그럴 수도 있고 아닐 수도 있다.

화성학을 열심히 공부한 사람이 반드시 음악을 잘하고 성공한 삶을 사는 뮤지션이 될 수 있을까? 좋은 음악을 만들어 대중에게 큰 사랑을 받고 있는 많은 뮤지션들 중 악보를 읽지 못하는 경우도 있다. 그러나 그들 중 대부분은 자기만의 방식으로 음악을 듣고 연구하며 많은 세월을 노력으로 보냈을 것이다. 화성학이란 그런 많은 사람들의 노력으로 얻어진 비법과도 같다.

음악에서 딱 떨어지는 정답을 계산할 수 있거나 확실하게 답을 알고 있다면, 음악가들이 선택하고 표현하는 시간을 단축시킬 수 있고 그들 사이에서의 소통을 원활하게 하는 이점이 있다. 하지만 표현이란 주관적이고 모든 사람이 다르듯 객관화가 어렵기 때문에 이 또한 정답이 없는 것으로 귀결된다.

다시 우리 지구가 있는 은하계로 귀환하여 현재 시대를 살펴봤을 때 낮의 밝음과 밤의 어둠이 존재하듯 음악계에는 장조(Major)와 단조(minor)가 존재한다. 장, 단조의 큰 울타리가 존재하는데 그것이 바로 12음의 구성에서 나온 음계이다. 우선 '도레미파솔라시' 이 7개의 음들에서 나온 온음계(Diatonic)가 있고, 7음들 사이의 음들이 모두 나와 음을 이루는 반음계(Chromatic)가 있다.

음계(Major and Minor Scales)

1. 온음계(Diatonic Scale)

온음계는 온음(W)과 반음(H)의 특정 패턴으로 배열된 7개의 개별 음으로 구성된 음악 시스템입니다. 서양 음악에서 이 패턴은 일반적으로 온음과 반음의 순서인 온음 – 온음 – 반음 – 온음 – 온음 – 온음 – 반음으로 표현합니다. 이 시스템은 클래식, 포크 및 팝 음악을 포함한 많은 서양 음악 전통의 기초를 형성했으며, 온음계의 각 음표에는 문자(C, D, E, F, G, A, B)로 표시되는 이름이 지정되며 피아노, 기타 및 현악기를 포함한 다양한 악기에서 연주할 수 있습니다.

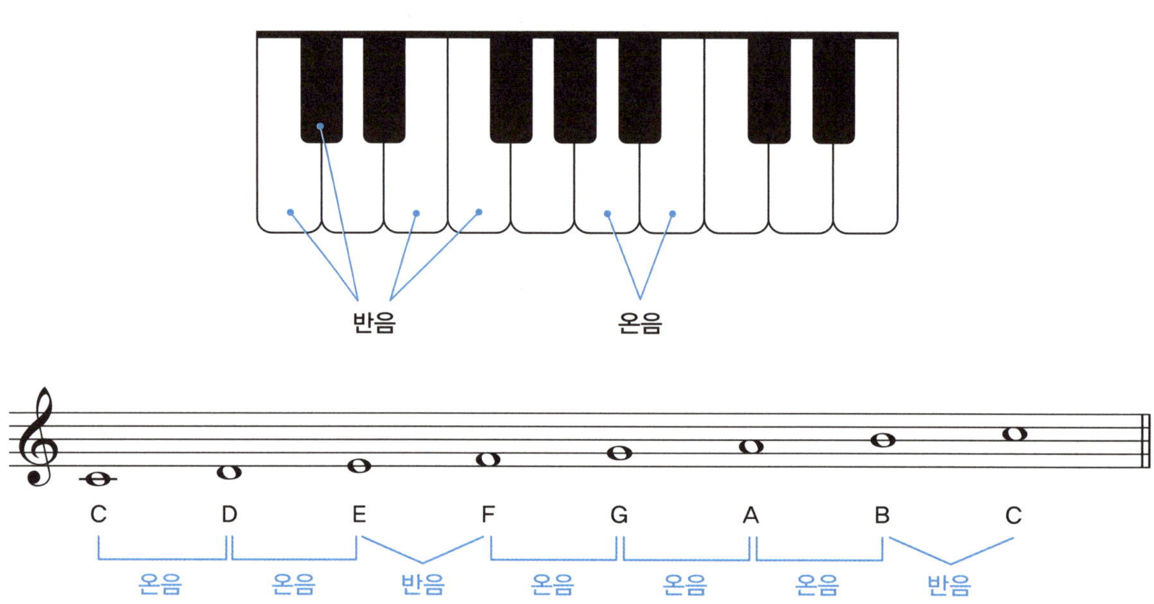

2. 반음계(Chromatic Scale)

온음계와는 달리 반음계는 12개의 반음으로 이루어져 있으며, 각각에 고유한 이름이 부여됩니다. 이는 12개의 음이 서로 다른 이름을 가지고 있어서, 같은 이름이 겹치지 않음을 의미합니다. 예를 들어, 온음계에는 7개의 음이름(C, D, E, F, G, A, B)만 있지만, 반음계에는 12개의 음이름(C, C♯, D, D♯, E, F, F♯, G, G♯, A, A♯, B)이 있습니다. 반음계는 재즈와 현대 클래식 음악을 포함한 다양한 형태의 서양 음악에서 광범위하게 사용되며, 마치 더욱 큰 조화와 선율의 복잡성뿐만 아니라 더 넓은 범위의 음색 가능성을 허용합니다.

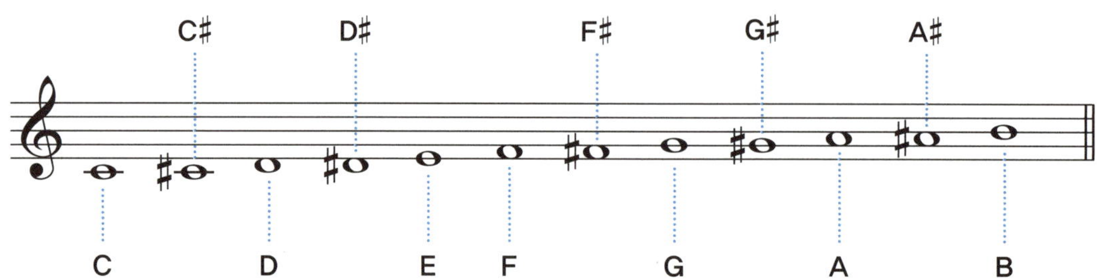

3. 장음계(Major Scale)

온음계와 동일하게 으뜸음을 기준으로 3음과 4음, 7음과 8음 사이가 반음이며, 그 밖에는 모두 온음으로 이루어진 7음 음계로써 밝은 느낌을 내는 음계입니다.

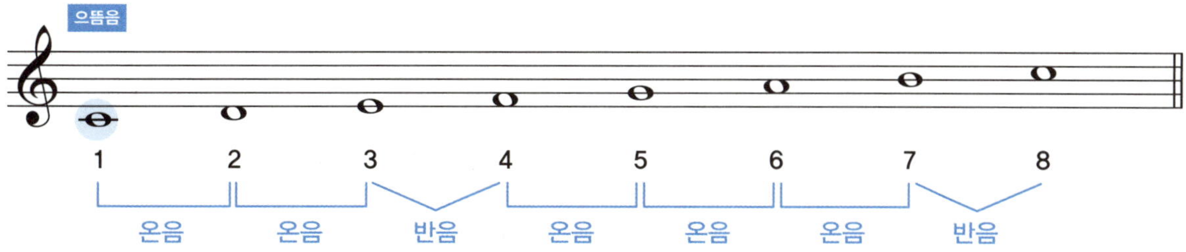

▶ Major Scale(12 Key)

12음들을 각각 으뜸음으로 하여 만들어진 12개의 장음계

C Major

F Major

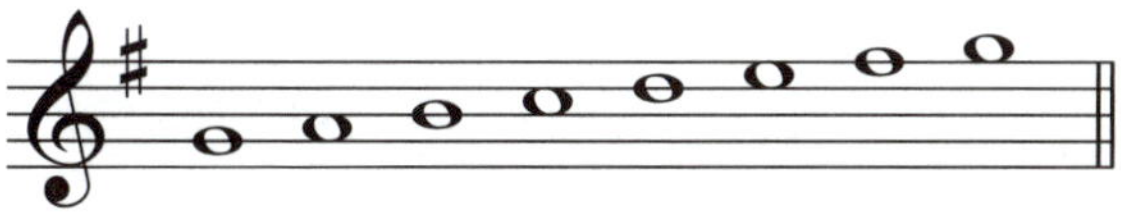

G Major

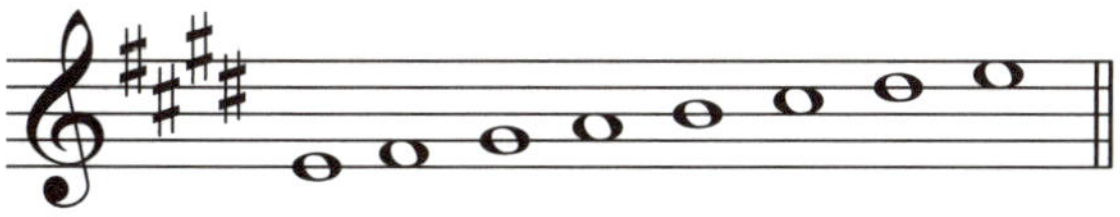

B♭ Major

D Major

E♭ Major

A Major

A♭ Major

E Major

D♭ Major

B Major

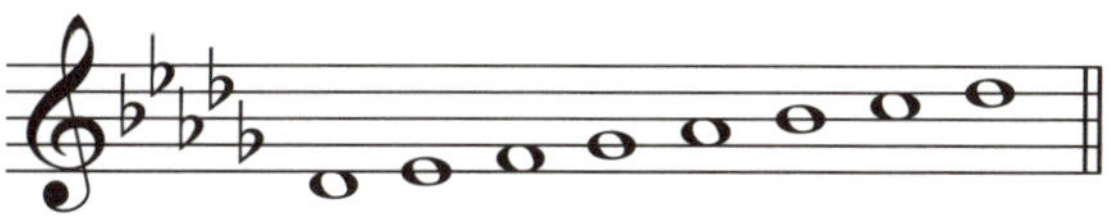

G♭ Major

4. 단음계(Minor Scale)

으뜸음을 기준으로 2음과 3음, 5음과 6음 사이가 반음이며 그 밖에는 모두 온음으로 이루어진 7음 음계로써 경우에
따라 화성단음계와 가락단음계로 변형하여 사용되기도 합니다.

▶ Natural Minor Scale(내추럴 마이너 스케일) - 자연단음계

단3도 위의 메이저 스케일과 나란한조로서 같은 조표를 공유합니다.

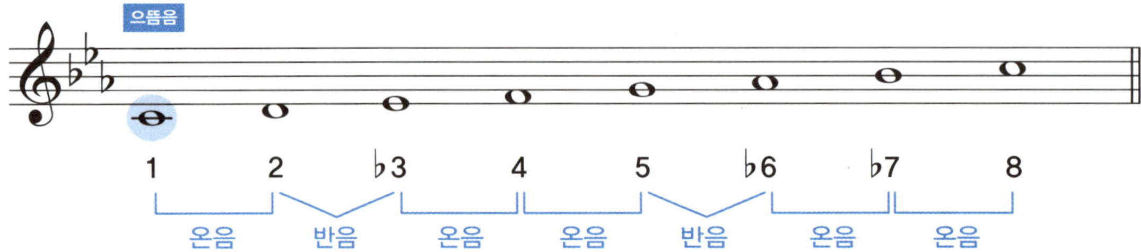

▶ Harmonic Minor Scale(하모닉 마이너 스케일) - 화성단음계

내추럴 마이너 스케일의 ♭7음이 종결의 느낌이 약해 7음을 반음 올려 좀 더 명쾌한 하모닉 마이너 스케일이 만들어
졌습니다.

▶ Melodic Minor Scale(멜로딕 마이너 스케일) - 가락단음계

하모닉 마이너 스케일이 ♮7음이 되면서 ♭6음과 증2도가 되어 부자연스러운 느낌이 듭니다. 이를 보완하기 위해 6음
에도 반음을 올려 멜로딕 마이너 스케일이 만들어졌습니다. 멜로딕 마이너 스케일이 하행할 때는 그 성질이 사라지기
때문에 내추럴 마이너 스케일과 동일하게 하행합니다.

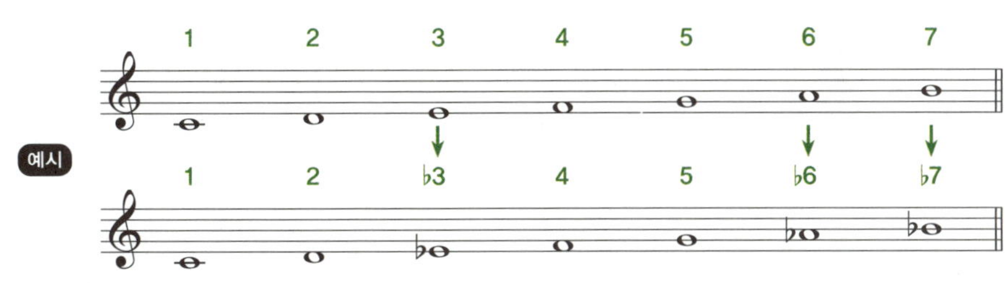

개념 CHECK 01 조표를 사용하여 다음 제시하는 조의 음계를 그려보세요.

개념 CHECK 02 조표와 임시표를 사용하여 다음 제시하는 조의 상행 음계를 그려보세요.

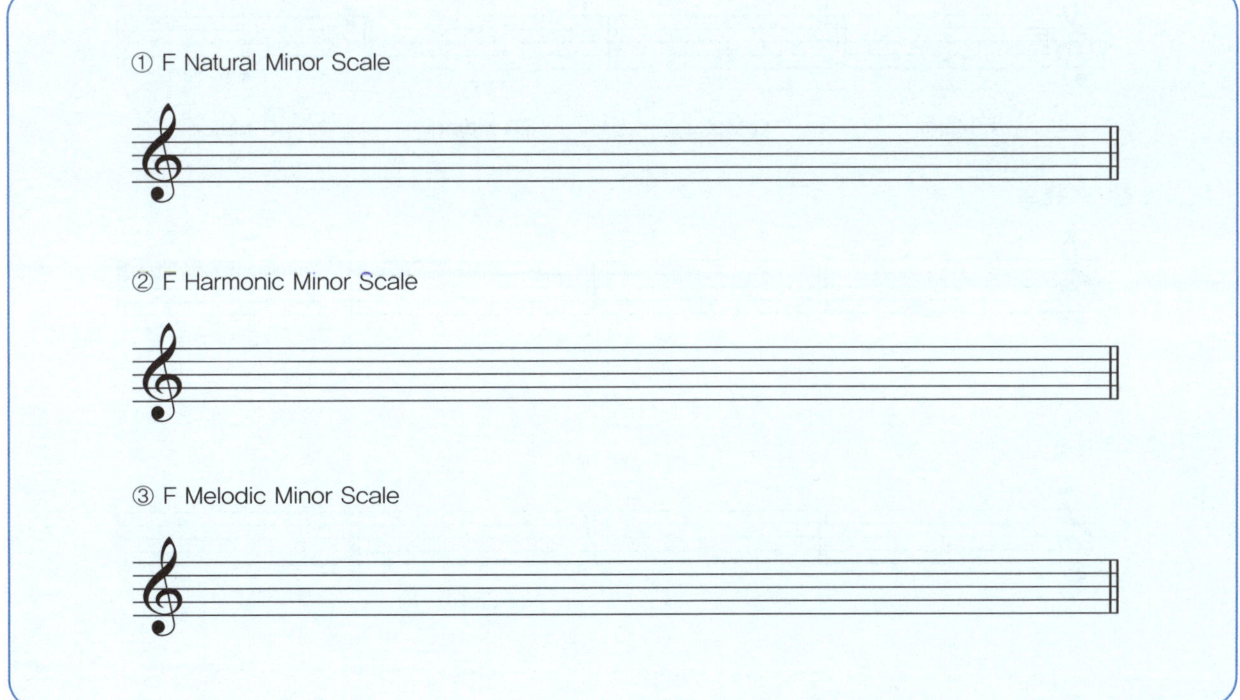

5. 관계조

▶ 같은으뜸음조(Parallel Key)

같은 으뜸음을 공유하고 있는 관계조

▶ 나란한조(Relative key)

같은 조표를 공유하고 있는 관계조

* 개념을 익히기 위해 단음계 중 Natural Minor를 사용했습니다.

개념 CHECK 03 다음 제시하는 조의 관계조 이름을 쓰고 조표를 사용해 으뜸음과 함께 그려보세요.

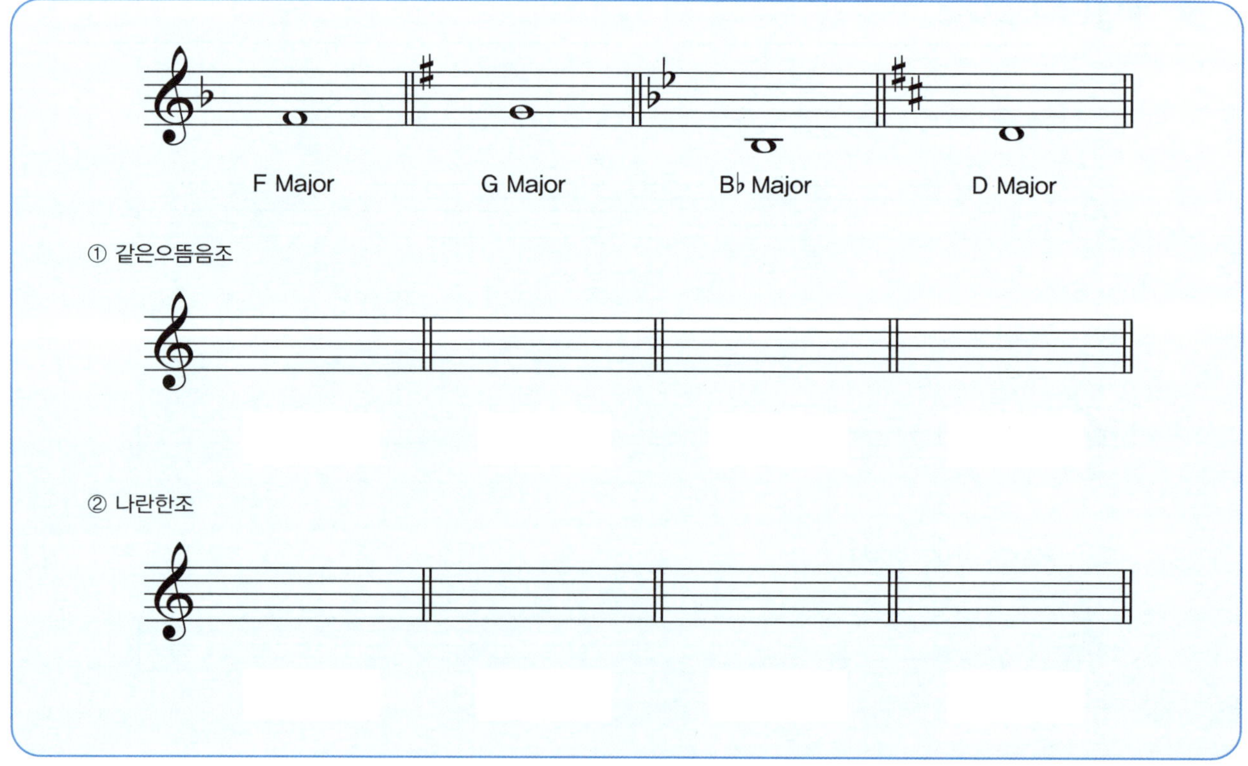

6. 전조

〉 조 옮김(Transposition)

곡 전체를 다른 조로 옮기는 것

① 계이름으로 구하기

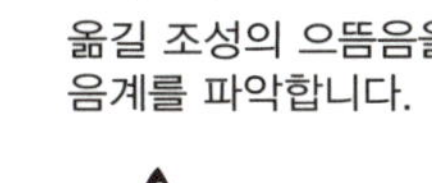

C Major → F Major 조 옮김 하기

② 음정으로 구하기

C Major → G Major 조 옮김 하기

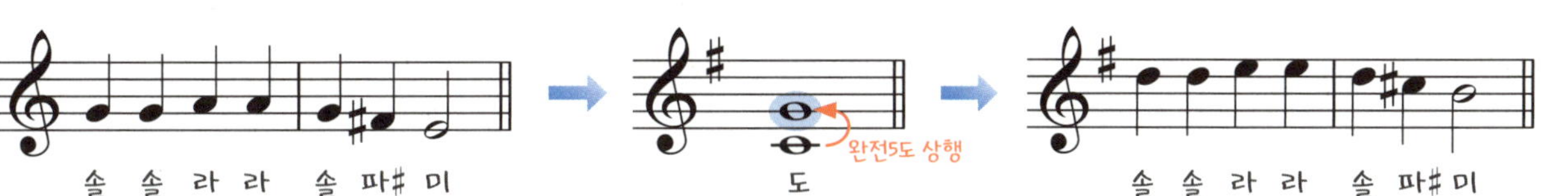

〉 조 바뀜(Modulation)

곡 중간에 다른 조로 바뀌는 것. 겹세로줄을 사용한 뒤 바뀌는 조성의 조표를 붙여줍니다.

 # FINISH CHECK

 **01** 조표와 임시표를 사용하여 다음 제시하는 조의 상행 음계를 그려보세요.

① G Major Scale

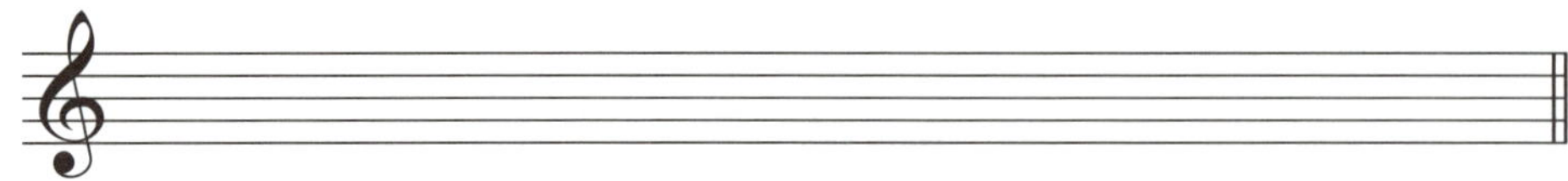

② E♭ Major Scale

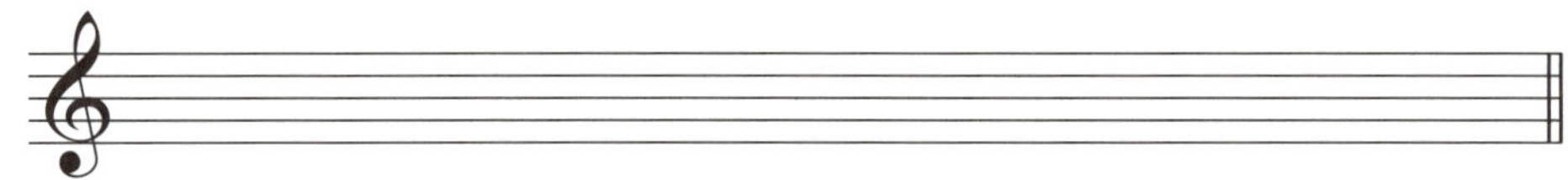

③ A Major Scale

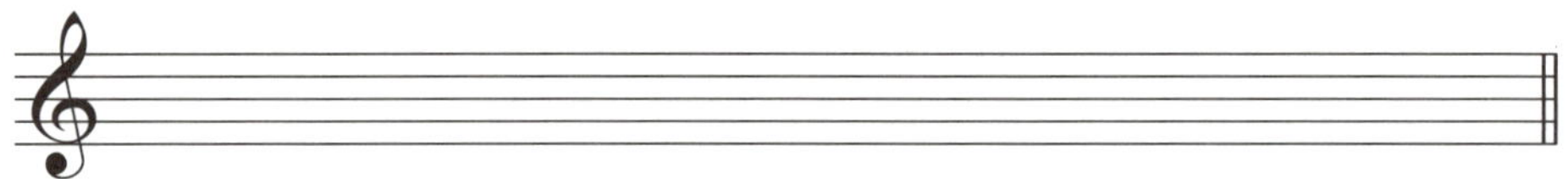

④ G Natural Minor Scale

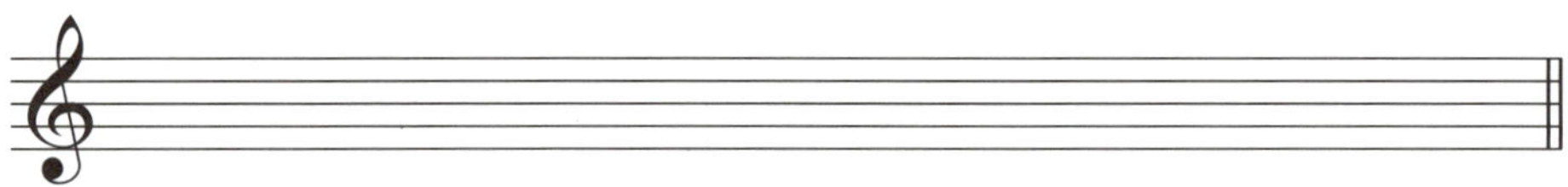

⑤ E♭ Harmonic Minor Scale

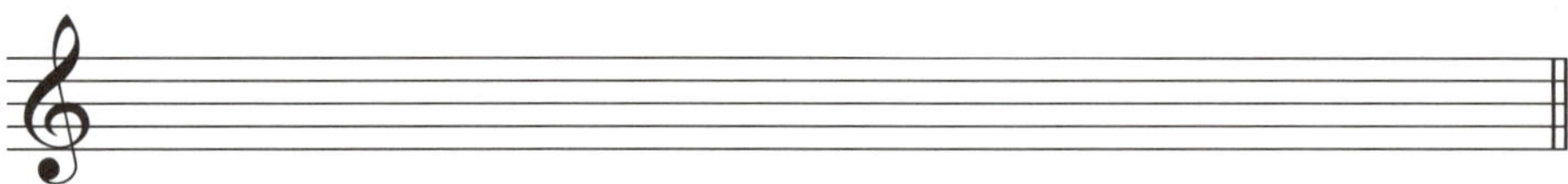

⑥ A Melodic Minor Scale

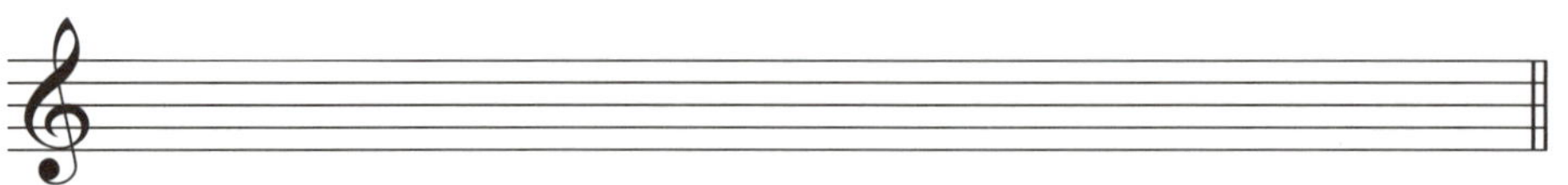

 다음 조와 같은으뜸음조의 이름과 조표를 그려보세요.

*M = Major / m = Minor

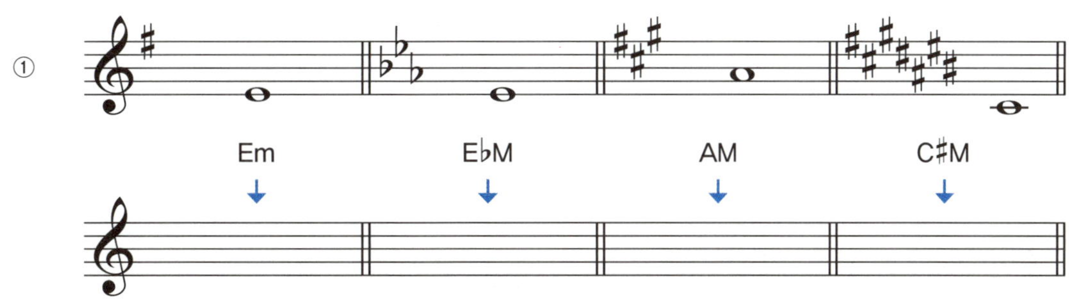

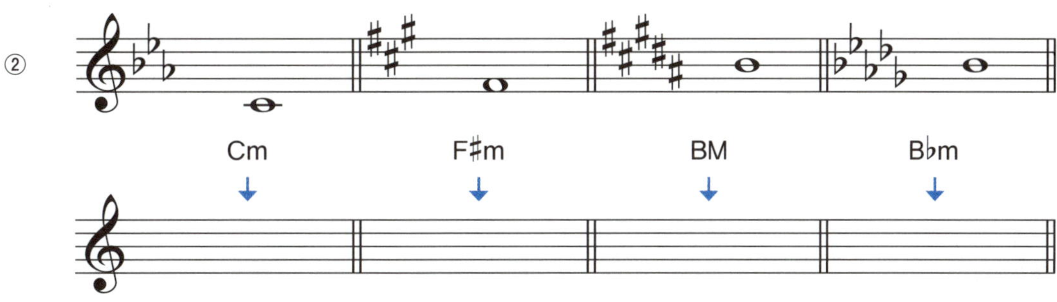

다음 조와 나란한조의 이름과 조표를 그려보세요.

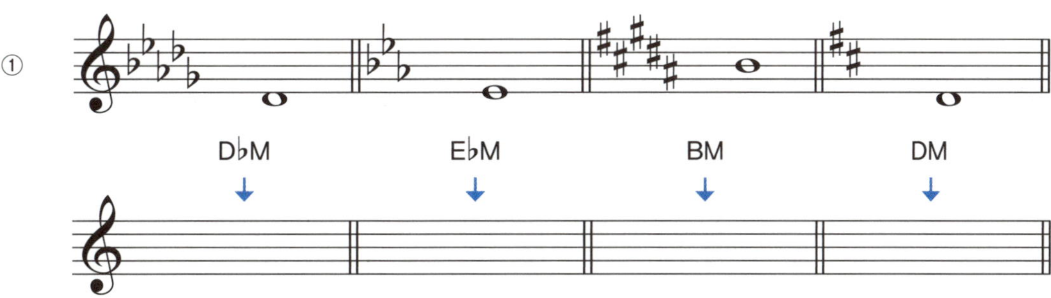

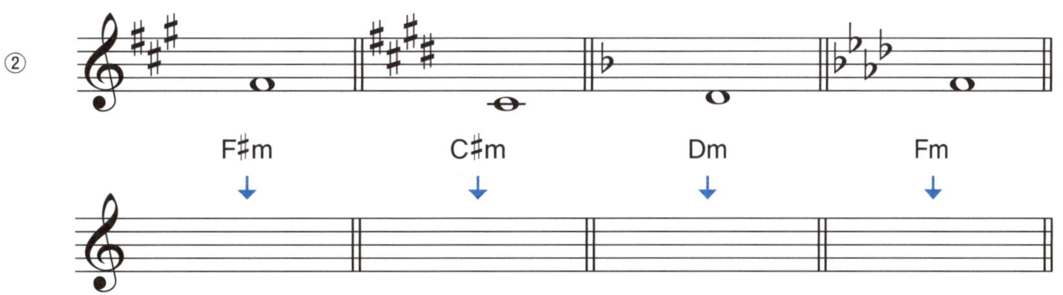

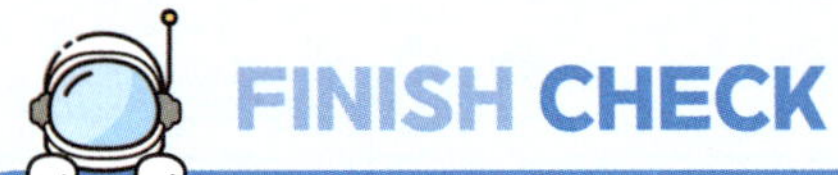

04 아래의 곡을 주어진 조성에 맞게 조 옮김 해보세요.

C Major

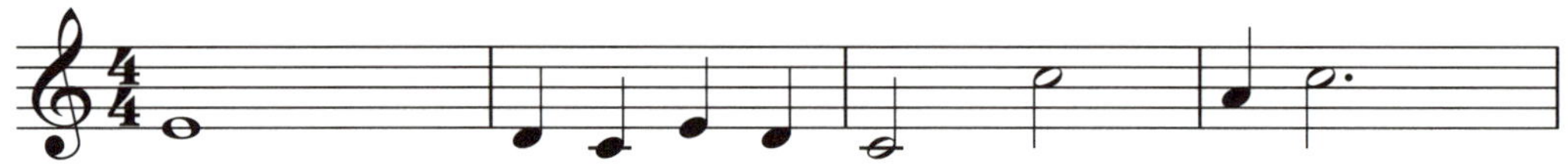

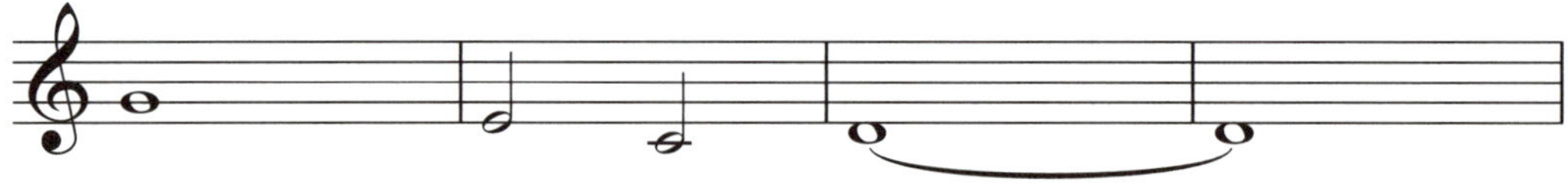

A Major

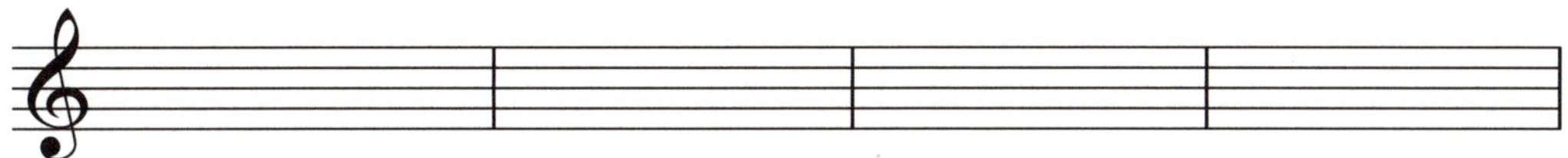

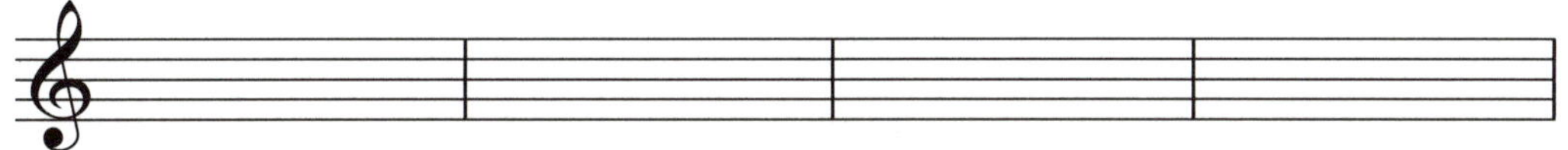

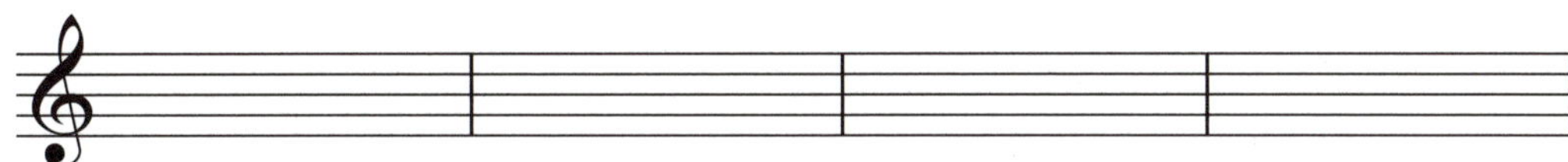

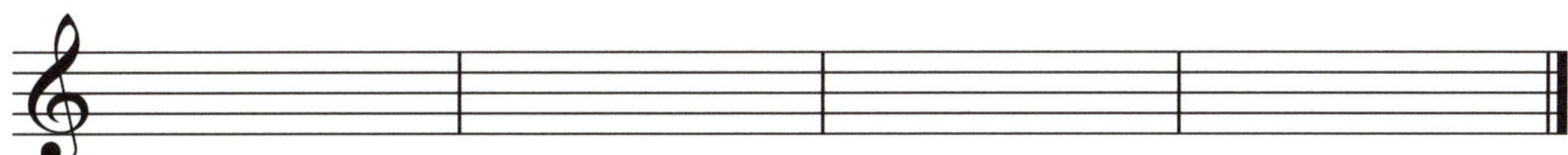

코드 : 3화음과 4화음
(Chords : Triads and 7th Chords)

Prologue...

이제 음정(Intervals)에 대해 아무 어려움이 없는 우리는 코드로 들어갈 자세를 갖추었다. 음정의 완벽한 숙지는 코드 학습에 필수적이다. "그런 것 같다"면 모르는 것이다. "아는 것 같다"도 모르는 것이다. 완벽하게 바로 보고, 바로 듣고 아는 것이 진정한 아는 것이다. 개인마다 알아내는 속도의 차이는 있다. 긴 시간이 걸리더라도, 그 방법이 지루하더라도 꼭 알길 바란다. 지난 chapter. 2에서 '음정 구하는 Tip'을 사용하고 연습해 본다.

조화의 세계, Harmony.
코드는 그 옛날 다이아토닉 스케일을 기반으로 생겨났으며 세 개의 음표로 되어있는 단순한 3화음(Triads)이 그 시작이다. 근음과 5음이 같다는 전제하에 중간에 3음만이 근음과의 거리가 장3도인 것을 장3화음(Major Triads)이라 부르고 근음과의 거리가 단3도인 것을 단3화음(Minor Triads)이라 부른다.(앞으로 Major, Minor 코드라고 명칭 한다.)

이 메이저 트라이어드와 마이너 트라이어드가 모든 코드의 시작점이다. '해피 해피 메이저, 새드 새드 마이너', 단 하나의 음이 차이날 뿐인데 이것은 마치 낮과 밤, 기쁨과 슬픔, 밝음과 어둠을 나타낸다. 단 하나의 구성 요소로 성별을 좌우하는 염색체와도 같다. XX가 여자라면 XY가 남자. X와 Y라는 하나의 염색체 차이로 남자가 되고 여자가 된다. 메이저 코드인지 마이너 코드인지 단 하나의 음으로 코드의 정체성이 확연히 분리되는 것은 대단한 사실이다. 어렵다고 느낄지 모르는 여러 가지 컬러의 코드는 여기에서 출발한다. 여기서 다시 기억해 봐야 할 것이 ♭과 ♯의 기능이다. ♭은 반음이 내려가고 어두워지는 컬러와 좁아지는 간격을 준다. ♯은 반음이 올라가며 밝아지는 컬러, 그리고 넓어지는 간격을 준다.

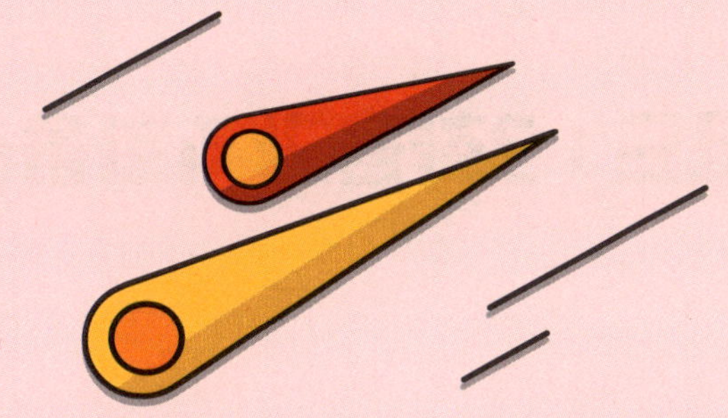

이제는 어느 정도 코드를 연주할 수 있다는 자신감을 갖고 실전에 들어간다. 하지만 처음 받는 코드 악보에 익숙하지 않은 코드 기호가 보이면 연주를 하면서도 모르는 코드 부분이 다가오는 것을 공포스러운 마음으로 맞이하게 된다. 역시 아니나 다를까 모르는 기호를 연주하고 나니 괴상한 소리가 난다. 같이 연주하는 사람들이 흘겨본다. 완전 망한 것이다. 아니, 수학 시간도 아닌데 왜 알파벳 옆에 ∅가 나오는가? 알파벳 옆에 있는 ○는 빵점짜리 코드라는 소리인가? m7 옆에 (♭5)는 왜 붙어있고, 저 삼각형(△)은 무엇이지? 그 삼각형 옆에 (♯5)가 붙어있다. 알파벳 옆에 마이너 표기인 m이 있는데 그 옆에 또 삼각형(△)이 붙어있다. 이번에도 아까 나에게 혼란을 준 (♯5)가 나란히 붙어있다.

조금 창피한 경험을 했다고 너무 실망하진 말자. 우리 모두 그런 실수 속에서 배운다. 3화음(Triad)을 익혔다면, 이제 한 음을 더 쌓아 만든 4화음(7th Chord)을 배워볼 차례다. 그런데 한 학생이 묻는다. "선생님, 7화음이랑 4화음은 뭐가 다른 거예요?" 충분히 헷갈릴 수 있는 질문이다. 영어에서 '7th chord'는 7도 음이 포함된 화음을 뜻하지만, 한국어의 'n화음'은 보통 n개의 음으로 구성된 화음을 말하니까 예를 들어 1, 3, 5는 3화음, 1, 3, 5, 7은 4화음이다. 하지만 실용음악 현장이나 유튜브에서는 보통 7화음이라고 하면 그냥 7도 음이 들어간 화음으로 통한다. 이 교재에서는 7th chord=4화음, 9th chord=5화음으로 설명한다.

이제 3화음의 다섯 가지 종류와 기본적인 7th 코드 세 가지를 함께 익혀보자. 사실 7th 코드는 두 가지만 알면 어렵지 않다. 바로 '근음(Root)과 코드의 성질'이다. 복잡해 보여도 규칙이 잘 잡혀 있어서 알고 보면 훨씬 쉽게 느껴질 것이다.

06 코드 : 3화음과 4화음(Triads and 7th Chords)

1. 3화음(Triads)

*근음(Root)으로 부터 3도, 5도씩 쌓아 만든 화음

* 근음 : 뿌리가 되는 음(1음)

① Major

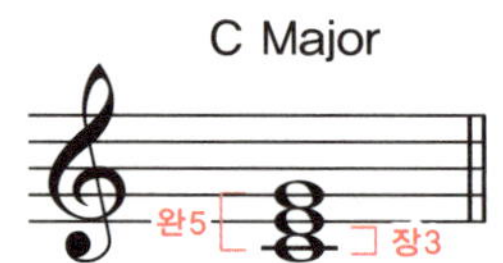

표기 C, CM
읽기 씨 메이저

장음계의 대표 화음이며 1음, 3음, 5음으로 구성한다.

② Minor

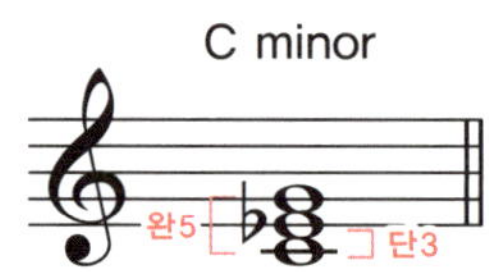

표기 Cm, C−
읽기 씨 마이너

단음계의 대표 화음이며 1음, ♭3음, 5음으로 구성한다. CM와 비교하여 3음에서 반음 하나 차이를 둔다.

③ Augmented

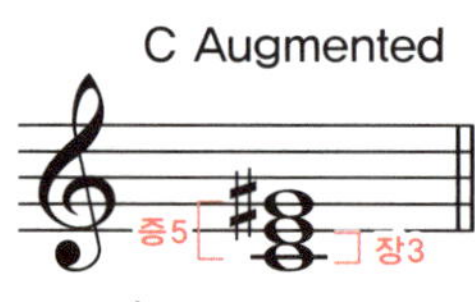

표기 Caug, C+
읽기 씨 어그먼트

CM에서 5음에 반음을 올린 화음으로 1음, 3음, ♯5음으로 구성한다.

④ Diminished

표기 Cdim, C°
읽기 씨 디미니쉬

Cm에서 5음에 반음을 내린 화음으로 1음, ♭3음, ♭5음으로 구성한다.

⑤ Suspended

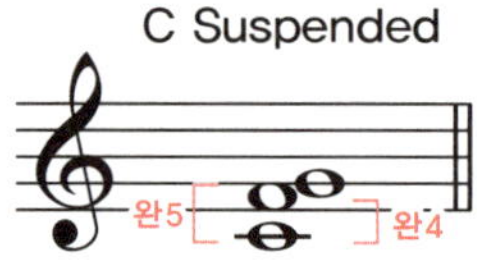

표기 Csus4
읽기 씨 써스포

CM에서 3음 대신 4음을 사용한다. '매달려 있다'라는 뜻의 Suspended는 4음을 사용하여 긴장감을 준다. 3음 대신 2음을 쓰는 sus2도 있다.

EM

① 코드의 구성음 생각하기 → 1음, 3음, 5음

② 코드 구성음 간의 음정 파악 → 완전1도, 장3도, 완전5도

③ 음정 계산 후 코드 구성음 파악 → 미, 솔#, 시

정답은 

개념 CHECK 01 주어진 3화음을 오선에 그려보세요.

①  Am

❶ 코드의 구성음 →

❷ 코드 구성음 간의 음정 파악 →

❸ 음정 계산 후 코드 구성음 파악 →

②  Gaug

❶ 코드의 구성음 →

❷ 코드 구성음 간의 음정 파악 →

❸ 음정 계산 후 코드 구성음 파악 →

Chapter 06

2. 한눈에 보는 3화음 코드 구성음

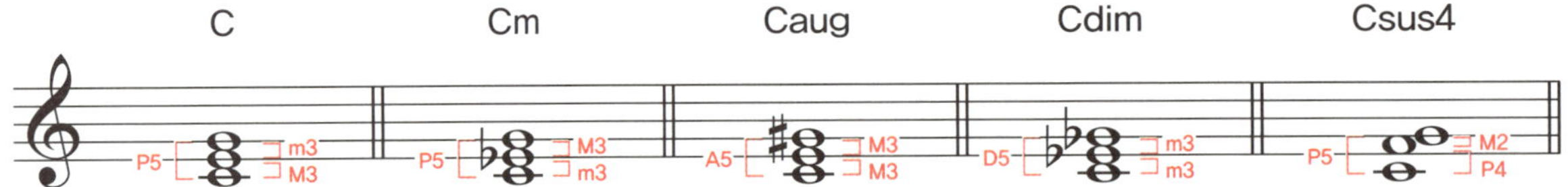

P = Perfect = 완전 음정   M = Major = 장음정   m = minor = 단음정

A = Augmented = 증음정   D = Diminished = 감음정   예) P5 = 완전5도

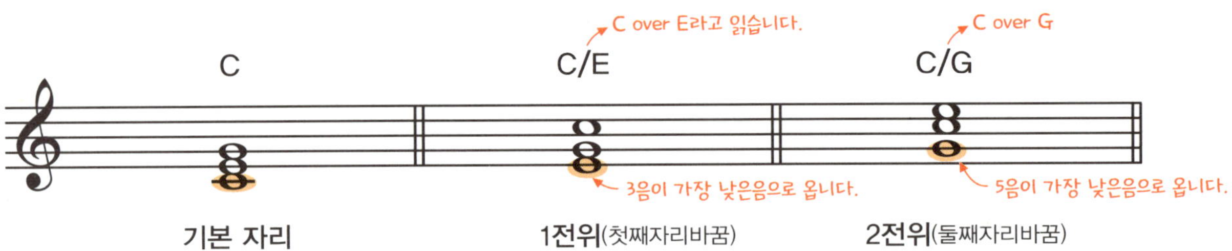

3. 전위(Inversion)

화음을 구성하고 있는 음들의 자리바꿈으로, 화성적으로 연관성이 있을 수도 있고 없을 수도 있으며, 전위형 코드를 12키로 연습하면 코드를 자유자재로 연결할 수 있어서 연주에 많은 도움이 됩니다.

(3화음을 전위해서 12키로 연습하기)

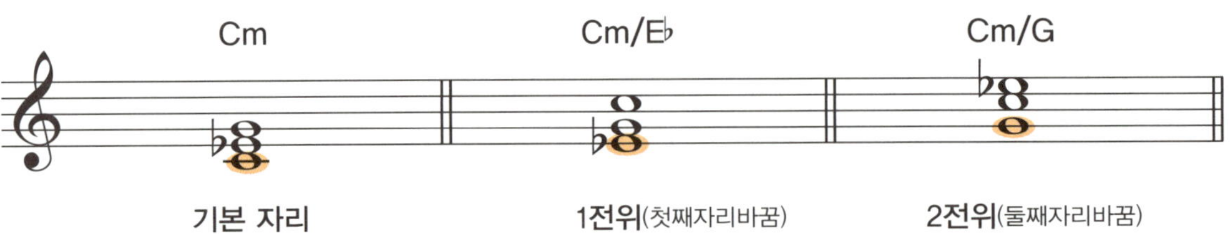

개념 CHECK 02 음정을 파악하여 주어진 3화음을 오선에 그려보세요.

F   Fm   Faug   Fdim   Fsus4
①
G   Gm   Gaug   Gdim   Gsus4
②
D   Dm   Daug   Ddim   Dsus4
③

개념 CHECK 03 주어진 3화음을 전위하여 오선에 그려보세요.

F   1전위   2전위
①
G   1전위   2전위
②
D   1전위   2전위
③

4. 3화음 전위 코드 표기

슬래시 코드라고도 하며 '코드/베이스'로 표기합니다.

문제풀이　주어진 전위 코드를 오선에 그려보세요.

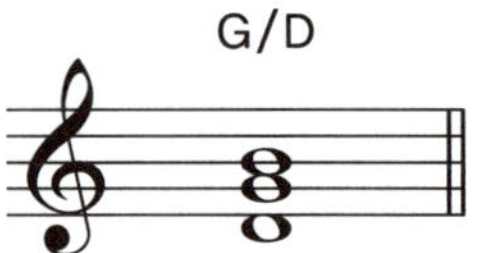

① 왼쪽의 코드 파악　→　솔, 시, 레

② 오른쪽 '음'을 근음 위치로 옮기기　→　레, 솔, 시

정답은 

<전위 코드 표기할 때 주의!>

- 슬래시의 왼쪽은 코드입니다.

- 슬래시의 오른쪽은 베이스 음입니다.

개념 CHECK 04　주어진 전위 코드를 오선에 그려보세요.

① 

❶ 왼쪽의 코드 파악

❷ 오른쪽 '음'을 근음의 위치로 옮기기

② 

❶ 왼쪽의 코드 파악

❷ 오른쪽 '음'을 근음의 위치로 옮기기

③ 

❶ 왼쪽의 코드 파악

❷ 오른쪽 '음'을 근음의 위치로 옮기기

① 코드 구성음 파악 → 미, 라, 도#

② 전위되어 있는 3화음 기본 모양 만들기 → 라, 도#, 미

③ /(슬래시) 왼쪽엔 코드, 오른쪽엔 베이스 → A/E

정답은 : A/E

코드의 기본 자리 모양은 SUS4 코드를 제외하고 모두 3도씩 쌓여 있습니다.
전위 코드의 이름을 찾을 땐 항상 기본 자리 모양으로 코드를 파악하는 것이 가장 중요하므로
기본 자리 모양을 잘 기억해 두세요.

개념 CHECK 05   주어진 전위 코드의 이름을 쓰세요.

①
❶ 코드 구성음 파악   .   .

❷ 전위되어 있는 3화음 기본 모양 만들기   .   .

❸ /(슬래시) 왼쪽엔 코드, 오른쪽엔 베이스   /

②
❶ 코드 구성음 파악   .

❷ 전위되어 있는 3화음 기본 모양 만들기   .   .

❸ /(슬래시) 왼쪽엔 코드, 오른쪽엔 베이스   /

③
❶ 코드 구성음 파악   .

❷ 전위되어 있는 3화음 기본 모양 만들기   .   .

❸ /(슬래시) 왼쪽엔 코드, 오른쪽엔 베이스   /

5. 4화음(7th Chords)

근음(Root)으로부터 3도, 5도 7도를 쌓아 만든 화음

① Major 7th

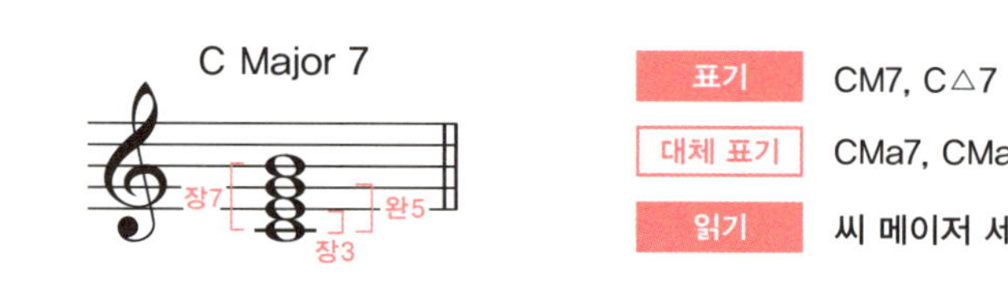

표기	CM7, C△7
대체 표기	CMa7, CMaj7
읽기	씨 메이저 세븐

장음계의 대표 4화음이며,
1음, 3음, 5음, 7음으로 구성한다.
(3, 7)

② Minor 7th

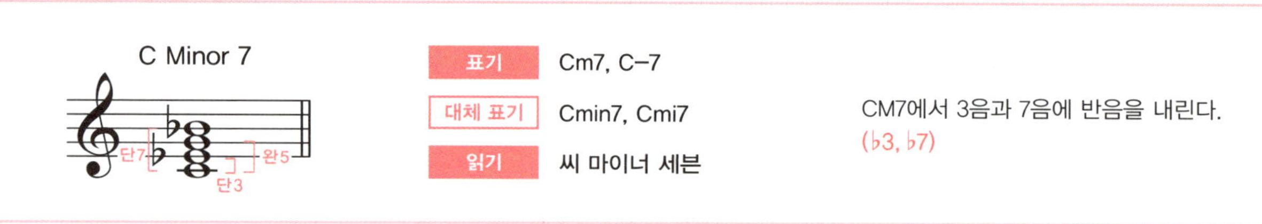

표기	Cm7, C−7
대체 표기	Cmin7, Cmi7
읽기	씨 마이너 세븐

CM7에서 3음과 7음에 반음을 내린다.
(♭3, ♭7)

③ Dominant 7th

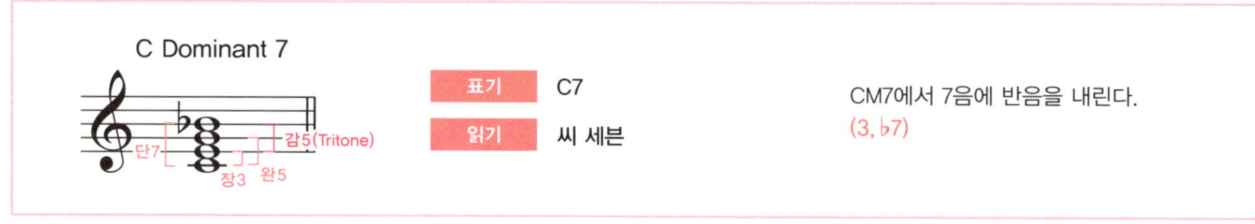

| 표기 | C7 |
| 읽기 | 씨 세븐 |

CM7에서 7음에 반음을 내린다.
(3, ♭7)

④ Minor Major 7th

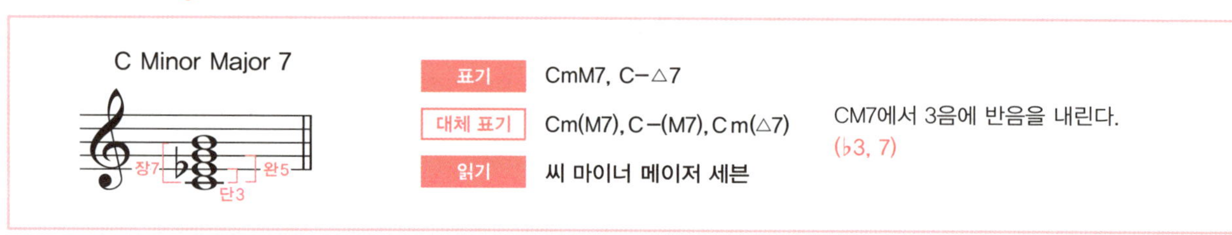

표기	CmM7, C−△7
대체 표기	Cm(M7), C−(M7), Cm(△7)
읽기	씨 마이너 메이저 세븐

CM7에서 3음에 반음을 내린다.
(♭3, 7)

⑤ Augmented Major 7th

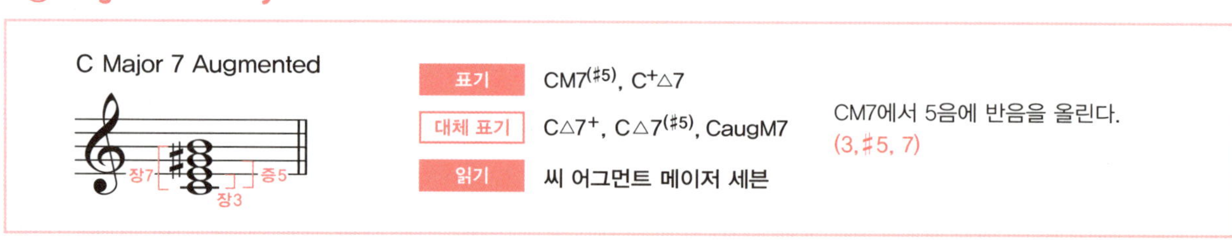

표기	CM7($^{\sharp 5}$), C+△7
대체 표기	C△7+, C△7($^{\sharp 5}$), CaugM7
읽기	씨 어그먼트 메이저 세븐

CM7에서 5음에 반음을 올린다.
(3, ♯5, 7)

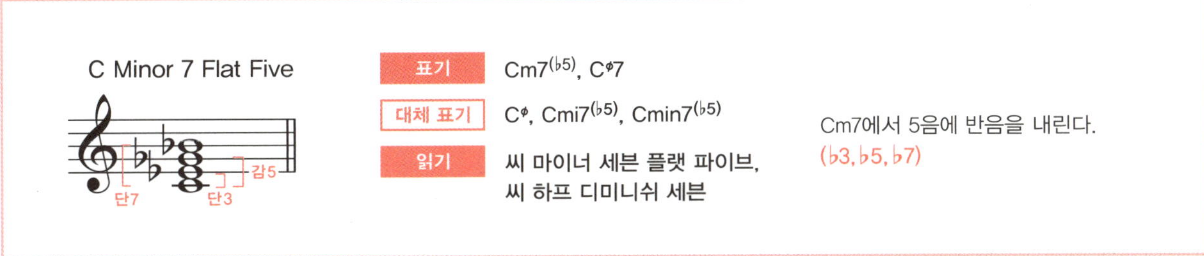

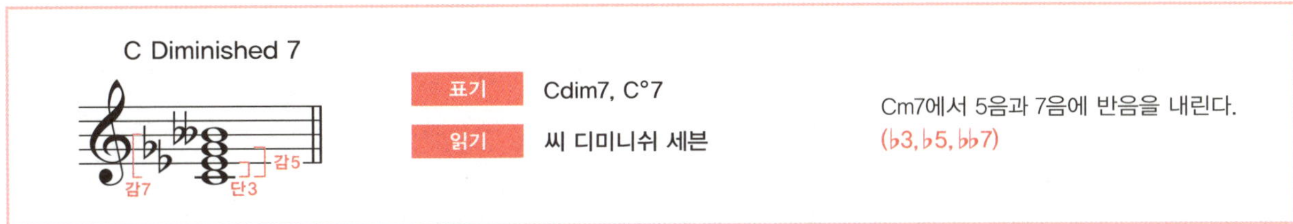

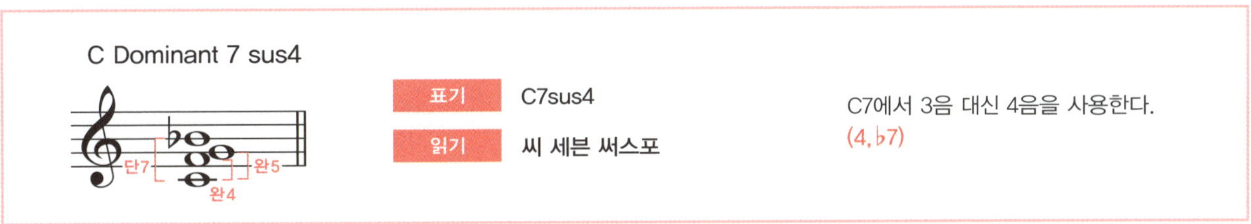

6. 한눈에 보는 4화음 코드 구성음 찾기

코드 표기법이 익숙하지 않거나 복잡한 코드의 구성음을 찾을 때 아래 순서대로만 코드의 성질을 파악한다면 정확한 코드 구성음을 알 수 있습니다.

① ② ③ ④

Cm(M7)♯5

① 근음(Root) 파악

② 3음 파악 – 장3도(생략), 단3도(m, –)

③ 7음의 종류 – 장7도(M7, △7), 단7도(7), 감7도(dim7, °7)

④ 5음의 변화 – 완전5도(생략), 증5도(♯5, aug, +), 감5도(♭5, ø)

문제풀이   주어진 7th 코드를 오선에 그려보세요.

<7th 코드를 찾을 때 Tip! 무조건 맞는 방법!>

1. 3화음과 7음을 분리시켜 생각한다.

2. 스케일을 통해 3화음을 먼저 구한다.

3. 해당 코드의 알맞은 7음의 종류를 파악하고 3화음과 더해주면 정답!

개념 CHECK 06   주어진 4화음을 오선에 그려보세요.

7. 가이드 톤(Guide Tone)

7th 코드에서 각각 3음과 7음을 가이드 톤이라고 합니다. 가이드 톤은 코드색채와 성질을 결정하는 아주 중요한 역할을 합니다.

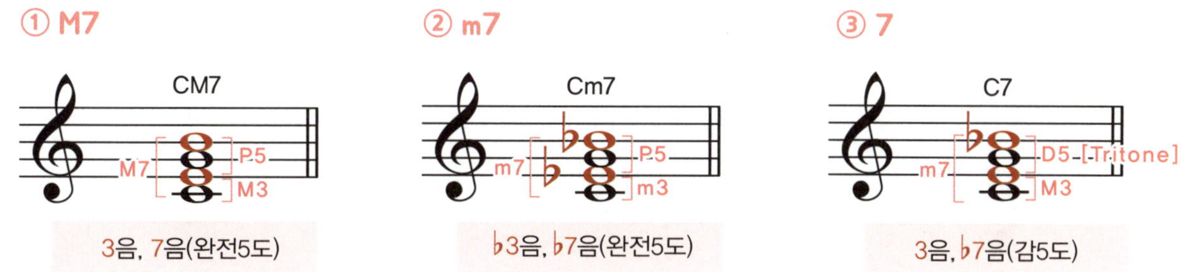

앞으로 배울 II-V-I 에서 가이드 톤은 *보이스 리딩(Voice Leading)을 만들어 내며, 코드 진행과 곡의 흐름을 원활하게 하는 중요한 요소이니 각 코드마다 가이드 톤을 잘 파악해 두면 좋습니다.

* 보이스 리딩(Voice Leading) : 코드 진행 시, 각 구성음이 자연스럽고 최소한의 움직임으로 연결되는 방식

 개념 CHECK 07 주어진 코드에 빠진 구성음을 채워 코드를 완성해 보세요.

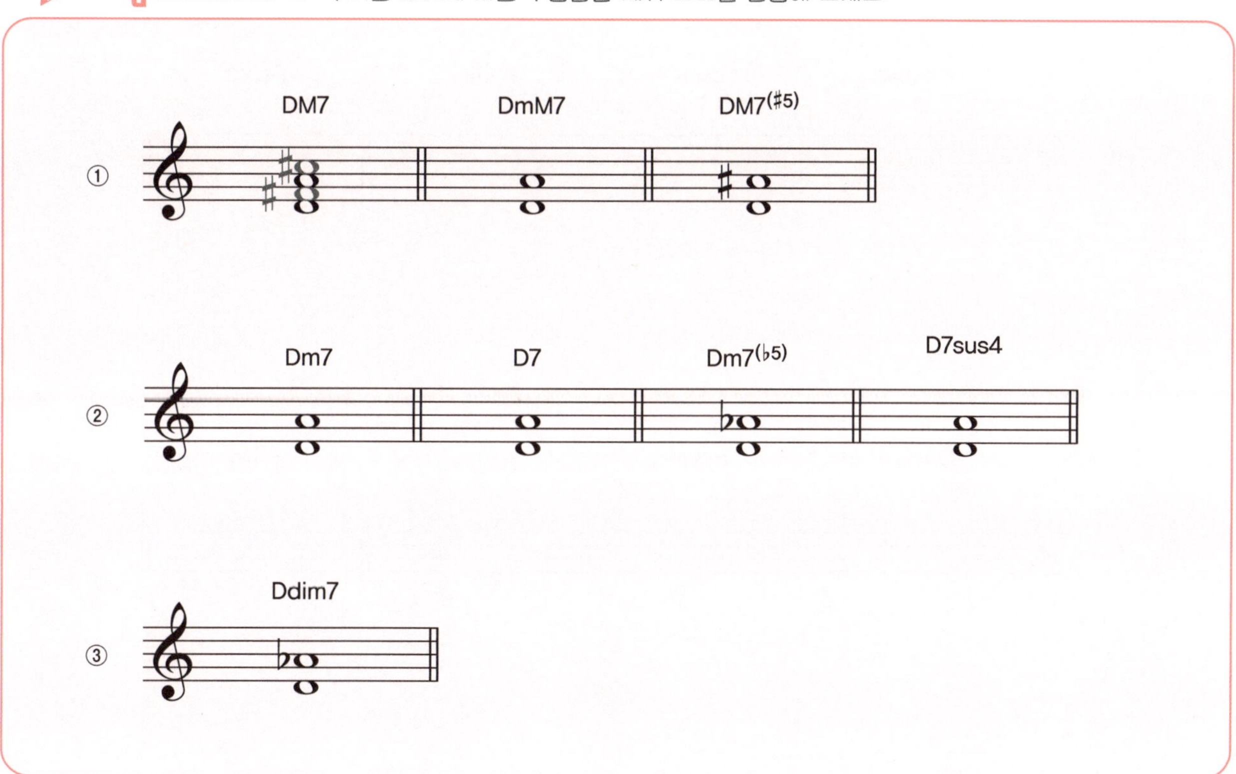

 **01** 주어진 3화음을 오선에 그려보세요.

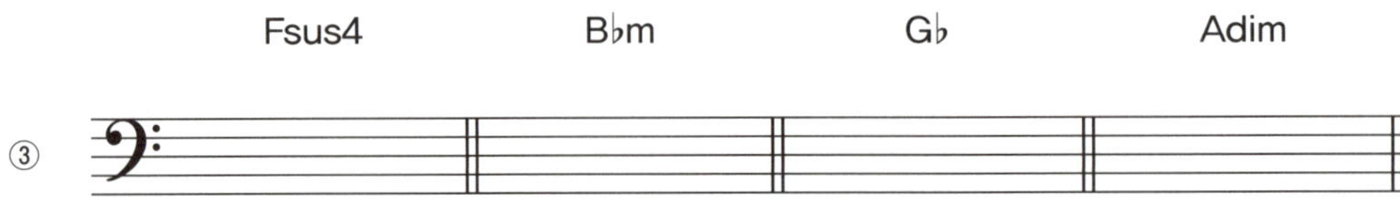

주어진 코드를 보고 코드 이름을 써보세요.

① 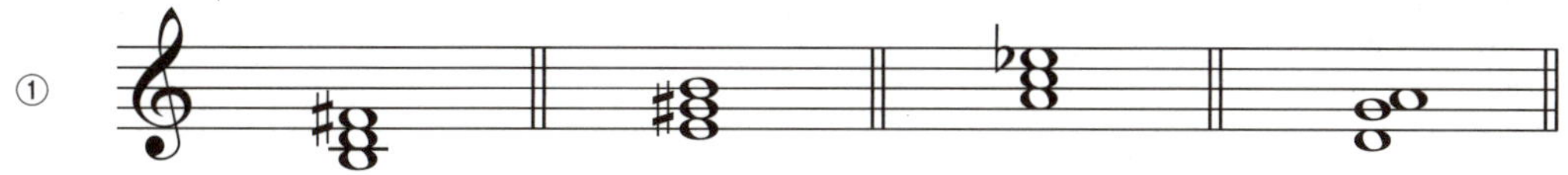

② 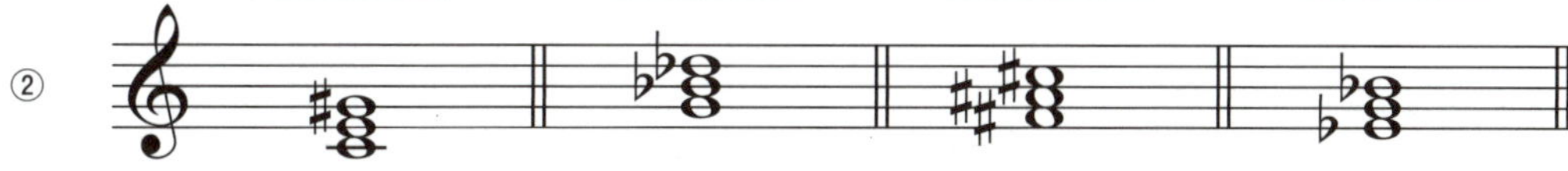

③ 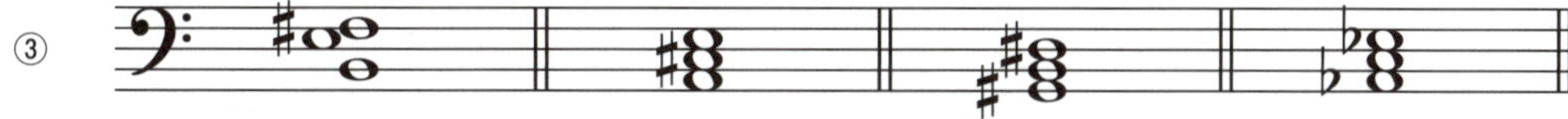

④ 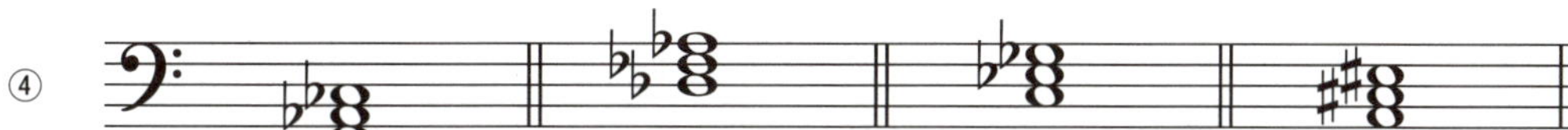

03 주어진 전위 형태에 맞게 코드를 그려보세요.

04 주어진 전위 코드를 오선에 그려보세요.

05 주어진 전위 코드의 이름을 써보세요.

① 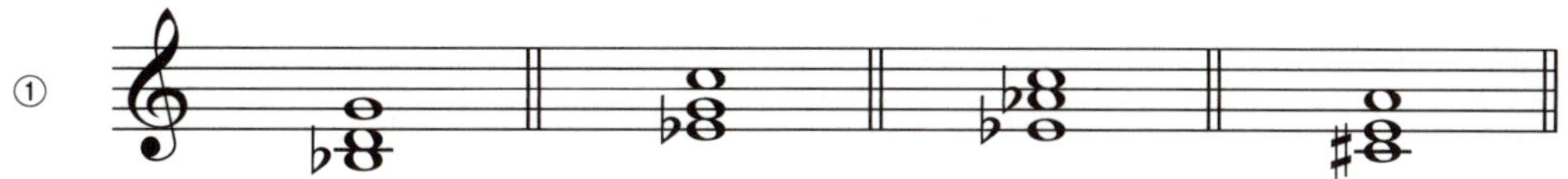

② 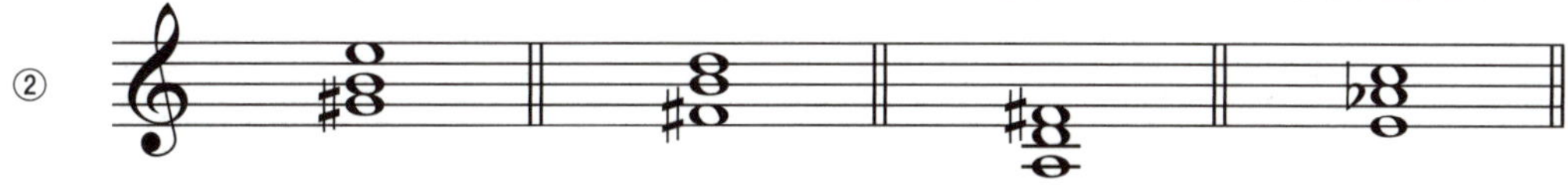

③ 

④ 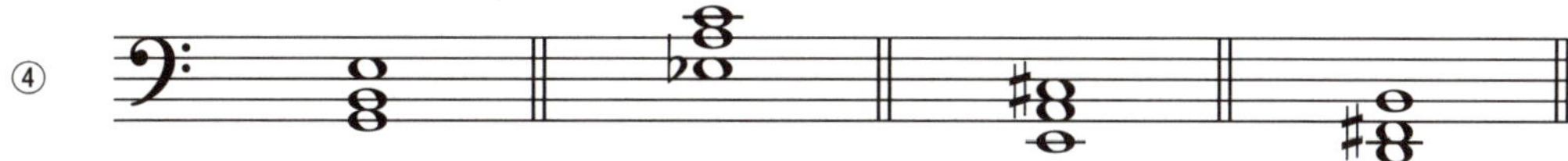

06 주어진 4화음을 오선에 그려보세요.

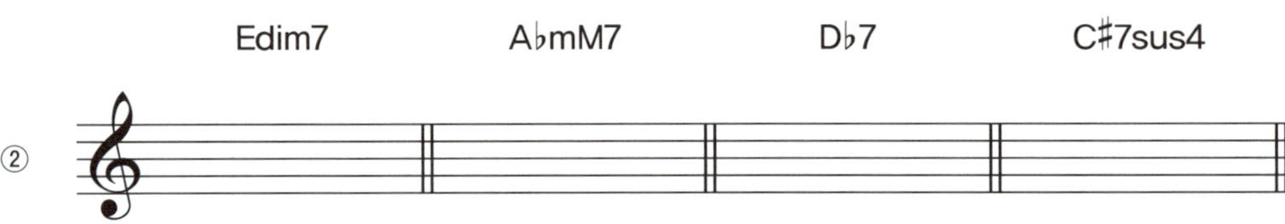

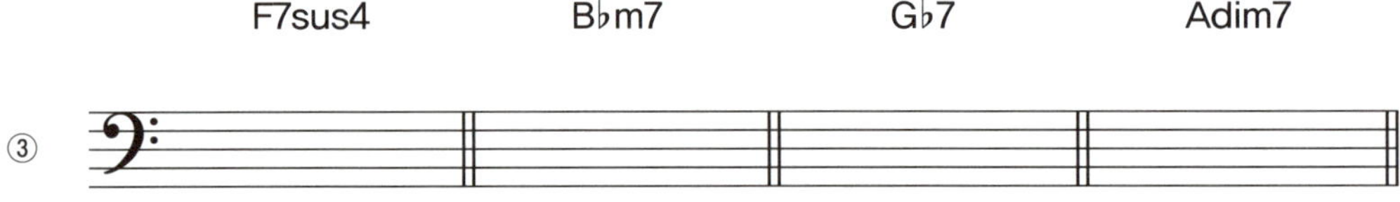

 주어진 7th 코드의 이름을 써보세요.

① 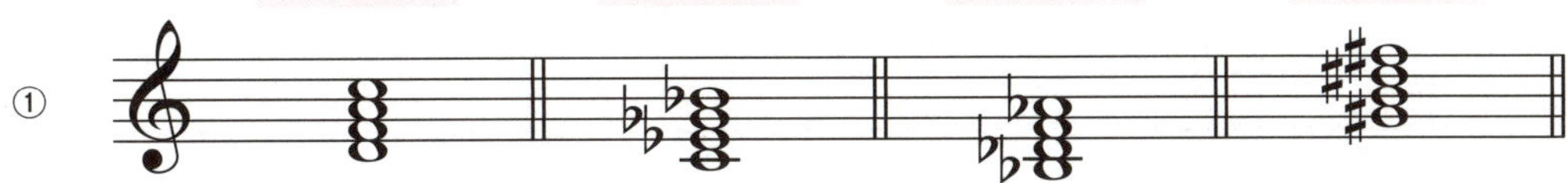

② 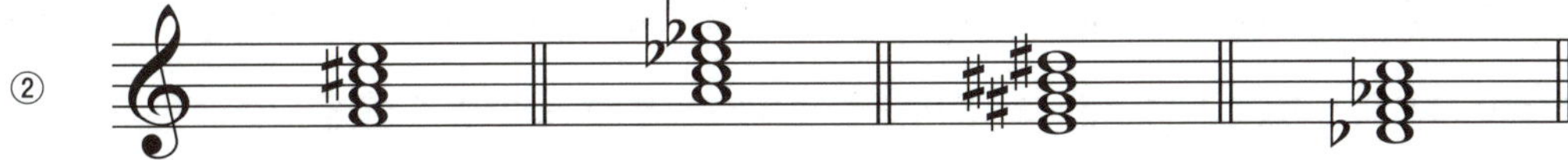

③ 

④ 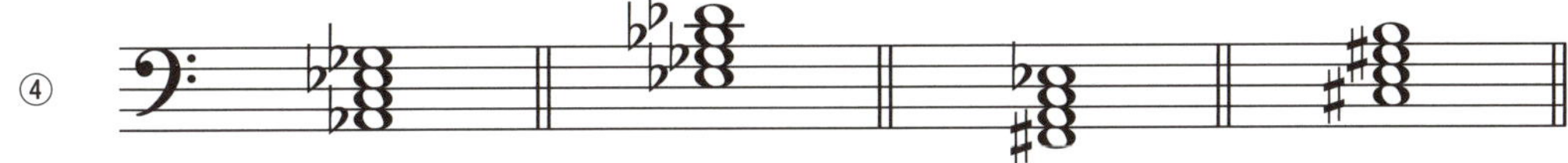

텐션(Tensions)

　재즈 화성학을 공부하면서 거리감 울렁증을 느끼는 대부분의 사람들은 영어적 표현이 많고, 익숙하지 않은 매우 낯선 용어들이 자주 사용된다는 점에서 어려움을 토로한다. 그 용어를 억지로 외우기보다는 그것이 가지고 있는 뜻을 언어의 측면으로 이해해 보면 의외로 쉽고도 간단하며 그 용어에 담긴 깊은 의미까지 알아볼 수 있다.

우리가 공부하려는 텐션(Tension)은 단순히 코드 위에 살짝 얹는 장식음이 아니다. 무대에 오르기 직전 관객을 마주하기 직전의 그 정적 속에서 느껴지는 긴장감처럼 텐션은 감정을 집중시키고 공간을 묘하게 조여온다. 몸은 긴장되지만 감각은 살아나고, 귀는 아주 미세한 음색 변화까지 알아차린다. 음악 속 텐션도 마찬가지다. 어떤 음 하나가 전체 분위기를 흔들고 듣는 이의 감정을 끌어당기며 예상치 못한 방향으로 음악을 이끌어가는 섬세한 힘을 지닌다.

코드 챕터에서 기본적인 화음은 세 개의 음으로 이루어진 3화음(Triad)이고 여기에 7도 음을 더하면 4화음, 즉, 코드가 된다는 것을 알게 되었다. 우리는 이 구조를 바탕으로 더 넓은 감정의 스펙트럼을 설계할 수 있게 된다. 바로 그 위에 쌓이는 것이 텐션이다.

9th, 11th, 13th와 같은 텐션 음들은 스케일의 연장선에 존재하지만, 코드의 중심에서 살짝 벗어나 있어 의도된 긴장과 불균형을 만들어낸다. 하지만 그 불안정함이 바로 음악의 매력이다. Cmaj7 위에 D(9th)가 더해졌을 때의 투명함, Dominant 7th 코드 위에 ♭9이나 #9이 얹혔을 때의 뜨거운 충돌감은 그 자체로 이미 하나의 이야기가 된다. 이제 우리는 이 텐션이라는 음들을 어떻게 이해하고 다룰 것인지, 그리고 그것이 음악 안에서 어떤 감정의 기류를 만들어 내는지를 한 음씩 짚어가며 탐험해 보려 한다. 단순히 이 음을 '써도 되나요?'의 차원을 넘어서 이 음이 '왜 여기에 필요한가'를 함께 찾아보는 여정이 시작된다.

텐션을 익힐 때 거리감이 느껴지는 9도, 11도, 13도는 음 자체가 각각 2도, 4도, 6도와 같으므로 '9=2, 11=4, 13=6'으로 동일시하면 쉽게 다가온다. 물론 2, 4, 6은 7도 밑에 있는 음들이며, 9, 11, 13은 7도 위에 쌓인 텐션으로 기능은 다르다. 하지만 같은 음으로 외우고 출발하면 여러 가지 복잡한 보이싱(Voicing)을 만들 때 훨씬 쉽게 사용할 수 있고 알아보기도 편하다. '텐션'이라는 말은 전 세계적으로 쓰이지만 한국에서는 뭔가 정 많고 감성 넘치는 단어다. 영어권에서는 보통 9th, 11th, 13th처럼 구체적으로 말하고 텐션은 해결(resolution)이 필요한 불안정한 음이라는 꽤 진지한 의미로 쓰인다 그런데 한국에서는 "여기 텐션 좀 넣어줘~"하며 예쁘게 꾸며주는 확장음 전반을 감각적으로 툭툭 부른다. 영미권에서는 이걸 Extension(9, 11, 13)과 Alteration(♭9, #9, #11, ♭13)으로 딱딱 나눠 이론적으로 설명하지만, 우리는 어떤가? 9든 13이든 예쁘게만 들리면 그게 텐션이고 어울리면 장땡이다. 그래서 이 책에서는 숫자보다 사운드, 공식보다 감각을 조금 더 소중히 생각하며, 한국식 텐션을 제대로 파보자.

chapter 7. 텐션

1. 텐션 노트(Tension Note)

일반적인 7th 코드의 구성음을 나타내는 코드 톤(Chord Tone)인 1, 3, 5, 7음의 위에 긴장감을 불러일으키는
비화성음들을 쌓는 것을 '텐션 노트' 또는 '텐션'이라고 말합니다.

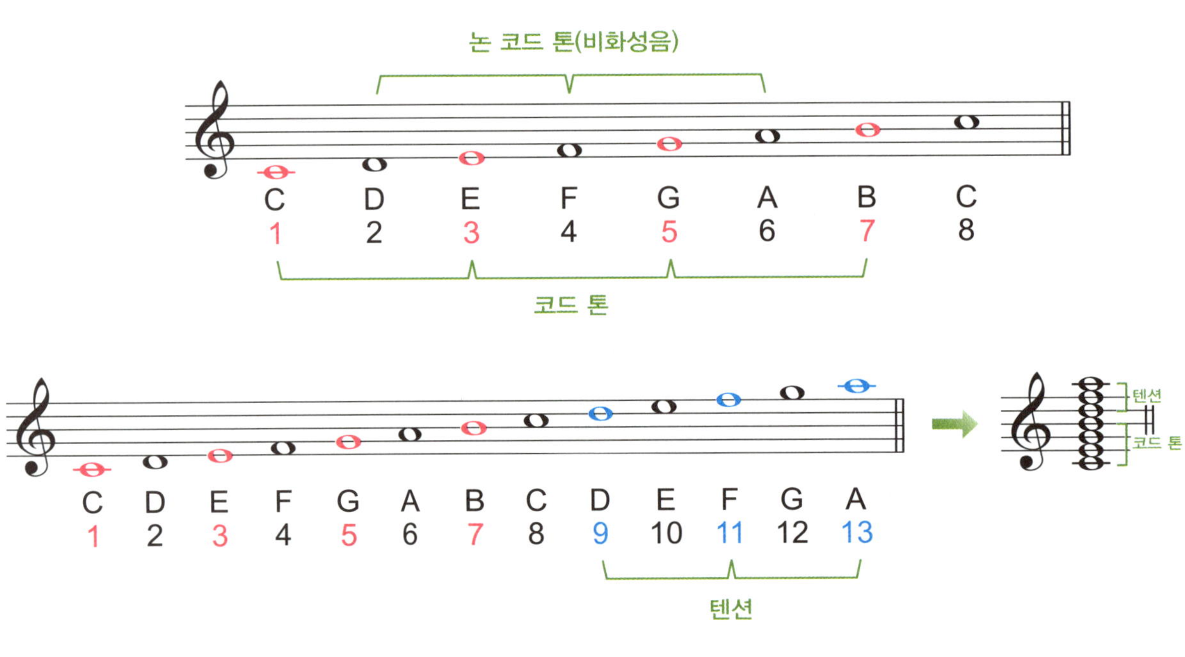

수직적으로 쌓아야 하는 코드의 특성상, 비화성음을 7th 코드 위로 쌓아서 사용합니다.
따라서 텐션 표기는 2, 4, 6음의 한 옥타브 위인 9, 11, 13음으로 표현합니다.

*텐션 노트를 계산할 때는 2=9, 4=11, 6=13으로 생각하면 편리합니다.

2. 어보이드 노트(Avoid Note)

바로 아래에 인접한 코드 톤과 반음이 되어 소리가 어울리지 않아 사용 불가능한 텐션을 '어보이드 노트'라고 합니다.

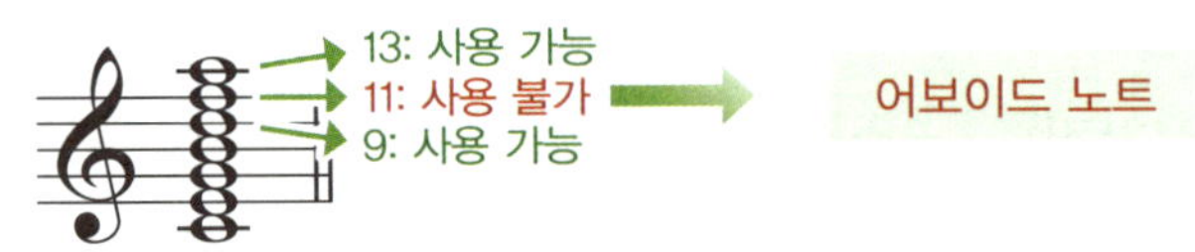

3. 텐션 코드(Tension Chord)

대표적인 7th 코드인 Major 7, Minor 7, Dominant 7은 코드들에 따라 각각 사용 가능한 가용 텐션(Available Tension)이 다릅니다. 텐션 노트를 가지고 어울리는 화음을 만들려면 텐션 노트에서 바로 밑에 있는 각 코드 톤과 온음이 되어야 합니다.

▶ Major 7th 코드의 사용 가능 텐션 : 9, ♯11, 13

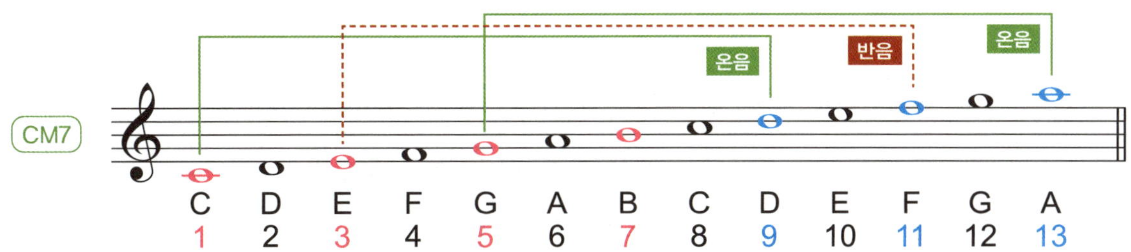

각 코드 톤과 짝꿍을 이루는 텐션과의 관계를 살펴봅시다. 1음과 9음, 5음과 13음은 서로 온음 관계이지만, 3음과 11음은 반음 관계입니다. 따라서 9음과 13음은 텐션으로 사용 가능한 음이 되지만, 11음은 반음 관계이므로 어보이드 노트가 되기 때문에 반음을 올려 온음 관계로 만든 후 텐션으로 사용합니다.

즉, M7 코드의 사용 가능한 텐션은 9, ♯11, 13

*보통 메이저 코드 계열(Major 7, Dominant 7)에서의 11음은 텐션으로 사용하지 않고, sus4의 코드 톤으로 사용합니다.

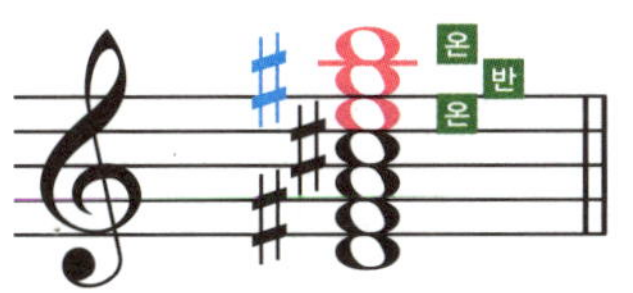

주어진 코드 위에 사용 가능한 텐션을 모두 그려보세요.

DM7

① 코드 위에 3도씩 쌓아 올려 9, 11, 13음인 3화음 만들기

② 쌓은 3개의 음과 아래의 코드 톤이 온음 관계인지 확인

③ 반음에 해당하는 음은 임시표를 붙여 온음으로 만들어주기

정답은? 9, ♯11, 13

개념 CHECK 01 주어진 코드 위에 사용 가능한 텐션을 모두 그려보세요.

<텐션을 찾기 위해 코드를 쌓을 때 주의할 점!>

텐션은 항상 그 조성을 같이 생각해야 합니다. 첫 번째 문제를 보면 EM7은
E Major Key에서 온 코드이니 조성에 맞게 9, 11, 13을 쌓으면 각각 파#, 라, 도#이 됩니다.
조성을 생각하지 않으면 그냥 파, 라, 도라고 생각하기 쉬우니 주의해 주세요.

❶ 코드 위에 3도씩 쌓아올려 9, 11, 13음인 3화음 만들기(조성 생각하기)

❷ 쌓은 3개의 음과 아래의 코드 톤이 온음 관계인지 확인

❸ 반음에 해당하는 음은 임시표를 붙여 온음으로 만들어주기

EM7

① 　　　　정답은?　　·　　·

FM7

② 　　　　정답은?　　·　　·

GM7

③ 　　　　정답은?　　·　　·

9, 11, 13음 모두 코드 톤과 온음이 되기 때문에 사용할 수 있는 텐션이 됩니다.

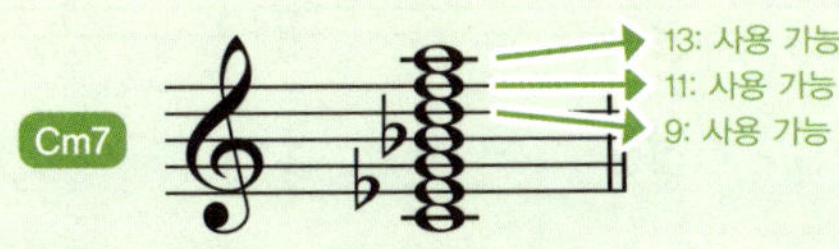

즉, m7 코드의 사용 가능한 텐션은 9, 11, 13

*mM7코드도 조건이 동일하기 때문에 텐션도 같습니다.
단, 13은 조심해서 써야할 때가 있습니다. 자연단음계(Natural Minor)에는 ♭6가 있기 때문에 ♭13이 자연스럽습니다.

개념 CHECK 02 주어진 코드 위에 사용 가능한 텐션을 모두 그려보세요.

텐션을 찾을 때는 항상 조성을 생각해야 합니다.
모든 텐션은 Major key에 기준을 두고 있는 점! 주의해 주세요.
첫 번째 문제, Bm7의 텐션을 찾기 위해서는 B Major Key의 조성을 생각해야 합니다.

❶ 코드 위에 3도씩 쌓아 올려 9, 11, 13음인 3화음 만들기(조성 생각하기)

❷ 쌓은 3개의 음과 아래의 코드 톤이 온음 관계인지 확인

❸ 반음에 해당하는 음은 임시표를 붙여 온음으로 만들어주기

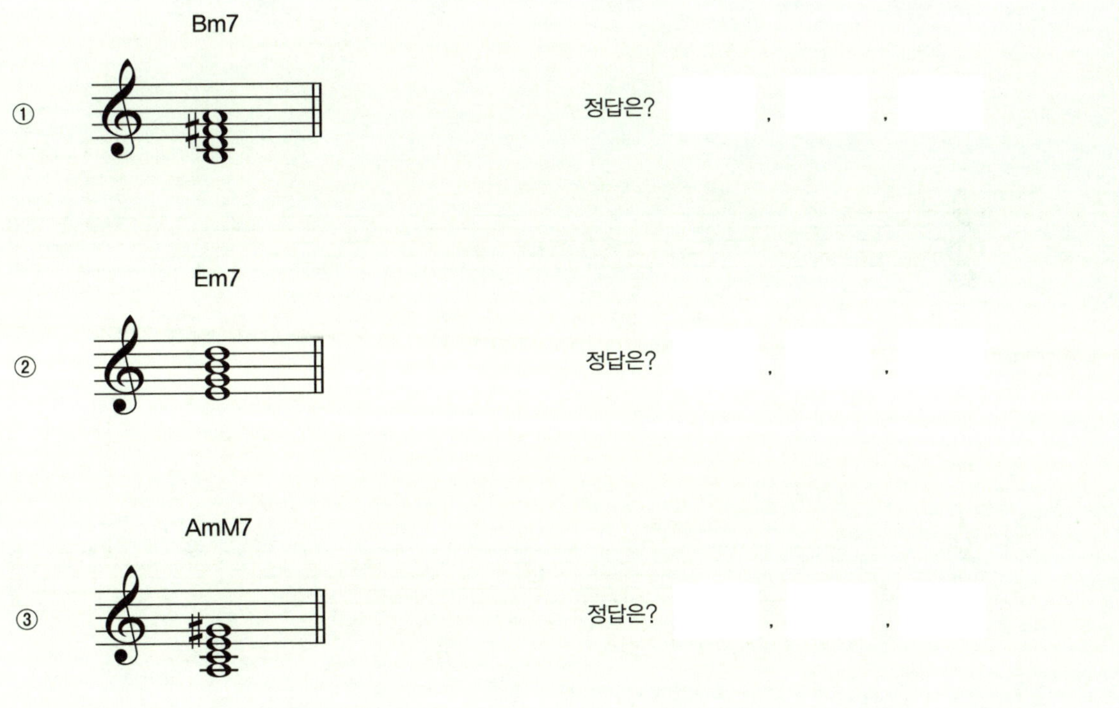

▶ Dominant 7th 코드의 사용 가능 텐션 : ♭9, 9, ♯9, ♯11, ♭13, 13

예외적으로 Dominant 7th 코드는 사용할 수 있는 텐션이 굉장히 많습니다. 트라이톤(3음과 ♭7음)이 만들어내는 불안 정한 소리 때문에, 그 어떤 불안한 요소들을 포함해도 코드가 큰 영향을 받지 않아 이 코드에서는 텐션을 자유롭게 사용합니다.

즉, 7 코드의 사용 가능한 텐션은 ♭9, 9, ♯9, ♯11, ♭13, 13

*단, 서로 반음을 이루는 텐션(♭9과 9, 9과 ♯9, ♭13과 13)끼리는 대부분 동시에 사용하지 않습니다.

✏ 개념 CHECK 03 주어진 코드에서 사용 가능한 텐션을 오선에 모두 그려보세요.

① A7

② F7

③ G7

맞습니다. #9과 ♭3는 연주할 때는 같은 음이지만 #9은 도미넌트 코드에서 텐션의 역할을 하고, ♭3는 마이너 코드에서 가이드 톤의 역할을 합니다. 이처럼 음은 같지만, 기능은 다른 것들을 한번 정리해 볼까요?

☆ Point 외워두세요

보통 7th가 있는 경우에 2=9, 4=11, 6=13에 따라서
#4, ♭5는 코드의 변화이고, ♭11은 텐션을 추가한 것
#5, ♭6은 코드의 변화이고, ♭13은 텐션을 추가한 것

4. 트라이톤(Tritone)

증4도(감5도)를 이루고 있는 관계로써 불안정한 화음입니다. Dominant 7th 코드에서의 3, ♭7음이 대표적인 트라이톤이며, 불안정한 화음을 가지고 있는 이 화음은 항상 안정적인 화음으로 진행하려는 성질이 있습니다.

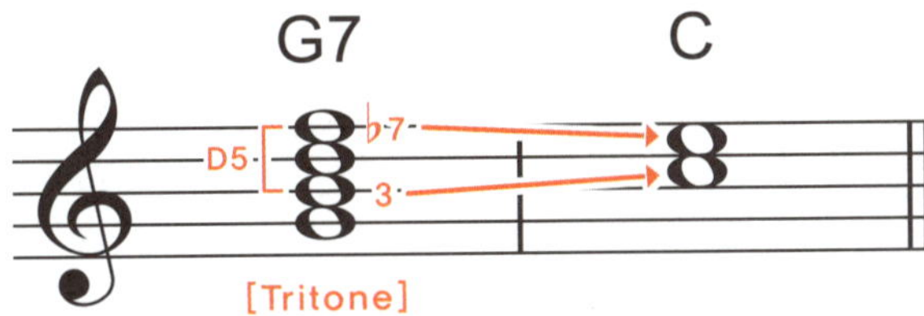

5. 어퍼 스트럭처(Upper Structure)

텐션 코드 중 텐션 노트 하나 이상을 포함한 화음의 일부분을 말하며, 주로 텐션으로만 이루어진 3화음을 자주 사용합니다. 이를 코드의 종류별로 외워두면 쉽게 텐션을 찾을 수 있습니다.

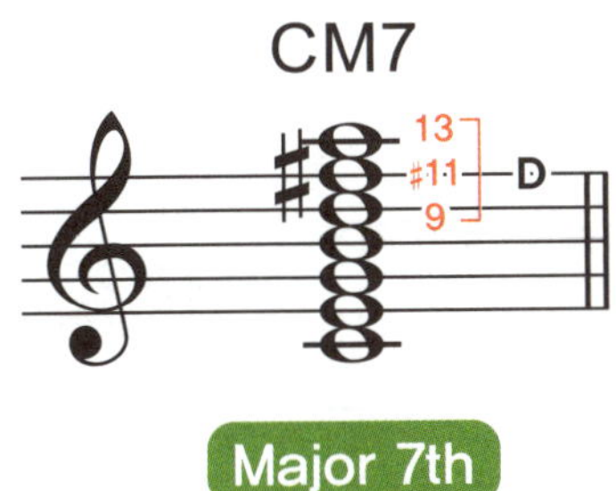

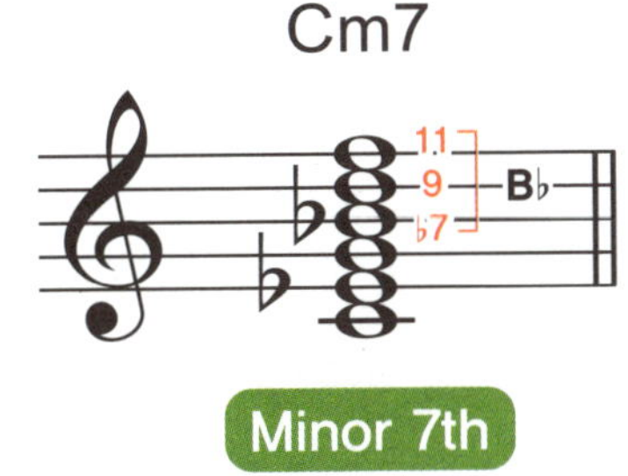

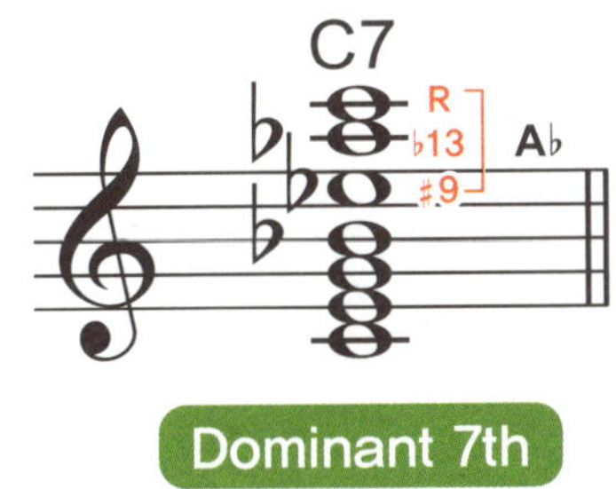

6. 텐션 코드의 표기법

❯ 텐션이 연속적으로 나오는 경우

가장 위에 있는 텐션만 표기

위의 코드는 모두 Dm7 코드 위에 쌓인 텐션이므로 7을 표기했던 자리에 9, 11, 13을 표기하면 됩니다.

❯ 텐션이 연속적으로 나오지 않는 경우

괄호 안에 모두 표기

하지만 텐션이 연속적으로 나오지 않는 경우라도 가장 위에 있는 텐션만 표기할 수 있습니다. (작곡/편곡자에 따라 위의 두 코드 모두 Dm13으로 표기 가능)

❯ 논다이아토닉 텐션일 경우(♭9, ♯9, ♯11, ♭13)

괄호 안에 모두 표기

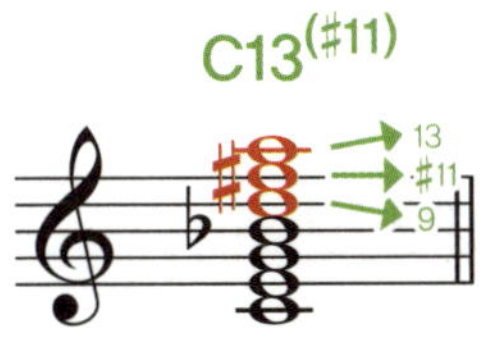

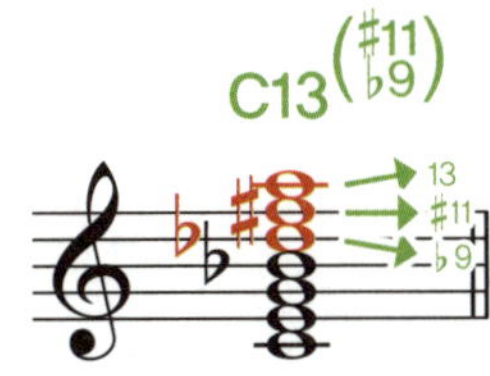

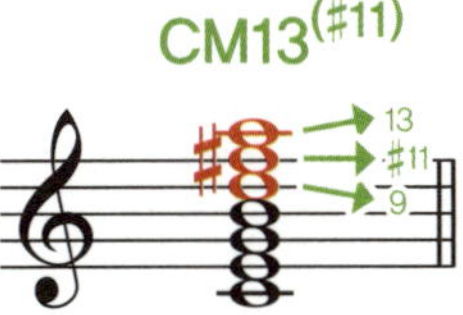

코드 위의 텐션 중 해당 조성의 다이아토닉 스케일에 없는 음을 논다이아토닉 텐션(Non–Diatonic Tension)이라고 합니다. 다이아토닉 스케일 내의 텐션은 맨 위의 음만 표기가 가능하고 다이아토닉이 아닌 텐션은 모두 괄호 안에 표기하면 됩니다.

문제풀이　주어진 코드에 알맞은 코드 이름을 써보세요.

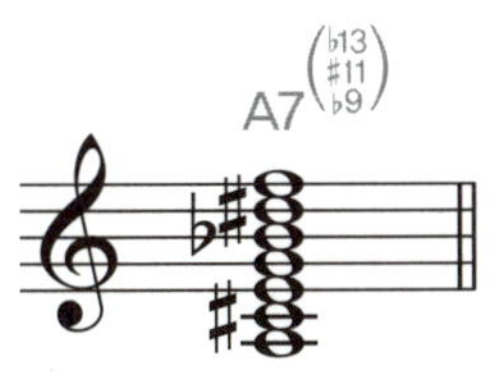

① 근음으로부터 4화음 이름 찾기

→ A7

② 2 = 9 , 4 = 11, 6 = 13 따라서 텐션 찾기

→ 시♭, 레♯, 파

③ 근음에 따라 조성을 생각한 후 필요한 텐션에 임시표 추가하기

→ ♭9, ♯11 , ♭13

④ 논다이아토닉 텐션이나 연속되지 않은 텐션은 모두 괄호 안에 넣기

정답은? A7(♭13 ♯11 ♭9)

<텐션 문제 풀 때 Tip! 무조건 맞는 방법!>

1. 근음으로부터 4화음 이름 찾기

2. 2 = 9, 4 = 11, 6 = 13 따라서 텐션 찾기

3. 근음에 따라 조성을 생각한 후 필요한 텐션에 임시표 추가하기

4. 논다이아토닉 텐션이나 연속되지 않은 텐션은 모두 괄호 안에 넣기

개념 CHECK 04 주어진 코드에 알맞은 코드 이름을 써보세요.

❶ 근음으로부터 4화음 이름 찾기

❷ 2=9, 4=11, 6=13 따라서 텐션 찾기

❸ 근음에 따라 조성을 생각한 후 필요한 텐션에 임시표 추가하기

❹ 논다이아토닉 텐션이나 연속되지 않은 텐션은 모두 괄호 안에 넣기

정답은?

❶ 근음으로부터 4화음 이름 찾기

❷ 2=9, 4=11, 6=13 따라서 텐션 찾기

❸ 근음에 따라 조성을 생각한 후 필요한 텐션에 임시표 추가하기

❹ 논다이아토닉 텐션이나 연속되지 않은 텐션은 모두 괄호 안에 넣기

정답은?

❶ 근음으로부터 4화음 이름 찾기

❷ 2=9, 4=11, 6=13 따라서 텐션 찾기

❸ 근음에 따라 조성을 생각한 후 필요한 텐션에 임시표 추가하기

❹ 논다이아토닉 텐션이나 연속되지 않은 텐션은 모두 괄호 안에 넣기

정답은?

❶ 근음으로부터 4화음 이름 찾기

❷ 2=9, 4=11, 6=13 따라서 텐션 찾기

❸ 근음에 따라 조성을 생각한 후 필요한 텐션에 임시표 추가하기

❹ 논다이아토닉 텐션이나 연속되지 않은 텐션은 모두 괄호 안에 넣기

정답은?

F#m7(♭13/11)

7. 다양한 코드의 텐션

시금까지 배운 M7, m7, 7 코드는 자주 사용하기 때문에 변주를 주기 위해 사용 가능한 여러 가지 텐션을 배웠습니다. 하지만 위의 세 코드 외에도 m7(♭5), M7aug, 7sus4 등의 다양한 코드가 있는데 이러한 다양한 코드들의 텐션에 대해 알아보겠습니다.

❯ m7(♭5)

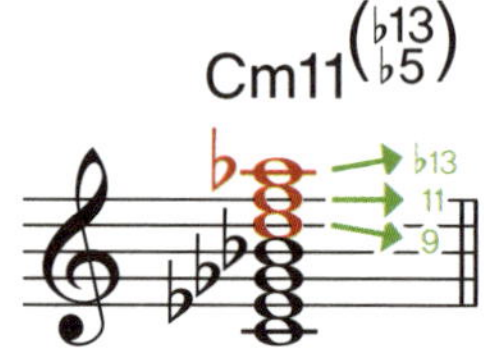

m7(♭5)의 사용 가능한 텐션은 9, 11입니다. 13은 코드 톤인 ♭5와 온음을 넘어 증2도가 되기 때문에 반음을 내린 ♭13을 사용합니다.

즉, m7(♭5) 코드의 사용 가능한 텐션은 9, 11, ♭13

❯ M7(♯5)

M7(♯5)의 사용 가능한 텐션은 9, ♯11입니다. 13은 코드톤인 ♯5와 반음이므로 어보이드 노트가 됩니다.

즉, M7(♯5) 코드의 사용 가능한 텐션은 9, ♯11

❯ 7sus4

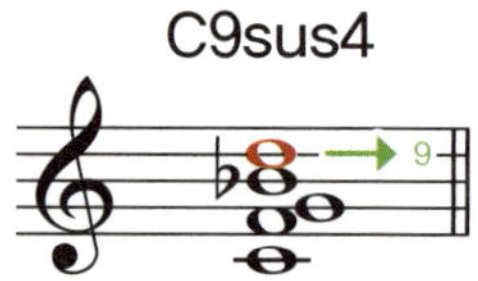

7sus4의 사용 가능한 텐션은 9, 13입니다. 텐션으로 사용하는 11음과 4음을 혼동할 수 있는데 3음 대신 4음이 사용된 코드톤임을 기억해야 합니다.(위 코드에는 없지만 상황에 따라 텐션 13도 사용 가능합니다.)

7sus4 코드의 사용 가능한 텐션은 9, 13

✏️ 개념 CHECK 06 주어진 코드를 그리고 두 번째 마디에 사용할 수 있는 텐션을 모두 그려보세요.

① Dm7(♭5)

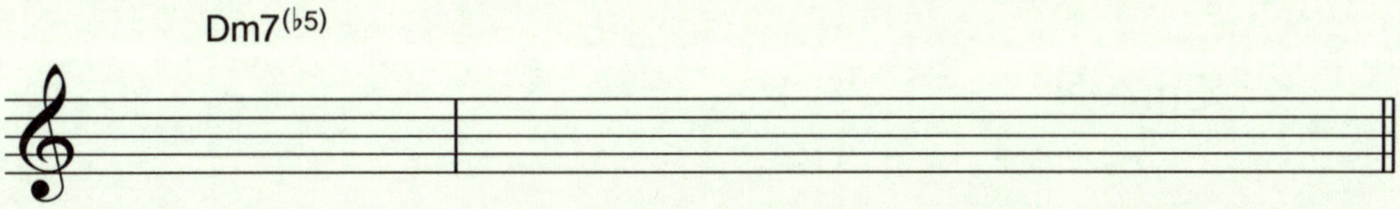

3화음 파악	7음 파악	5음 파악	텐션 파악	텐션 표기

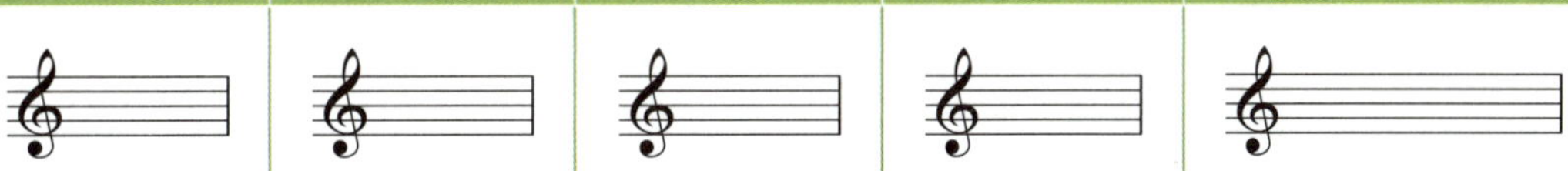

② AM7(#5)

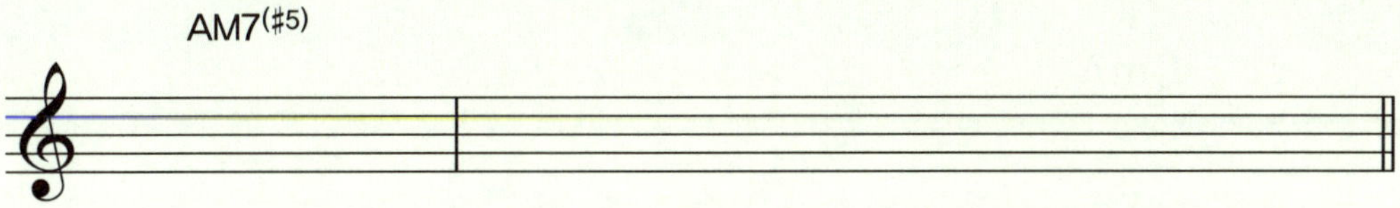

3화음 파악	7음 파악	5음 파악	텐션 파악	텐션 표기

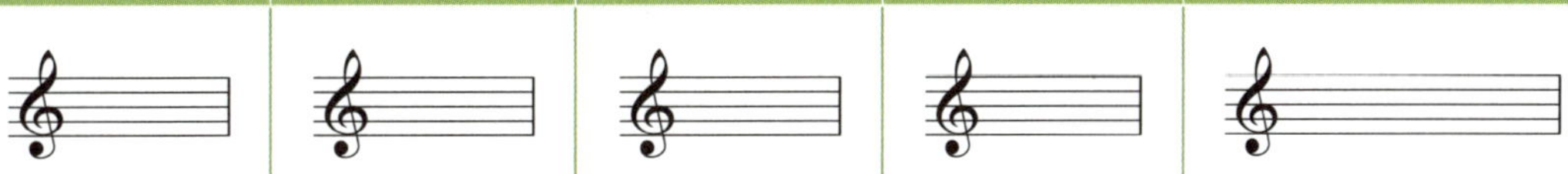

FINISH CHECK

01 주어진 코드를 보고 사용 가능한 텐션을 모두 써보세요.

코드	텐션
Dm7	9, 11, 13
① CM7	
② C7	
③ Cm7$^{(\flat 5)}$	
④ CM7$^{(\sharp 5)}$	
⑤ CmM7	
⑥ Cm7	
⑦ C7sus4	

02 주어진 코드를 그리고 두 번째 마디에 사용할 수 있는 텐션을 모두 그려보세요.

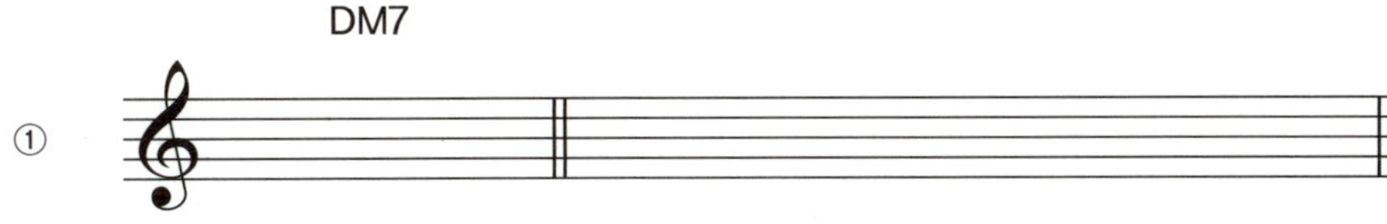

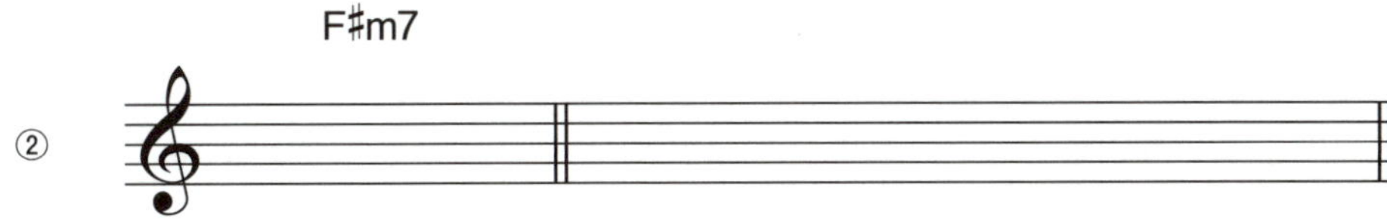

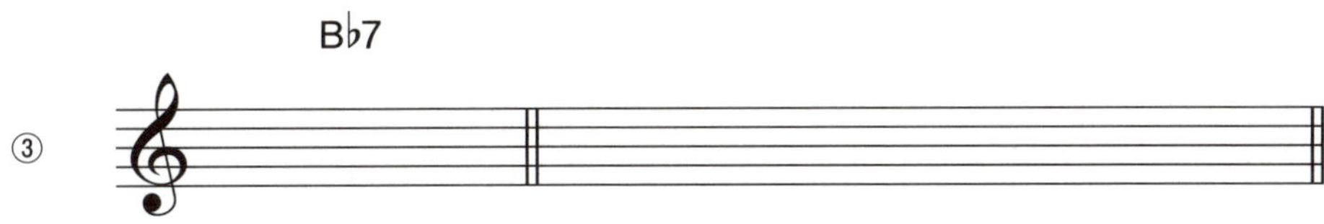

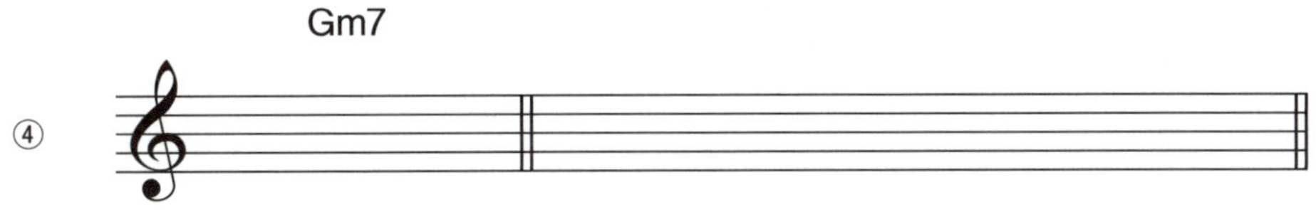

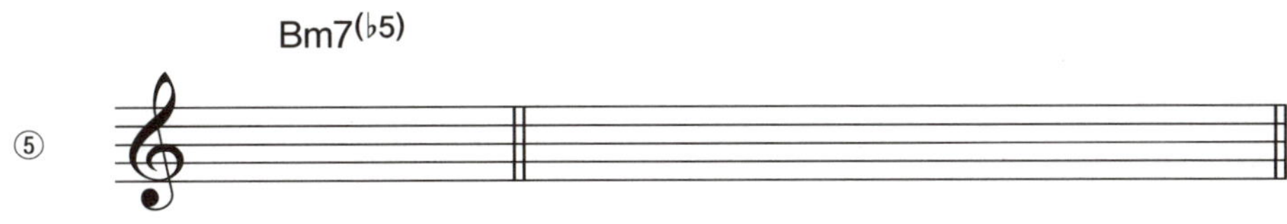

FINISH CHECK

03 주어진 코드 이름을 보고 텐션을 포함한 구성음을 모두 그려보세요.

① FM13$^{(\sharp 11)}$　　　G$\sharp$m7$^{(13)}$　　　BmM9

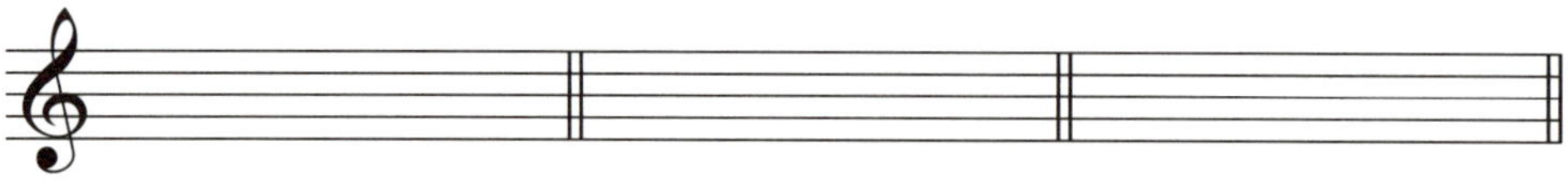

② Bm13　　　A7$^{(\sharp 9)}$　　　B9$^{(\sharp 11)}$

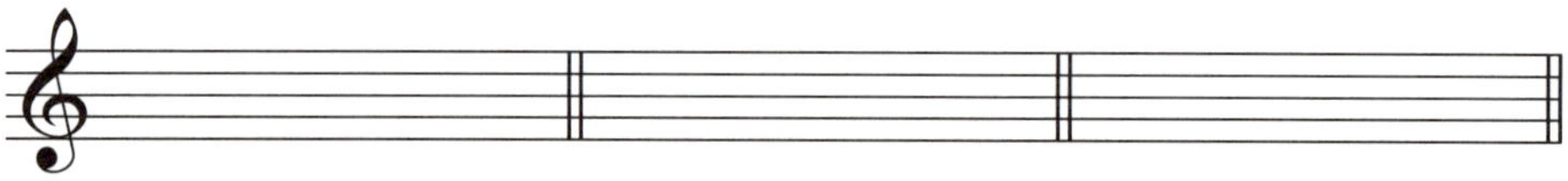

③ C7$^{(\flat 13)}$　　　E9sus4　　　Fm9$^{(13)}$

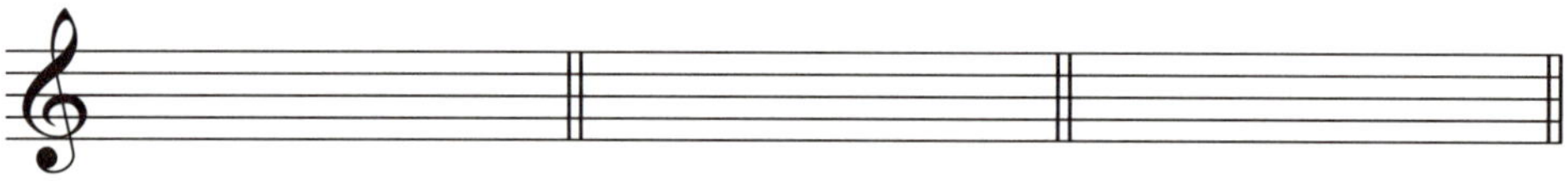

④ Gm7$^{(11)}$　　　DM9$^{(13)}$　　　G$\flat$9

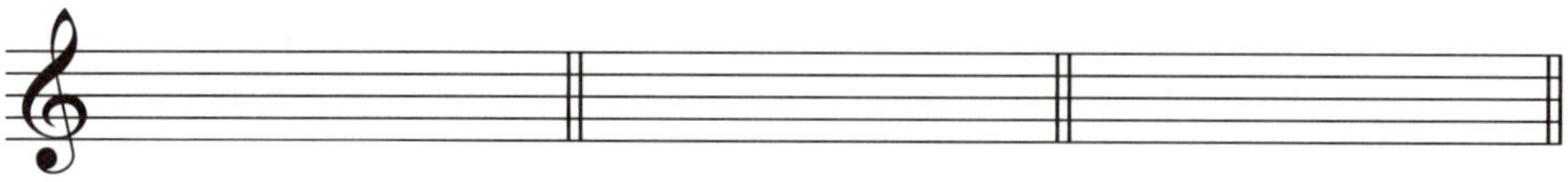

 주어진 코드를 보고 텐션을 포함한 코드 이름을 써보세요.

① 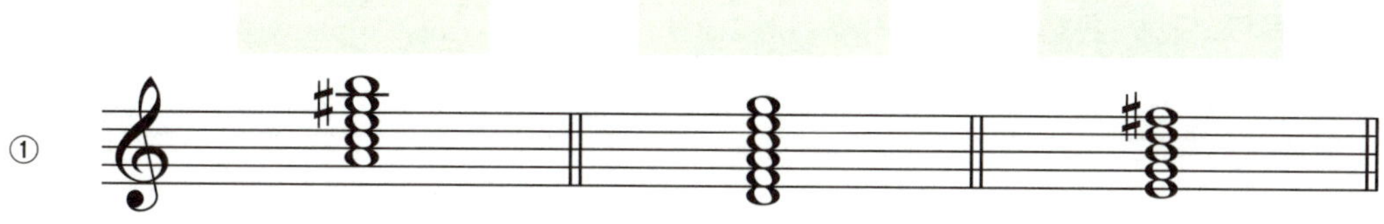

② 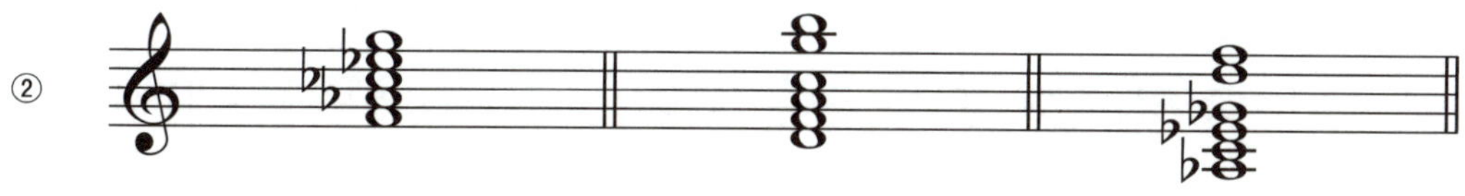

③ 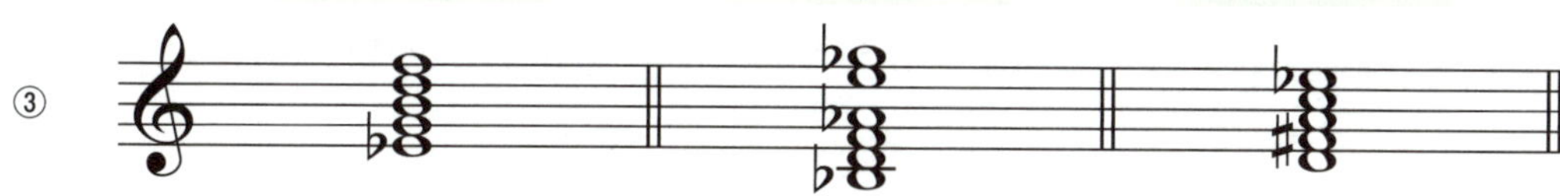

④ 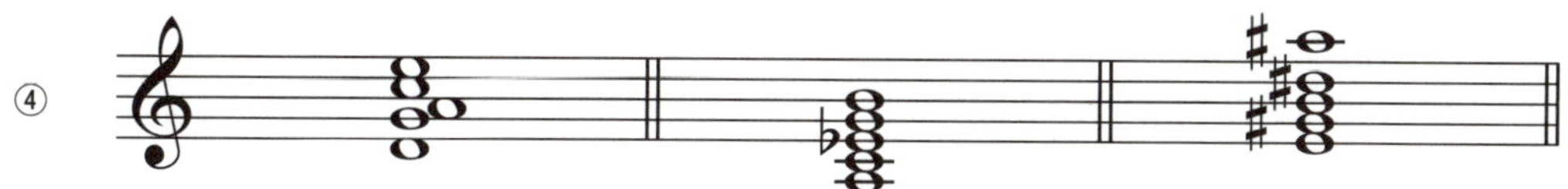

08

다이아토닉 코드와 화성의 기능
(Diatonic Chords and Harmonic Functions)

Prologue...

다이아토닉이라는 세계에 존재하는 12개의 나라는 메이저라는 땅 위에서 서로 연합하여 살고 있다. 이 12개의 나라는 각각 다른 지형에서 그들만의 독특한 스타일을 가지고 살고 있다. 이 12국은 차등 없이 균일한 파워로 서로 연합하며 메이저라는 광활한 대지 위에 다이아토닉의 질서를 지키며 규칙적이고 평화롭게 살았다. 이들 각각의 나라에서 공통되는 특징과 규칙에 주목하며 12개의 나라 중 한 개의 메이저 나라를 골라서 들여다보자. C조라는 나라를 구성하는 7개의 요소들을 나열하고 그 위에 세 가지의 균등한 힘을 실어보자. C 메이저 스케일을 악보에 그리고 3화음(Triads)을 쌓아보았다. 쌓아보니, 차례로 나열된 코드들이 각기 다른 모양과 사운드를 나타내는 것을 보고 들을 수 있었다. 이번엔 F 메이저 스케일을 악보에 그리고 3화음을 쌓아봤더니 방금 전 C키에서 보았던 코드들의 규칙과 같은 것이 아닌가. 그래서 이번엔 G 메이저 스케일을 그리고 또 코드를 쌓아봤더니, 이럴 수가! 모든 7개의 나열된 코드가 똑같은 옷을 입고 있구나.

이렇게 다이아토닉의 세계에서 지상의 메이저 대지위에 12개의 나라가 각각의 7가지 영역을 구별해 놓고 조화롭게 살고 있다. 그 영역에는 각 지역의 통치자가 존재한다. 지상에 한 개의 메이저 지역이 존재한다면 지하의 마이너 세계에는 세 개의 영역으로 구분된 세계가 있었으니 첫 번째가 자연스러운 자연단음계(Natural Minor)의 세계이고, 두 번째가 화성과도 같은 화성단음계(Harmonic Minor), 그리고 마지막 세 번째가 멜로딕한 가락단음계(Melodic Minor)이다.

　　가락단음계의 지역은 마이너의 세계임에도 불구하고 올라갈 때는 마치 메이저 세계같이 밝고(Ascending Melodic Minor) 내려올 때는 마치 자연스러운 마이너의 세계같이 어둡다.(Descending Melodic Minor) 각각 메이저와 마이너 스케일들의 세상에서는 각 12국 나라별로 7명의 구성원들이 영역별로 통치를 하며 살았는데 그중 왕이라 부르는 토닉(T : 으뜸음)이 있고 가장 파워풀한 권력을 가진 도미넌트(D : 딸림음)가 있다. 이 도미넌트(D)는 실력자이기도 하고 동시에 왕에게 충성도가 높다. 그런 신하를 가진 토닉(T)은 행복할 것이다. 도미넌트(D) 옆에는 권력을 가진 힘 있는 도미넌트를 신봉하며 신하처럼 따르는 서브도미넌트(SD : 버금딸림화음)가 있다. 이렇듯 이들의 힘의 관계는 권력자(D)는 왕(T)에게 직접 간다. 굳이 제2의 권력자(SD)를 통해서 왕(T)에게 가지 않는다. 이와 달리 제2의 권력자(SD)는 권력자(D)에게도 충성, 왕(T)에게도 충성한다. 물론 왕은 누구를 거치지 않더라도 자유롭게 어디든 갈 수 있다.

다이아토닉 코드와 화성의 기능
(Diatonic Chords and Harmonic Functions)

1. 메이저 다이아토닉 코드(Major Diatonic Chord)

온음계(Diatonic Scale) 중 장음계(Major Scale)의 구성음으로만 이루어진 화음을 말하며, 3화음이나 4화음으로 구성할 수 있습니다.

▶ 메이저 다이아토닉 3화음

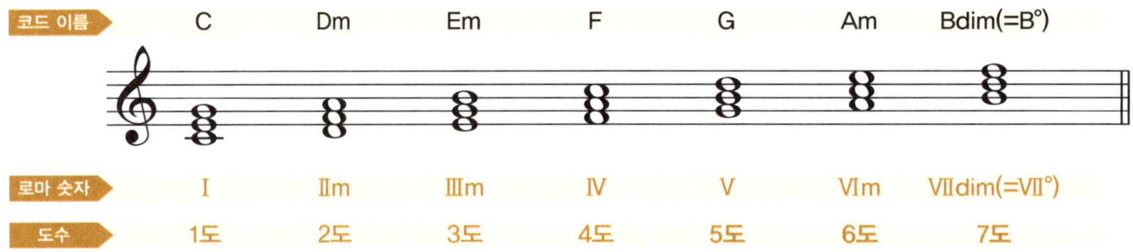

▶ 메이저 다이아토닉 4화음

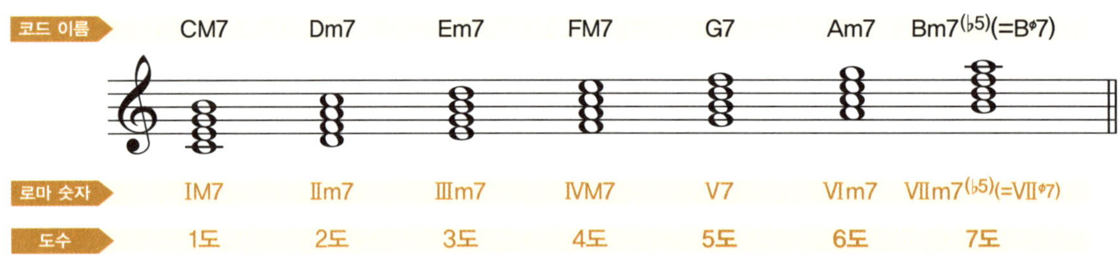

12개 조성의 메이저 다이아토닉 코드를 전부 나열해 보면 아래와 같은 규칙을 발견할 수 있습니다.

3화음	I	IIm	IIIm	IV	V	VIm	VIIdim
7화음	IM7	IIm7	IIIm7	IVM7	V7	VIm7	VIIm7(♭5)

이것을 도수라고 하며 로마 숫자로 표기합니다.(로마 숫자에 ♭, ♯을 표기할 때는 코드와는 달리 숫자 왼쪽에 붙입니다.)

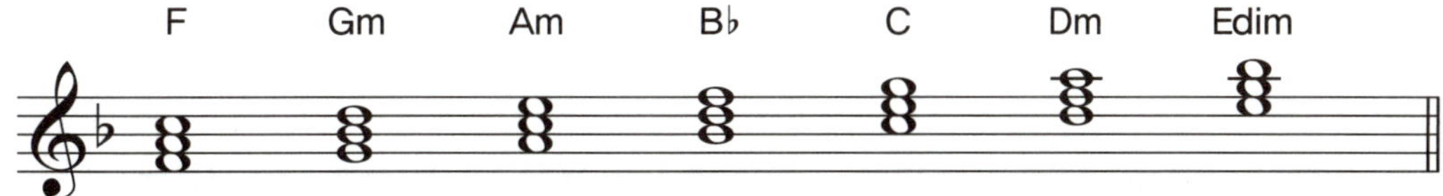

① 조표를 사용하여 조성의 장음계를 그립니다. →

② 음계 위로 3도씩 쌓아 코드를 만들어 줍니다. →

③ 다이아토닉 코드 규칙에 맞게 코드 이름을 적어줍니다. → F – Gm – Am – B♭ – C – Dm – Edim

개념 CHECK 01 다음 제시하는 조성의 다이아토닉 3화음을 모두 그린 후 코드 이름을 써보세요.

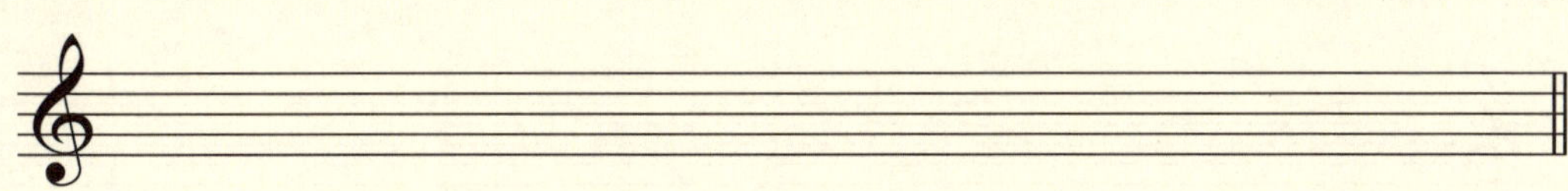

① 조표를 사용하여 조성의 장음계를 그립니다.

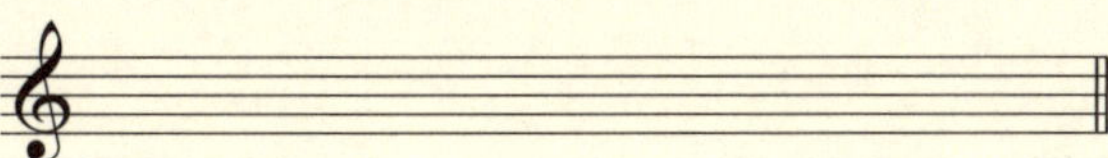

② 음계 위로 3도씩 쌓아 코드를 만들어 줍니다.

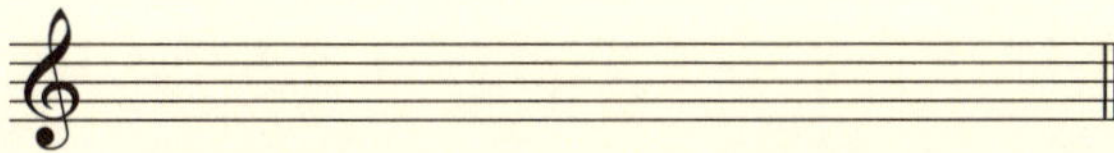

③ 다이아토닉 코드 규칙에 맞게 코드 이름을 적어줍니다.

-     -   -   -   -   -

✏ 개념 **CHECK 02** 다음 제시하는 조성의 다이아토닉 4화음을 모두 그린 후 코드 이름을 써보세요.

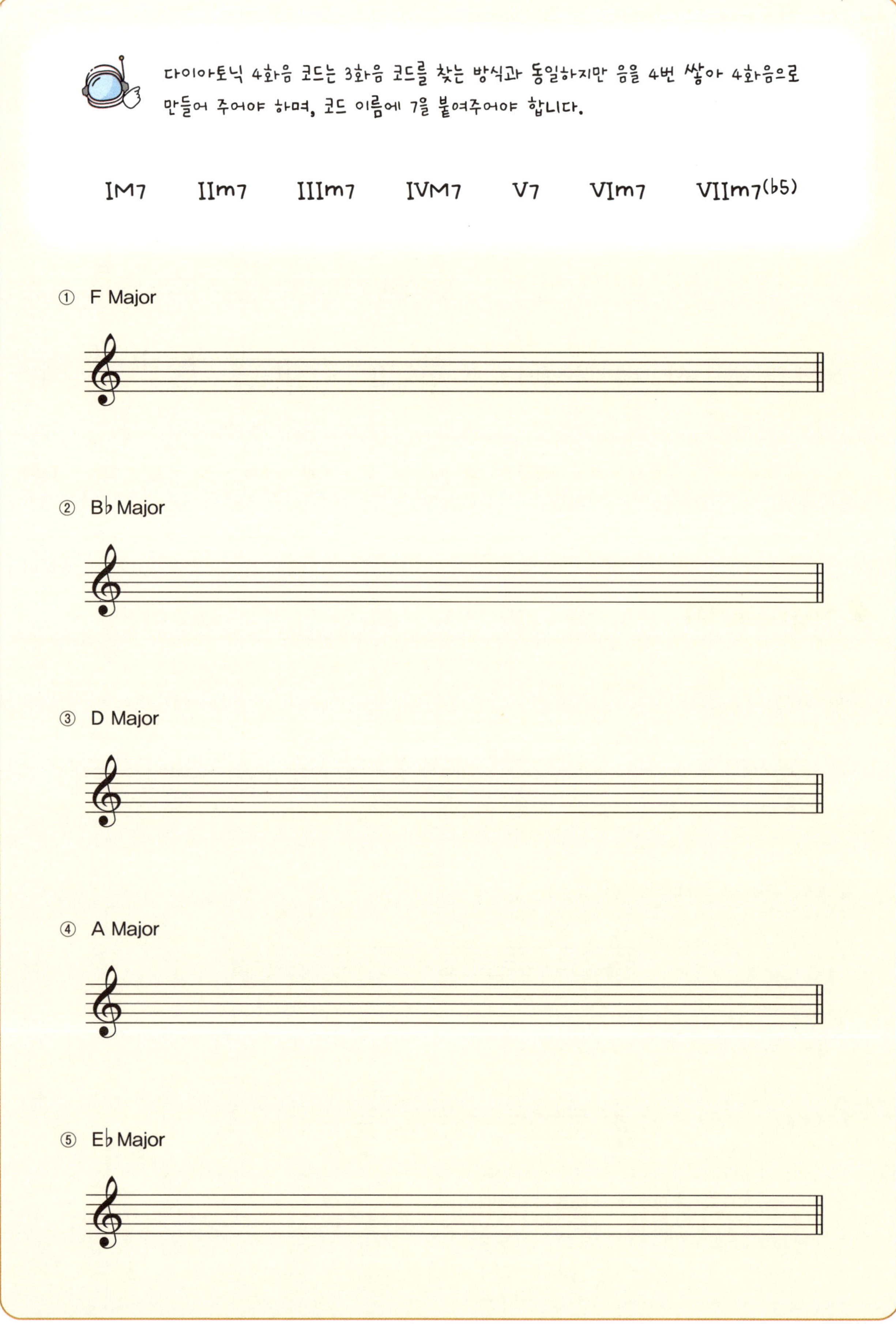

다이아토닉 4화음 코드는 3화음 코드를 찾는 방식과 동일하지만 음을 4번 쌓아 4화음으로 만들어 주어야 하며, 코드 이름에 7을 붙여주어야 합니다.

IM7   IIm7   IIIm7   IVM7   V7   VIm7   VIIm7(♭5)

① F Major

② B♭ Major

③ D Major

④ A Major

⑤ E♭ Major

개념 CHECK 03 아래 표의 규칙에 따라 12key의 다이아토닉 코드 이름을 모두 써보세요.

Key \ 도수	IM7	IIm7	IIIm7	IVM7	V7	VIm7	VIIm7(♭5)
C Major	CM7						
F Major							
B♭ Major							
E♭ Major							
A♭ Major							
D♭ Major							
G♭ Major							
B Major							
E Major							
A Major							
D Major							
G Major							

2. 마이너 다이아토닉 코드(Minor Diatonic Chord)

온음계(Diatonic Scale) 중 단음계(Minor Scale)의 구성음으로만 이루어진 화음을 말하며, 3종류의 단음계에 따라
다이아토닉 코드도 달라집니다.

❯ 마이너 다이아토닉 3화음

① Natural Minor(내추럴 마이너)

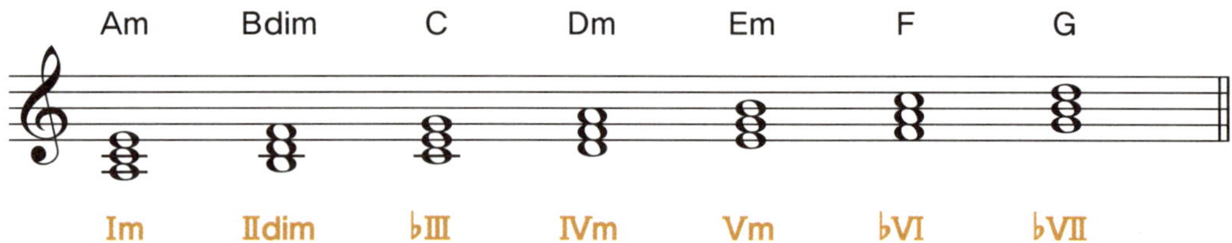

② Harmonic Minor(하모닉 마이너)

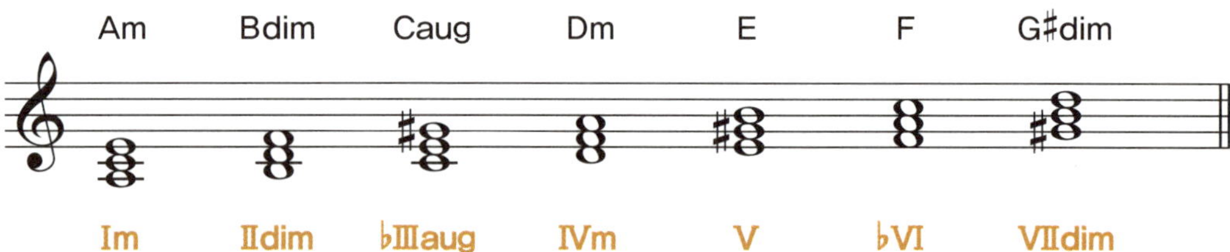

③ Melodic Minor(멜로딕 마이너)

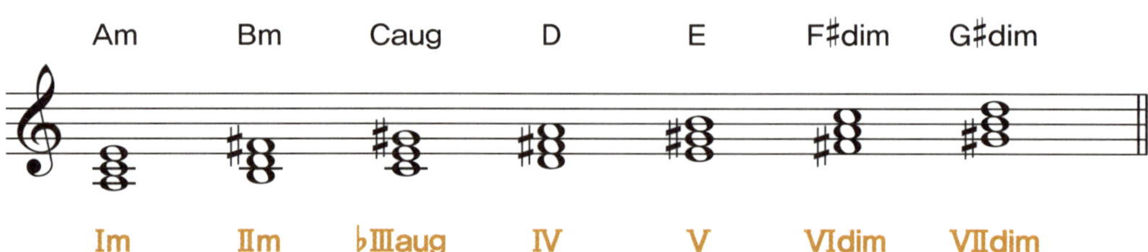

> **마이너 다이아토닉 4화음에서 주의할 점!**
>
> 메이저 다이아토닉에 비해 변화도 많고 3화음과 7th 코드의 차이가 크므로 단음계마다 코드 규칙이 많이 다릅니다. 구분해서 잘 익혀두세요.

❯ 마이너 다이아토닉 4화음

① Natural Minor(내추럴 마이너)

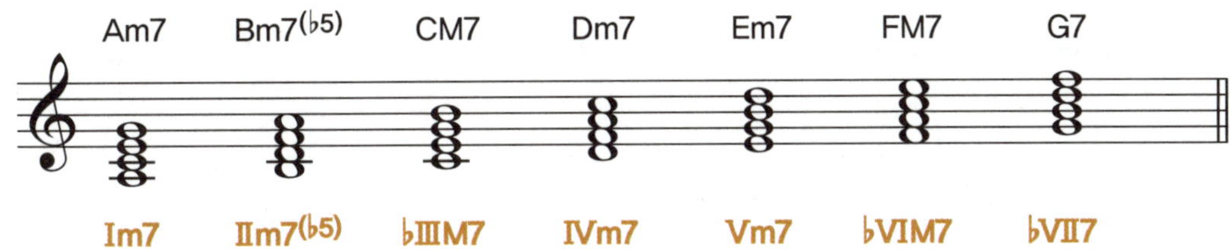

② Harmonic Minor(하모닉 마이너)

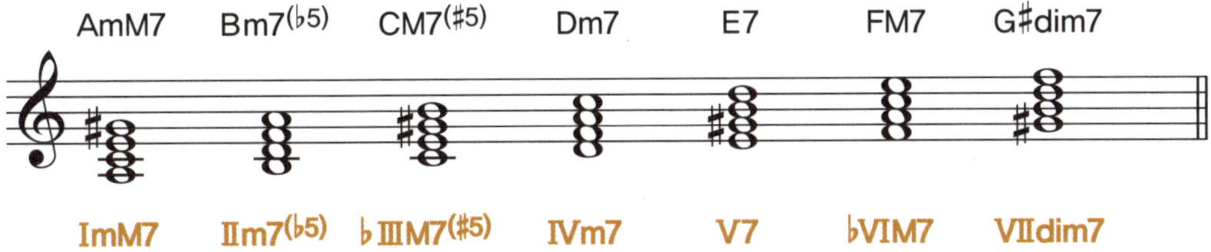

③ Melodic Minor(멜로딕 마이너)

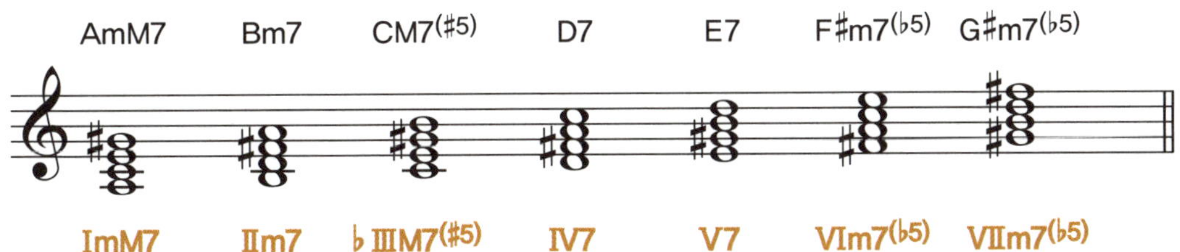

다음 제시하는 조성의 다이아토닉 3화음을 모두 그린 후 코드 이름을 써보세요.

G Natural Minor

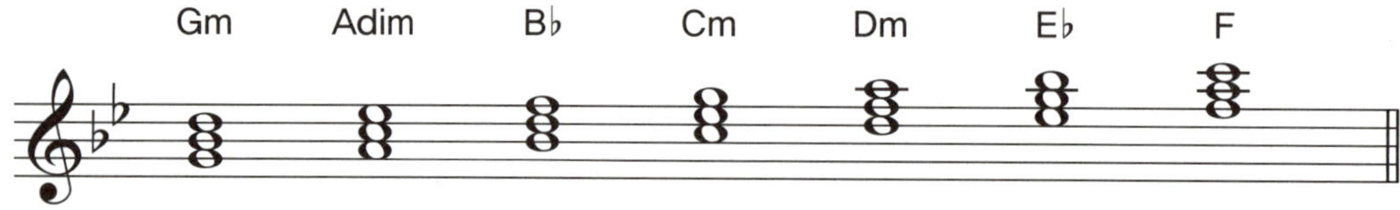

① 조표와 임시표를 사용하여 조성의 단음계를 그립니다. → 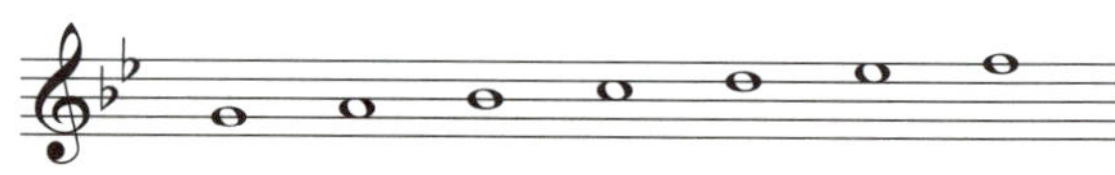
　(나란한조를 통해 생각하기)

② 음계 위로 3도씩 쌓아 코드를 만들어 줍니다. → 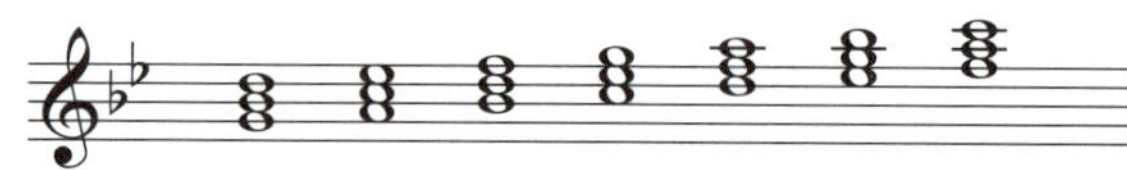

③ 다이아토닉 코드 규칙에 맞게 코드 이름을 적어줍니다. → Gm − Adim − B♭ − Cm − Dm − E♭ − F

개념 CHECK 04 다음 제시하는 조성의 다이아토닉 3화음을 모두 그린 후 코드 이름을 써보세요.

① D Harmonic Minor

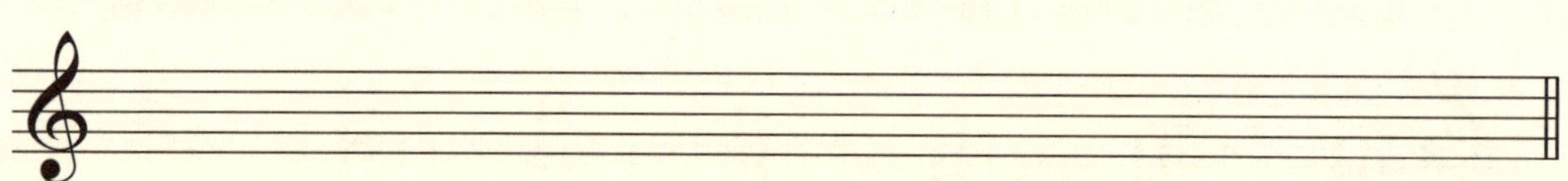

❶ 조표와 임시표를 사용하여 조성의 단음계를 그립니다.(나란한조를 통해 생각하기)

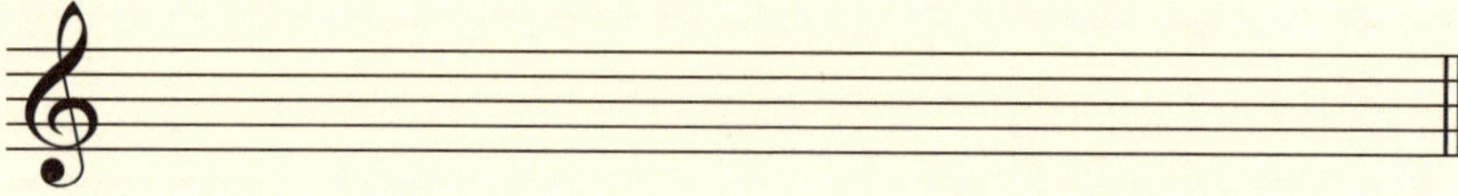

❷ 음계 위로 3도씩 쌓아 코드를 만들어 줍니다.

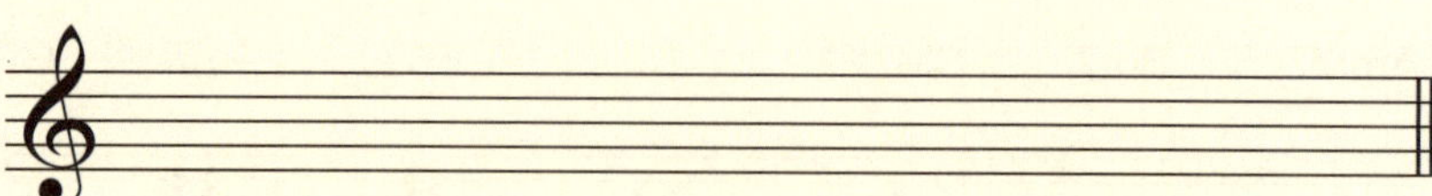

❸ 각 코드의 이름을 적어줍니다.

     -     -   -   -   -   -

② B Natural Minor

❶ 조표와 임시표를 사용하여 조성의 단음계를 그립니다.(나란한조를 통해 생각하기)

❷ 음계 위로 3도씩 쌓아 코드를 만들어 줍니다.

❸ 각 코드의 이름을 적어줍니다.

	-		-		-		-		-		-	

③ E Melodic Minor

❶ 조표와 임시표를 사용하여 조성의 단음계를 그립니다.(나란한조를 통해 생각하기)

❷ 음계 위로 3도씩 쌓아 코드를 만들어 줍니다.

❸ 각 코드의 이름을 적어줍니다.

	-		-		-		-		-		-	

✎ **개념 CHECK 05** 다음 제시하는 조성의 다이아토닉 4화음을 모두 그린 후 코드 이름을 써보세요.

내추럴 마이너	Im7	IIm7$^{(\flat5)}$	$\flat$IIIM7	IVm7	Vm7	$\flat$VIM7	$\flat$VII7
하모닉 마이너	ImM7	IIm7$^{(\flat5)}$	$\flat$IIIM7$^{(\sharp5)}$	IVm7	V7	$\flat$VIM7	VIIdim7
멜로딕 마이너	ImM7	IIm7	$\flat$IIIM7$^{(\sharp5)}$	IV7	V7	VIm7$^{(\flat5)}$	VIIm7$^{(\flat5)}$

① D Natural Minor

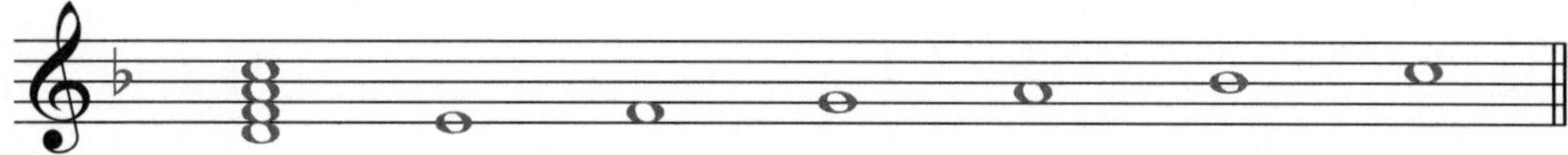

② B♭ Harmonic Minor

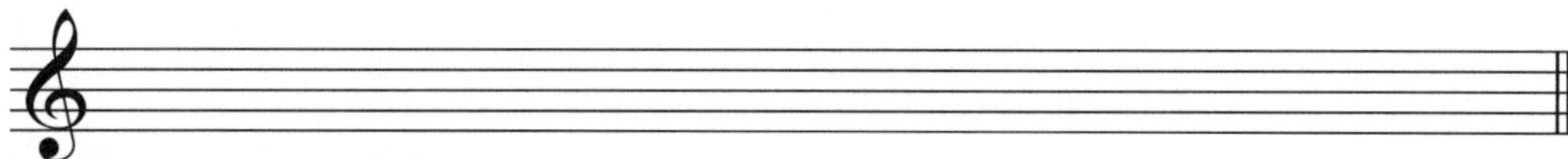

③ A Melodic Minor

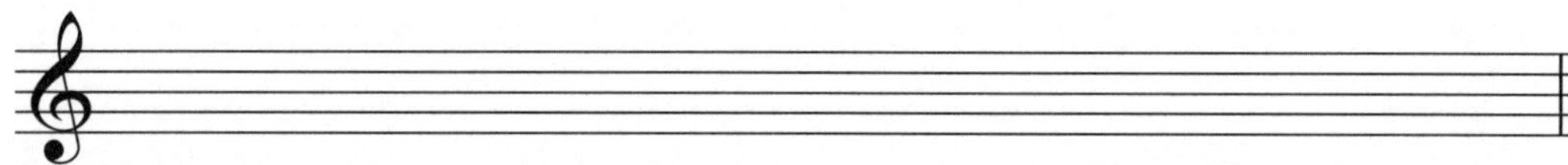

④ E Harmonic Minor

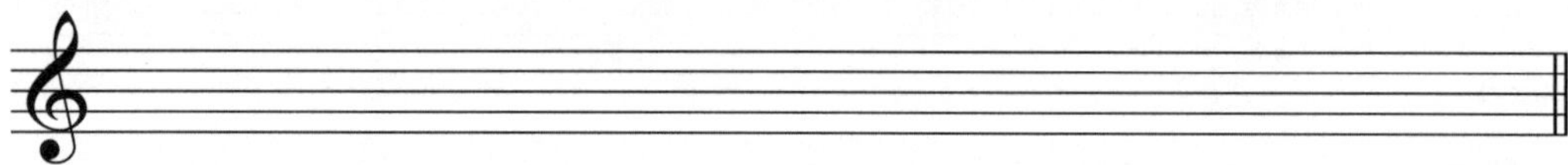

⑤ E♭ Melodic Minor

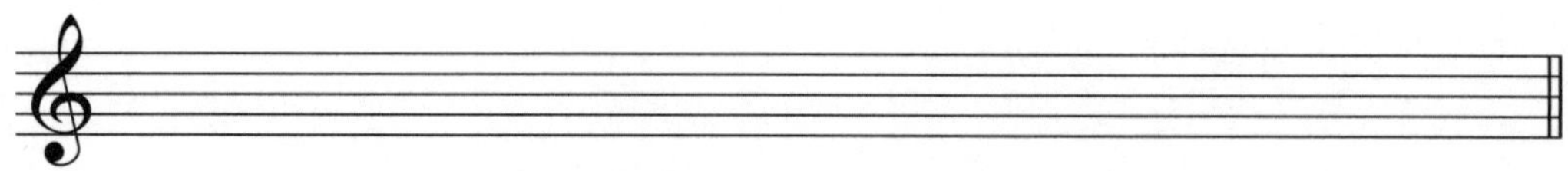

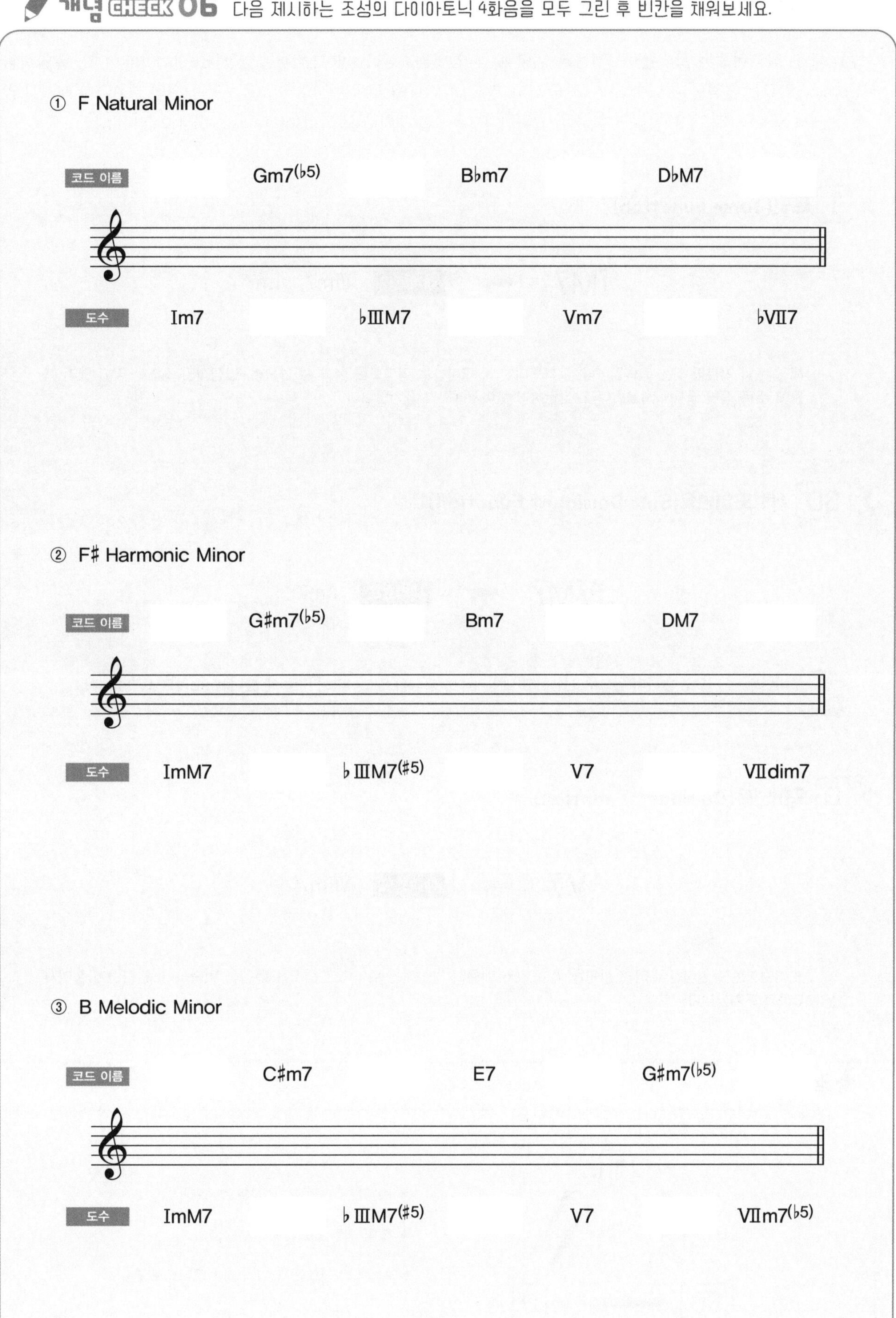
개념 CHECK 06 다음 제시하는 조성의 다이아토닉 4화음을 모두 그린 후 빈칸을 채워보세요.

① F Natural Minor

코드 이름   Gm7(♭5)   B♭m7   D♭M7

도수   Im7   ♭ⅢM7   Vm7   ♭Ⅶ7

② F♯ Harmonic Minor

코드 이름   G♯m7(♭5)   Bm7   DM7

도수   ImM7   ♭ⅢM7(♯5)   V7   Ⅶdim7

③ B Melodic Minor

코드 이름   C♯m7   E7   G♯m7(♭5)

도수   ImM7   ♭ⅢM7(♯5)   V7   Ⅶm7(♭5)

3. 화성의 기능(Harmonic Functions)

앞서 배운 디이이토닉 고드는 그 기능괴 역할에 띠리 으뜸화음(Tonic), 비금딸림화음(Subdominant), 딸림화음(Dominant)으로 분류할 수 있습니다. 그 중 I(T), IV(SD), V(D)를 제외한 나머지 코드들은 기존의 멜로디를 해치지 않는 선에서 서로의 코드를 대신하여 쓸 수 있습니다. 이 코드를 대리 코드(Substitute Chord)라고 합니다.

> T 토닉(Tonic Function)

해당 조의 기본이 되는 코드입니다. 서브도미넌트, 도미넌트 어디로든 향할 수 있으며, 안정적인 소리를 갖고 있기 때문에 주로 곡의 종지에 사용합니다. 간단하게 줄여서 T라고 표기합니다.

> SD 서브도미넌트(Sub-Dominant Function)

도미넌트, 토닉으로 향하며 앞으로 진행하고 나아가려는 특징이 있습니다. 간단하게 줄여서 SD라고 표기합니다.

> D 도미넌트(Dominant Function)

도미넌트는 불안정한 소리의 성질을 갖고 있기 때문에 안정적인 토닉으로 향하는 특징이 있습니다. 간단하게 줄여서 D라고 표기합니다.

✧ 정리 ✧

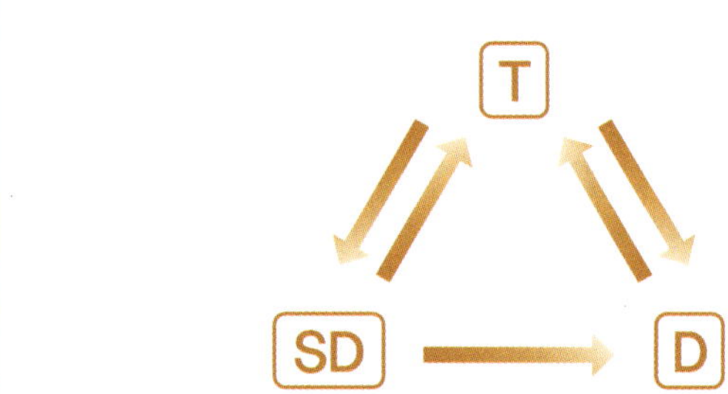

- 토닉은 어디로든 진행할 수 있다.
- 도미넌트는 토닉으로 간다.
- 서브도미넌트는 도미넌트나 토닉으로 간다.

Q 대리 코드는 어떤 기준으로 결정되나요?

아래의 예시처럼 4화음의 4가지 음 중 3개가 공통된 음으로 구성되어 화성적 울림이 유사할 때 대리 코드로 사용할 수 있습니다. 하지만 무조건 3개의 음이 공통된다고 하여 전부 대리 코드가 될 수 있는 것은 아니니 방금 배운 화성의 3가지 기능을 잘 기억해 둡시다.

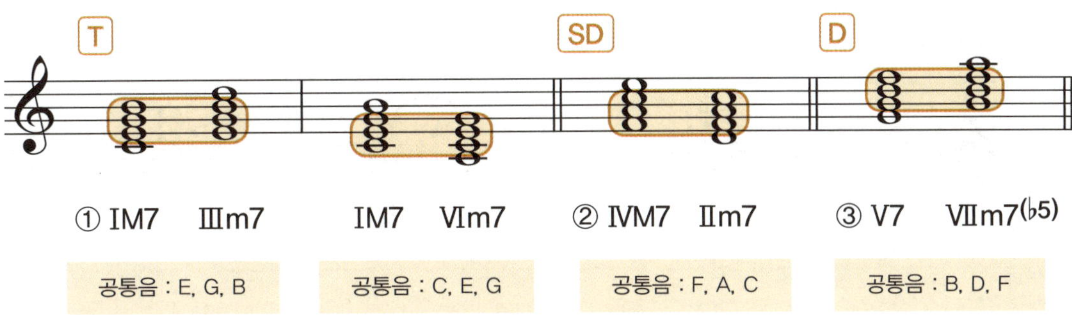

개념 CHECK 07 다음 제시하는 조성의 다이아토닉 코드 이름을 예시처럼 기능에 따라 나누어 써보세요.

Key \ 화성의 기능	T	SD	D
C Major	CM7, Em7, Am7	FM7, Dm7	G7, Bm7(♭5)
F Major			
B♭ Major			
E♭ Major			
A♭ Major			
D♭ Major			
G♭ Major			
B Major			
E Major			
A Major			
D Major			
G Major			

FINISH CHECK

다음 제시하는 조성의 조표를 그리고 다이아토닉 코드가 올바른 것에 동그라미를 한 후 도수를 써보세요.

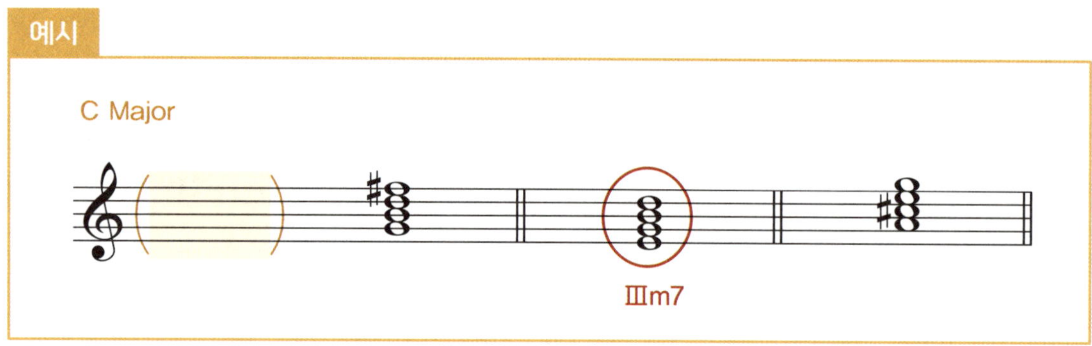

① B♭ Major

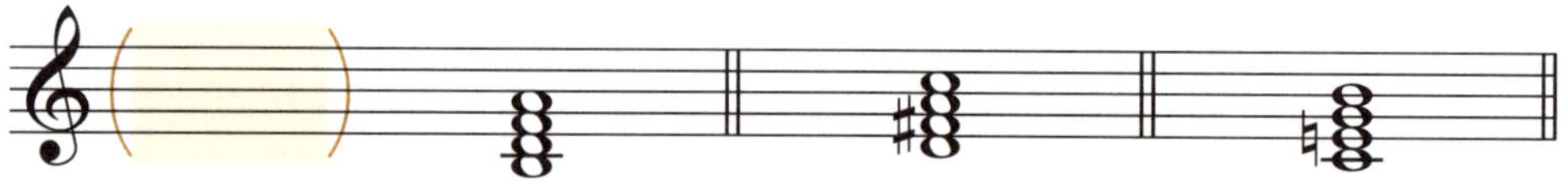

② E Major

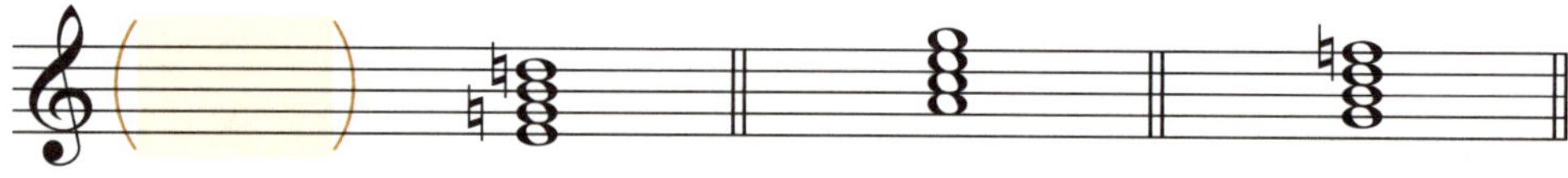

③ A♭ Major

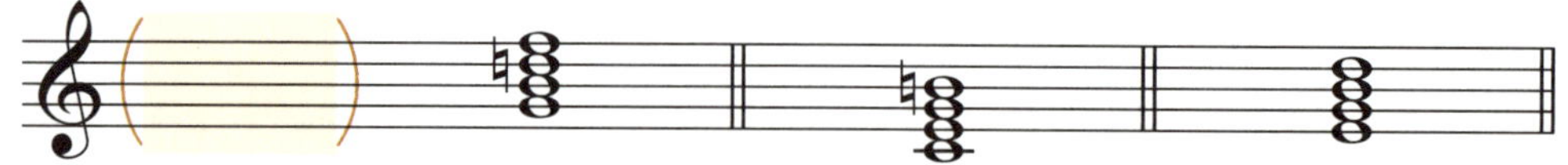

02 다음 제시하는 조성의 조표를 그리고 다이아토닉 코드가 올바른 것에 동그라미 한 후 코드 이름을 써보세요.

예시

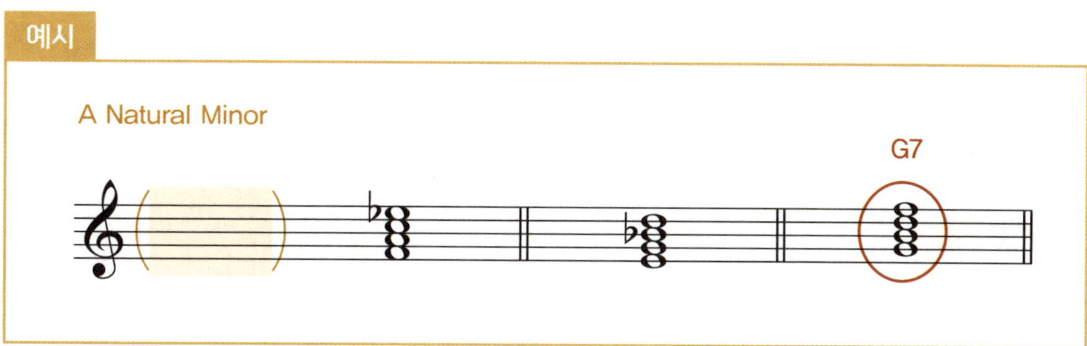

① F Harmonic Minor

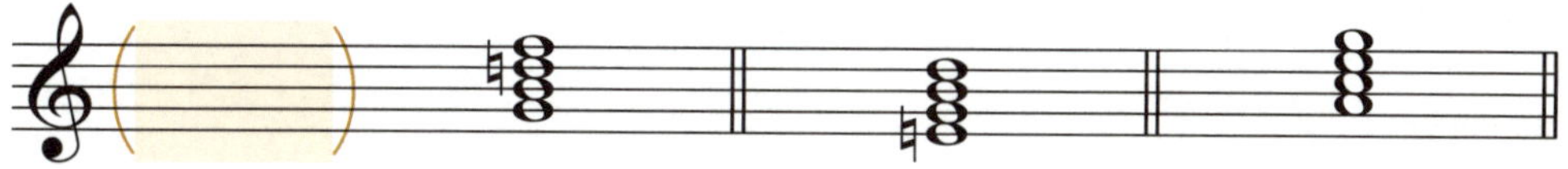

② G Melodic Minor

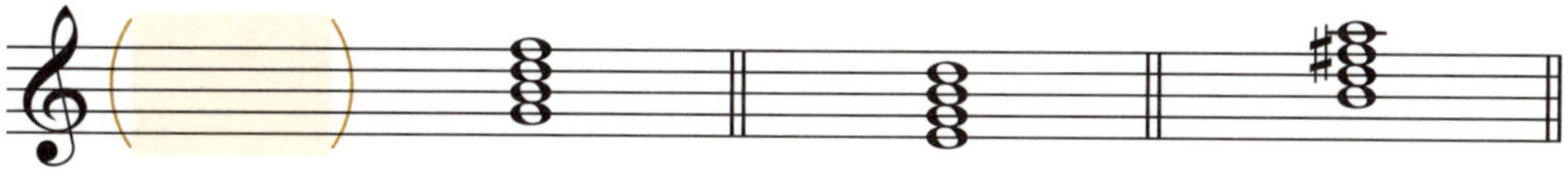

③ D Natural Minor

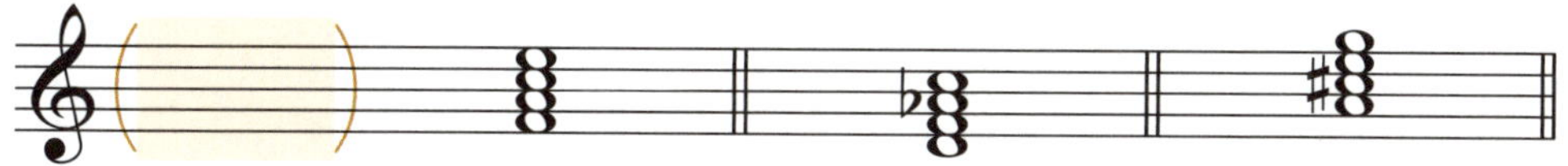

03 제시하는 조성의 코드 진행에서 화성의 기능과 로마 숫자를 써보세요.

① F Major

	Gm7	C7	FM7	B♭M7
화성의 기능	SD			
로마 숫자	IIm7			

② D Major

	DM7	A7	Bm7	GM7
화성의 기능				
로마 숫자				

③ B Major

	C#m7	EM7	F#7	BM7
화성의 기능				
로마 숫자				

④ E♭ Major

	Dm7(♭5)	E♭M7	Fm7	B♭7
화성의 기능				
로마 숫자				

04 제시하는 조성의 조표를 그린 뒤 첫 번째 마디에 주어진 코드를 그리고 두 번째 마디에는 해당 코드의 대리 코드를 모두 그려보세요.

① D Major

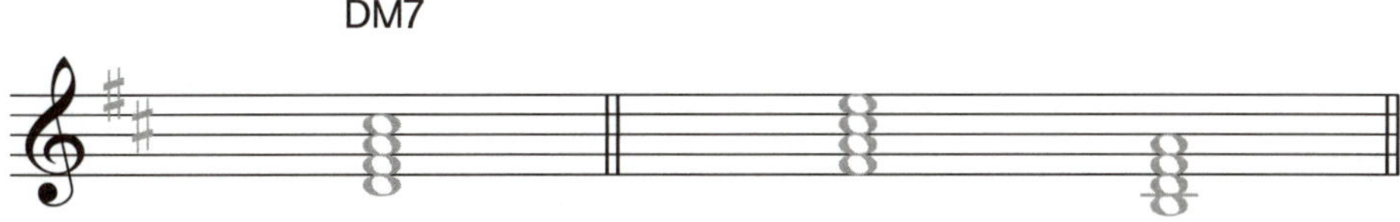

② B Major

③ E♭ Major

④ A Major

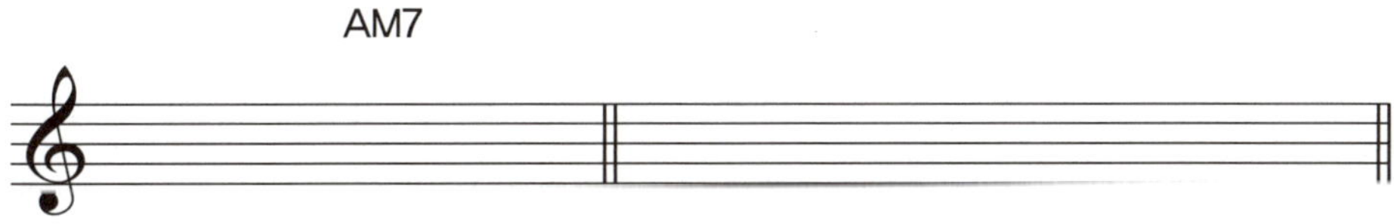

⑤ F Major

코드 진행과 분석
(Harmonic Progressions and Analysis)
Feat. 대리 코드와 리하모니제이션의 활용

Prologue...

너도나도 우리 모두가 즐겨 쓰는 II-V-I 진행이 지루해진다. 철수가 아침에 일어나 학교에 갔다가 집에 왔다. 이 얼마나 안전하지만 단조로운 일상인가? 이때 우리는 예측 가능한 단순 코드 진행이 아닌 대안적인 화음을 사용해야 한다. 대표적으로 대리 코드와 리하모니제이션은 변화와 다양성을 가져오는 방법이 될 수 있으며, 이는 기존 코드 진행의 한계를 느낄 때 적용할 수 있는 대안이다. 기존과 달리 예측할 수 없는 변화와 함께 생겨난 신선한 느낌이 매우 만족스러울 수 있다. 이처럼 리하모니제이션은 기존의 코드 진행에 다양하게 새로운 옷을 입히는 것과 같다. 하지만 적절한 화음, 악보 그리고 악기를 선택하는 것은 톤에 맞는 컬러와 형태, 그리고 그것들을 더 돋보이게 해줄 기능을 적절히 선택하여 매치하는 것과 비슷한 어려움을 마주하게 된다. 그럼에도 불구하고, 리하모니제이션을 다루는 것은 뛰어난 뮤지션으로 발전해 가는 여정 속에서 아주 중요한 단계이자 과정이기 때문이다. 이는 대리 코드와 함께 내 음악에 다양한 변화와 발전을 줄 수 있는 가장 효과적인 방법이므로 이번 챕터 역시 어렵다고 넘기지 말고 집중해서 살펴보기로 한다.

우선 II-V-I 진행은 실용음악 혹은 재즈에서 사용하는 가장 일반적인 코드 진행이다. 이는 마치 아침에 일어나서(II) 학교 가서 공부하고(V) 집에 온다(I), 혹은 오늘은 소풍을 가는 날이라 들떠서 준비하고(II) 소풍 가서 재미있게 놀고(V) 집으로 왔다(I), 이런 우리 생활 내에서의 일상적인, 때로는 즐겁고 때로는 뻔한 예측이 가능한 움직임이다.

세컨더리 도미넌트(Secondary Dominant)의 컨셉을 이해할 때 이런 상상을 해보자. 왜 내가 쓰는 조성에 속하지 않는 다른 조성의 V7 코드를 가져와서 쓰는가를 한번 생각해 보자. 첫 번째 이유는 내가 쓰는 다이아토닉의 7가지 코드들만 쓰기에는 음악이 밋밋하고 재미가 없고, 두 번째 이유는 내가 쓰는 조성이 아닌 다른 조성의 강력한 능력자(V7)를 초빙하여 나의 음악에 신선한 활력을 넣어줄 수 있다는 것이다.

익스텐디드 도미넌트(Extended Dominant)는 말 그대로 '확장된 도미넌트'이다. 무슨 말인가 하면 이미 그 존재만으로 긴장을 유발하는 능력자 도미넌트를 강력한 진행인 5도로 연속 진행을 시켜 일정한 간격의 연속되는 긴장감을 주는 효과가 있다. 아무래도 효과가 있으려면 3번 이상은 도미넌트 모션을 사용해야 한다.

관계된 IIm7(Related IIm7)은 말 그대로 우리가 좋아하는 능력자(V7)에게 그의 추종자이자 두 번째 능력자(Sub-Dominant의 기능)인 IIm7을 붙여줌으로서 홀로 떨어져 외롭게 싸우고 있을 V7에게 힘을 실어 주는 것이다. 능력자도 외로운 법이다.

대리 도미넌트(SubV7)는 역시 말 그대로 도미넌트 코드인데 도미넌트 대신에 그 자리에 쓸 수 있는 것, 대리(Subsitution)를 의미한다. 이때 대신 쓰는 도미넌트는 확실한 공통적인 부분과 상반되는 강력한 효과가 있어야 하는데, 우리의 음악 시계 5도권에서 증4도의 트라이톤(Tritone) 위치에 있는 도미넌트를 대신(Substitute)하여 쓰면 매우 효과적이다.

CHAPTER 09
코드 진행과 분석
(Harmonic Progressions and Analysis)

모든 음악에는 코드 진행이 존재합니다. 코드 진행이란, 코드 간의 연결을 말합니다. 코드를 아무렇게나 쓰면 다 코드 진행일까요? 그렇지는 않습니다. 코드마다 성질이 각각 다르기 때문에 이런 성질을 잘 파악하여 사용할 수 있어야 합니다.

1. 코드 진행의 기본 구조

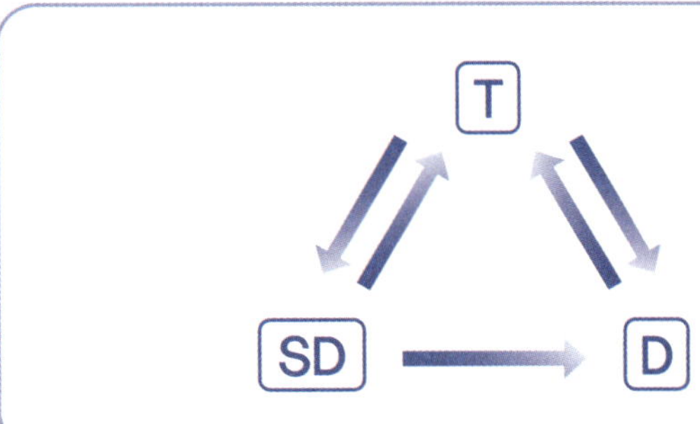

- 토닉은 어디로든 진행할 수 있다.
- 도미넌트는 토닉으로 간다.
- 서브도미넌트는 도미넌트나 토닉으로 간다.

코드 진행의 기본 구조에 따라 진행을 만들어 봅시다.
챕터 8에서 배운 대리 코드도 사용하여 다양한 진행을 만들어 볼까요?

▶ T - SD - D - T 진행

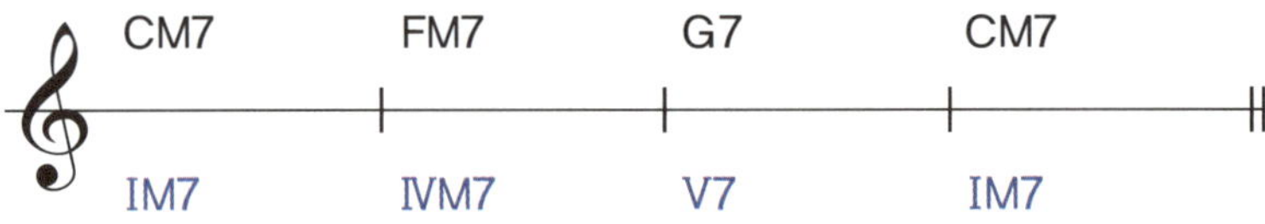

▶ T(대리 코드) - SD(대리 코드) - D - T 진행

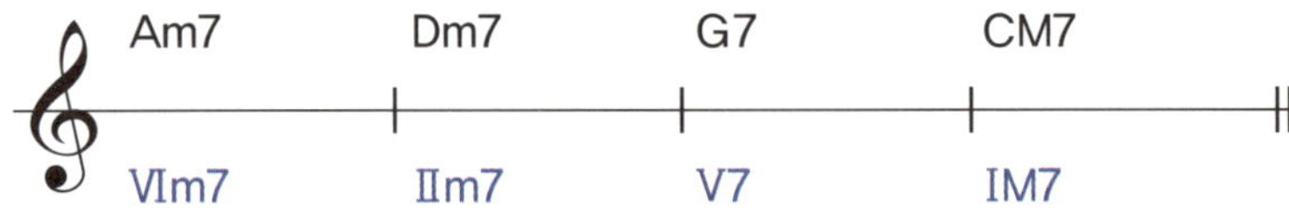

▶ T - SD - D(대리 코드) - T 진행

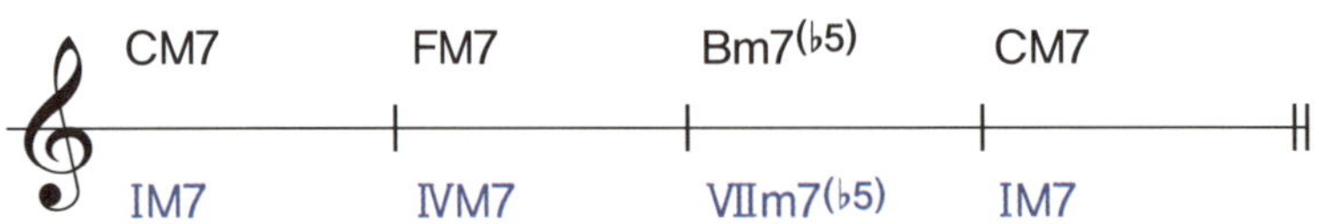

2. Ⅱ-Ⅴ-Ⅰ 진행

정확히는 Ⅱm7 – V7 – IM7 이며, 간단히 Ⅱ – Ⅴ – Ⅰ(투파이브원)이라고 말합니다. 코드 간의 완전5도 하행으로만 이루어져 있어 안정적인 소리 울림이며, 가장 많이 쓰이고 많은 음악에 보편화 되어 있는 진행입니다.

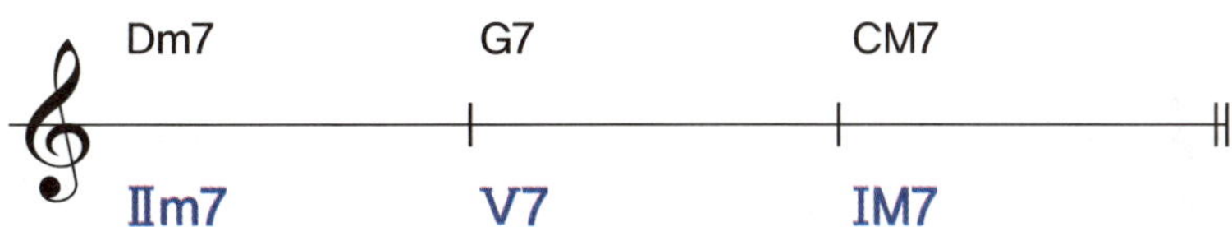

- 각 조성에 하나의 Ⅱ – Ⅴ – Ⅰ만 존재하며 다이아토닉 코드 안에서만 움직인다.
- Ⅱ – Ⅴ – Ⅰ은 다양한 형태로 나타날 수 있다.

$$Ⅱm7 – V7 – IM7 \qquad Ⅱm7 – V7 – Im7 \qquad Ⅱm7^{(♭5)} – V7 – Im7$$

✏️ 개념 CHECK 01 다음 빈칸에 들어갈 Ⅱ – Ⅴ – Ⅰ 코드 진행을 써보세요.

①

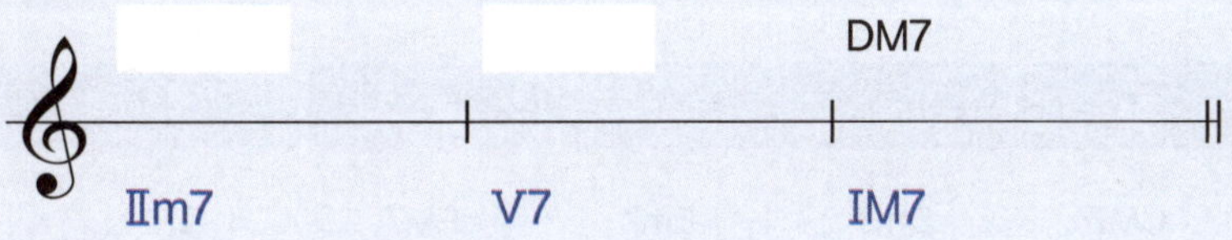

②

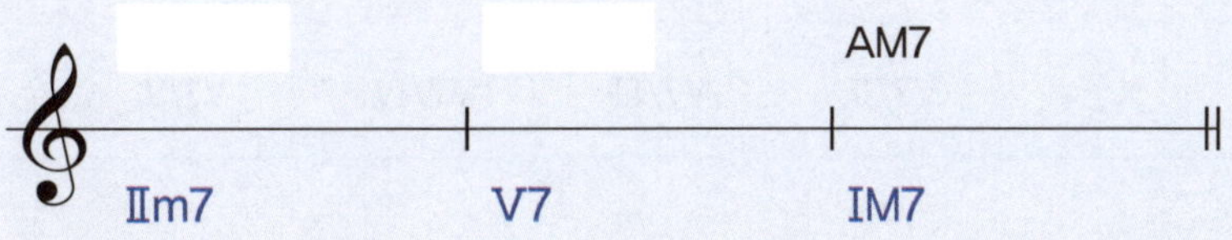

③

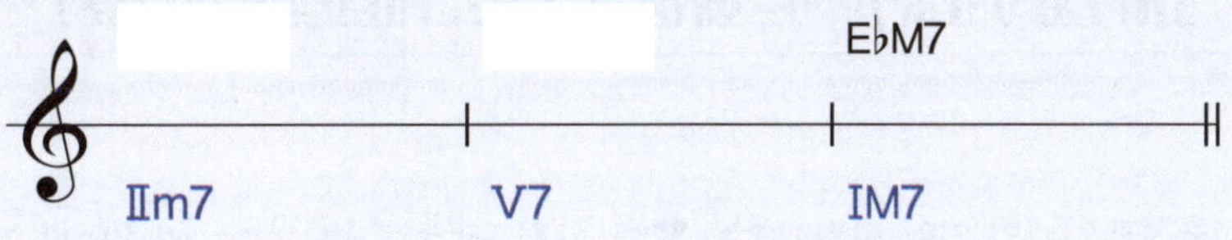

④

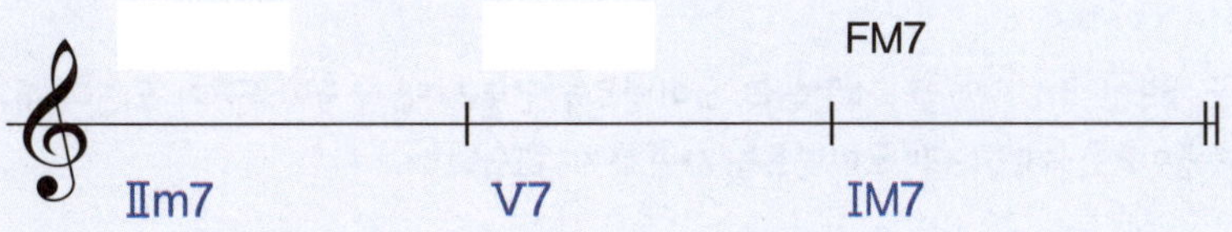

3. 세컨더리 도미넌트(Secondary Dominant)

다이아토닉 내에서의 코드 진행은 한정적이기 때문에 변화를 주기 위해서 다른 조성의 코드를 빌려서 사용합니다.
그중 하나가 세컨더리 도미넌트이며, 도미넌트(V)가 완전5도 하행하여 토닉(Ⅰ)으로 가고 싶어 하는 성질을 이용한
기능입니다.

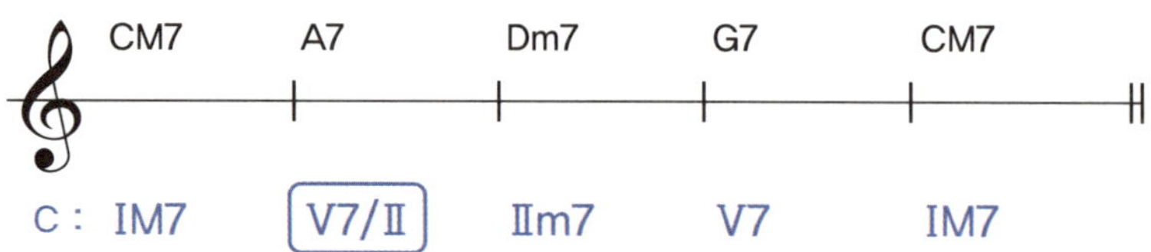

위 악보에서 사용된 세컨더리 도미넌트는 Dm7 앞에 사용된 A7입니다. A7은 D키의 V7코드이며, Ⅰ도 코드인 DM7으로
향하고 싶어 합니다. 하지만 이곳은 C의 나라! A7의 원래 주인은 DM7이지만 이곳에선 m7의 옷을 입고 있으니, Dm7으
로 향하고 있는 것입니다.

분석 기호는 V7/Ⅱ 이렇게 슬래시를 넣어서 표기하며,
Ⅱ(D Key)에서 빌려온 V7(A7)이라고 이해하면 쉽습니다.

Key of C	IM7	Ⅱm7	Ⅲm7	IVM7	V7	VIm7	VIIm7$^{(\flat5)}$
코드 이름	CM7	Dm7	Em7	FM7	G7	Am7	Bm7$^{(\flat5)}$
세컨더리 도미넌트	X	A7	B7	C7	D7	E7	X
분석 기호	X	V7/Ⅱ	V7/Ⅲ	V7/IV	V7/V	V7/VI	X

Q **IM7과 VIIm7$^{(\flat5)}$는 왜 세컨더리 도미넌트가 없나요?**

CM7은 V7인 G7이 이미 다이아토닉 안에 있기 때문에 Ⅰ도 코드는 세컨더리 도미넌트가 없습
니다. 이때 G7을 프라이머리 도미넌트(Primary Dominant)라고 부릅니다. 가장 중요한, 힘
이 센 V7이라는 뜻입니다.

VII도 코드인 Bm7$^{(\flat5)}$의 세컨더리 도미넌트를 만들려면 근음이 F#이 되는데 F#은 다이아토닉에
없는 음이므로 세컨더리 도미넌트를 사용하지 않습니다.

 다음 빈칸에 들어갈 수 있는 세컨더리 도미넌트 코드와 분석 기호를 써보세요.

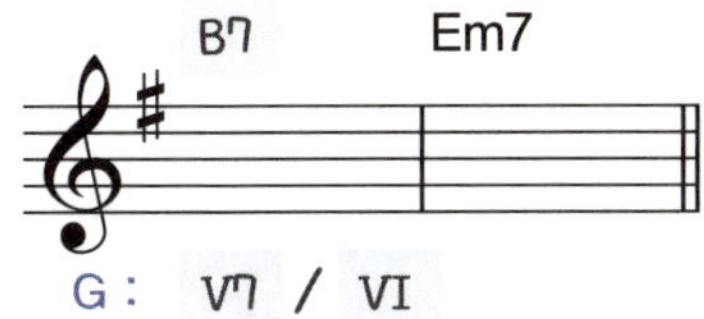

① E키의 다이아토닉 코드를 나열합니다.
→ EM7 – F#m7 – G#m7 – AM7 – B7 – C#m7 – D#m7(b5)

② V7을 찾아 적습니다.
→ B7

③ 현재 조성에서 Em7의 도수를 구하여 세컨더리 도미넌트 표기를 적습니다.
→ V7/VI

개념 CHECK 02 다음 빈칸에 들어갈 수 있는 세컨더리 도미넌트 코드와 분석 기호를 써보세요.

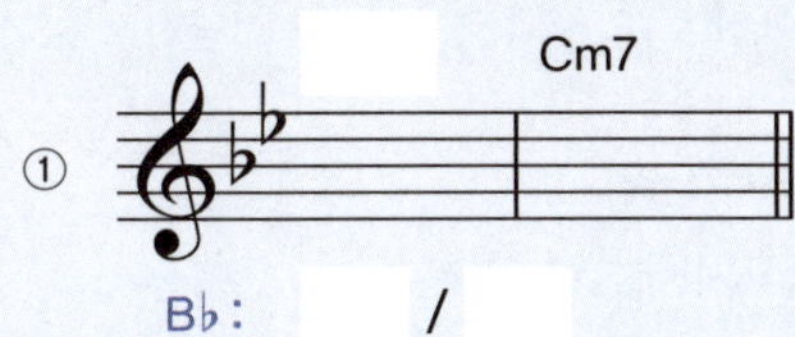

❶ C키의 다이아토닉 코드를 나열합니다.

  -   -   -   -   -   -

❷ V7을 찾아 적습니다.

❸ 현재 조성에서 Cm7의 도수를 구하여 세컨더리 도미넌트 표기를 적습니다.

/

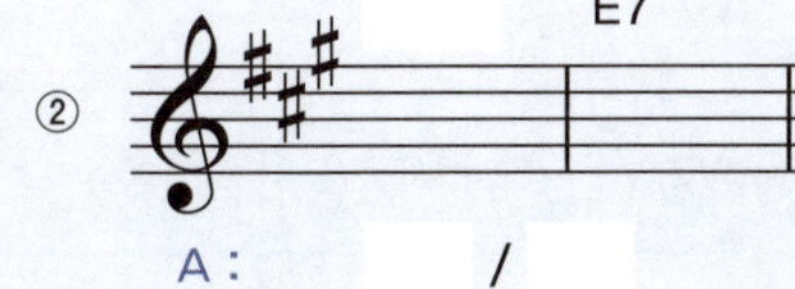

❶ E키의 다이아토닉 코드를 나열합니다.

  -   -   -   -   -   -

❷ V7을 찾아 적습니다.

❸ 현재 조성에서 E7의 도수를 구하여 세컨더리 도미넌트 표기를 적습니다.

/

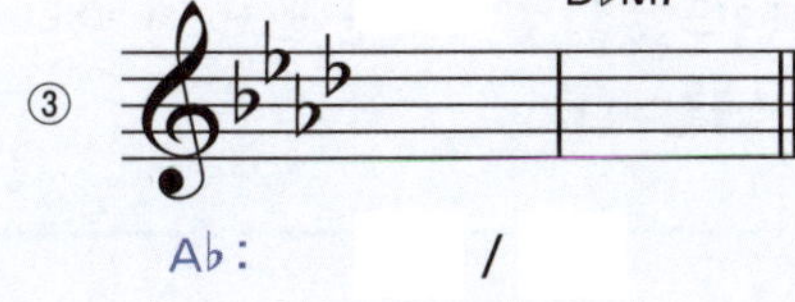

❶ Db키의 다이아토닉 코드를 나열합니다.

  -   -   -   -   -   -

❷ V7을 찾아 적습니다.

❸ 현재 조성에서 DbM7의 도수를 구하여 세컨더리 도미넌트 표기를 적습니다.

/

4. 대리 도미넌트(Substitute Dominant)

같은 가이드 톤을 가지고 있는 도미넌트의 대리 코드이며, 간단히 SubV7(서브파이브세븐)이라고 말합니다.
V7 대신 쓰이는 ♭II7 계열이며 기능은 같지만 색채는 다릅니다. 가이드 톤(3음과 ♭7음)의 반음 진행 덕분에
I 코드로 자연스럽게 해결됩니다.

G7 → 3음: 시 / ♭7음: 파

Db7 → 3음: 파 / ♭7음: 도♭(시)

이렇게 가이드 톤인 3음, ♭7음을 똑같이 공유하면서
서로 역할을 대신하기도 하고, 같이 하기도 합니다.

위 악보에서 사용된 대리 도미넌트(이하 SubV7)는 CM7 앞에 사용된 Db7입니다. Db7은 G7의 대리 코드이기 때문에
어떤 도미넌트가 놓여있는지를 먼저 생각하고 구해야 합니다.
CM7으로 향하는 도미넌트(V7)인 G7을 구하고 G7과 가이드 톤이 동일한 대리 도미넌트(SubV7)인 Db7을 사용합니다.

분석 기호는 SubV7/도수로 표기하며(I만 슬래시 생략)
I 로 향하는 도미넌트의(G7)의 대리 코드인 SubV7(Db7)이라고 이해하면 쉽습니다.

Key of C	IM7	IIm7	IIIm7	IVM7	V7	VIm7	VIIm7(♭5)
코드 이름	CM7	Dm7	Em7	FM7	G7	Am7	Bm7(♭5)
대리 도미넌트	Db7	Eb7	F7	Gb7	Ab7	Bb7	X
분석 기호	SubV7	SubV7/II	SubV7/III	SubV7/IV	SubV7/V	SubV7/VI	X

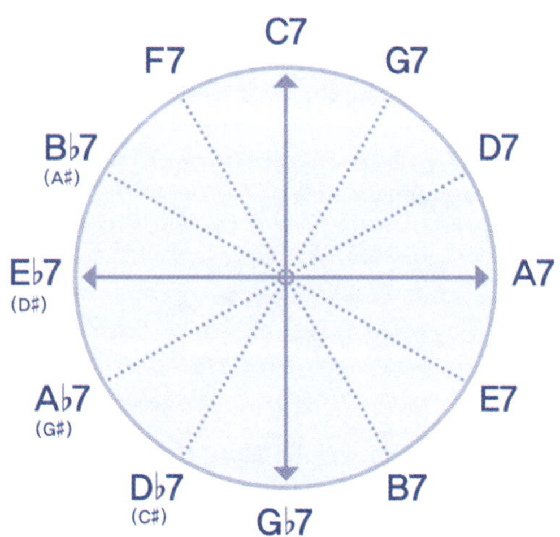

★ Point 외워두세요

5도권에 도미넌트 코드를 모두 표시하면, 서로 마주 보는
코드들은 같은 가이드 톤을 갖기 때문에 서로의 대리
코드(SubV7)로 사용됩니다.

SubV7은 세컨더리 도미넌트랑 다르게 빨리 생각하기가 어려워요.

네 맞아요. 세컨더리 도미넌트를 구하고, 또 그의 대리 코드를 구해야 하는 번거로움이 있어요.
그래서 간단한 공식을 통해 SubV7 구하는 법을 배워봅시다.
바로 반음 위의 도미넌트인 ♭II7입니다. 문제를 통해서 배워볼까요?

문제풀이   다음 빈칸에 들어갈 수 있는 SubV7 코드와 분석 기호를 써보세요.

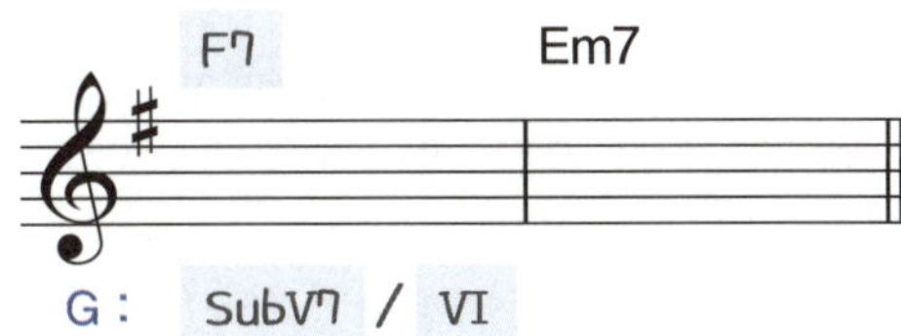

목표(타깃) 코드인 Em7을 기준으로 반음 위의 도미넌트인 ♭II7을 구해봅시다.
코드 형태는 정해져 있기 때문에 알파벳만 생각해 봅니다.
E를 I로 봤을 때(항상 장음계를 기준으로 생각) II는 F#이므로 ♭II7은 F7입니다.

✏️ 개념 CHECK 03   다음 빈칸에 들어갈 수 있는 대리 도미넌트 코드와 분석 기호를 써보세요.

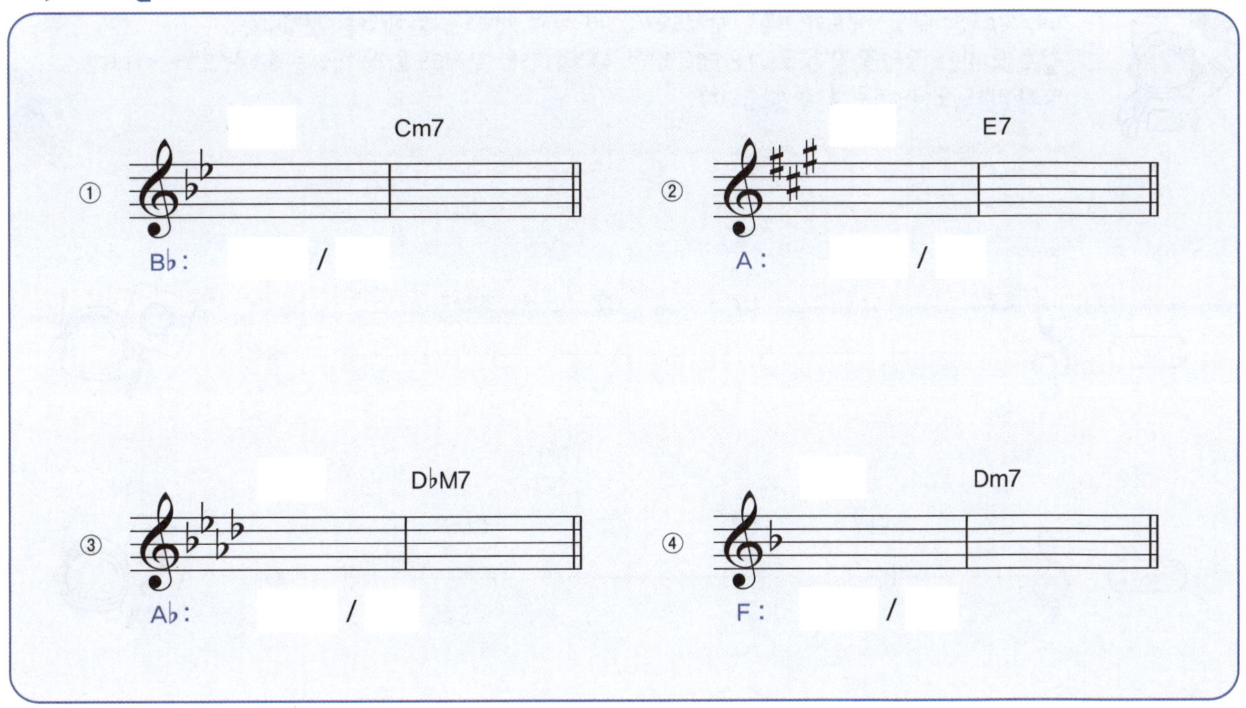

5. 익스텐디드 도미넌트(Extended Dominant)

도미넌트 코드들이 연속적으로 완전5도로 하행하는 패턴을 말합니다. 3개 이상부터 이를 익스텐디드 도미넌트로 보며,
강박에서 사용하는 특징이 있습니다.

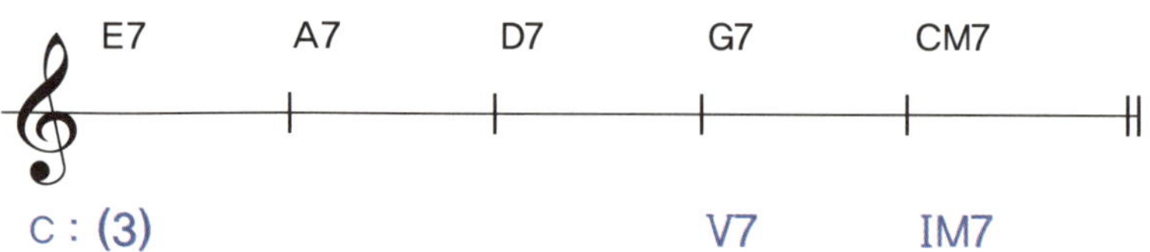

위 악보에서 사용된 도미넌트인 E7, A7, D7, G7은 각각 V7/VI, V7/Ⅱ, V7/V, V7으로 분석할 수도 있지만 완전5도 순
서대로 하행하는 도미넌트가 3개 이상 연속되기 때문에 이를 익스텐디드 도미넌트로 볼 수 있습니다.

분석 기호는 익스텐디드 도미넌트가 시작되는 코드(E7)에 해당 조성에서의 관계를 괄호안의 숫자(3)로 쓰고 익스텐디
드 도미넌트가 끝나는 마지막 도미넌트(G7)에 원래 분석 기호(V7)를 쓴 다음 중간에 나오는 도미넌트는 분석표기를
생략합니다.

Ⅰ로 향하는 도미넌트의 연속이라고 이해하면 쉽습니다.

무조건 완전5도씩 하행해야만 익스텐디드 도미넌트인가요?

네, 익스텐디드 도미넌트의 기본은 완전5도씩 3번 이상 연속으로 하행하는 것입니다.
같은 도미넌트 모양을 갖춘 코드가 연속적으로 나오더라도 완전5도로 하행하는 도미넌트가 아니면
익스텐디드 도미넌트로 볼 수 없습니다.

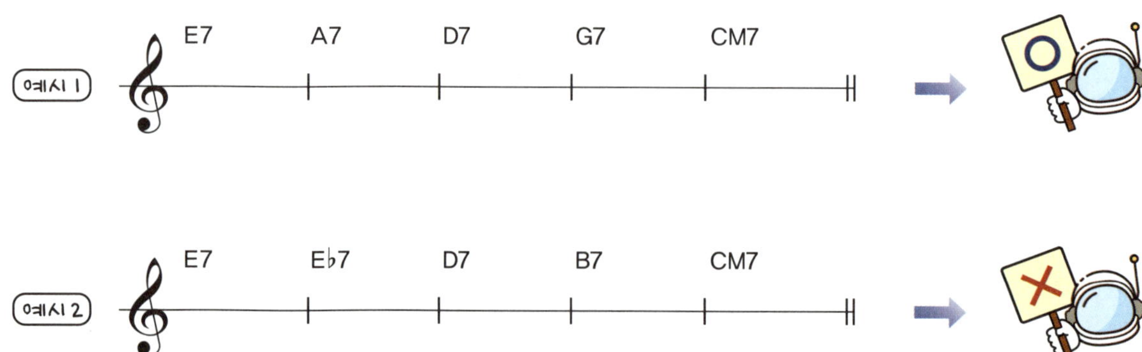

문제풀이

다음 빈칸에 코드 진행의 분석 기호를 써보세요.

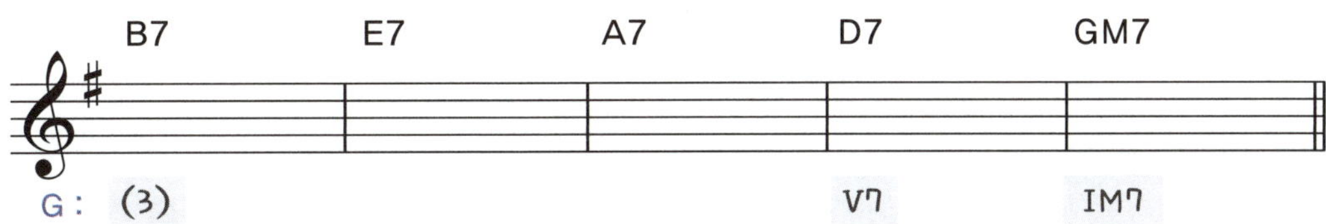

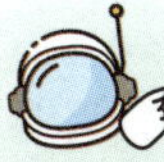

일단 위 악보에 나오는 도미넌트 코드들이 모두 완전5도로 하행하는지 확인 후 익스텐디드 도미넌트라고 생각되면 그에 맞는 분석을 시작합니다. 도미넌트가 시작되는 코드인 B7의 근음인 B는 위 악보의 조성인 G Key에서 3번째 음이므로 (3)을 표기해 주고, 도미넌트가 끝나는 D7은 다음 코드인 GM7, 즉 IM7으로 완전5도 하행하는 프라이머리 도미넌트이기 때문에 V7을 표기해 줍니다.

TIP. 분석할 때 맨 뒤의 코드부터 거꾸로 생각하면 훨씬 더 수월합니다.

개념 CHECK 04

다음 빈칸에 코드 진행의 분석 기호를 써보세요.

①

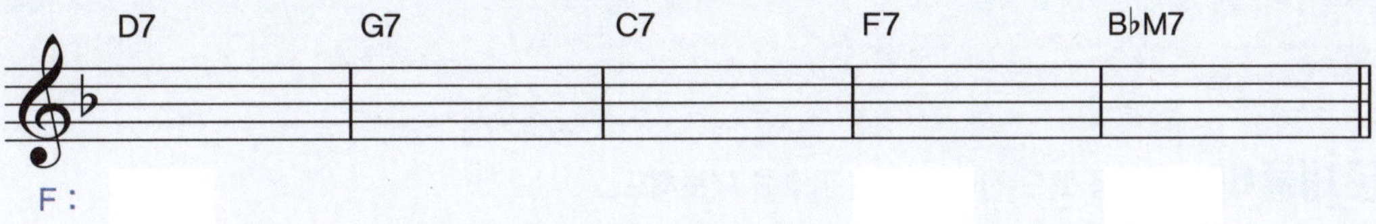

②

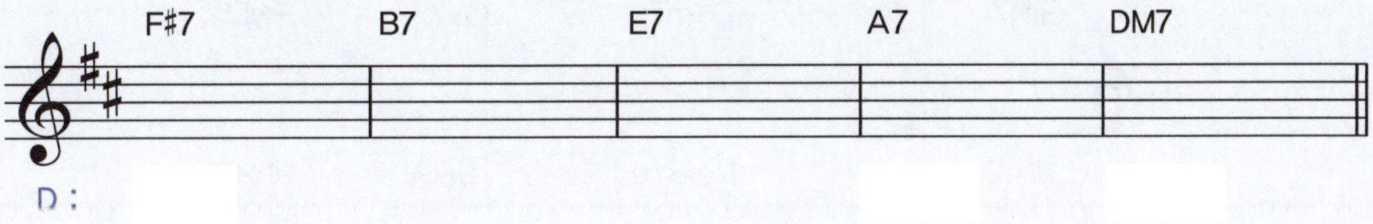

③

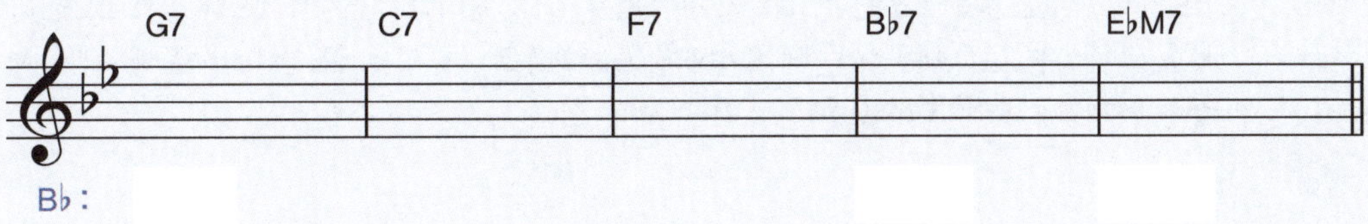

6. 관계 2도 마이너 세븐(Related Ⅱm7)

앞서 배운 여러 가지 도미넌트 코드를 꾸며주기 위한 Ⅱm7 코드를 말하며 여기서 2도란 다이아토닉에서의 도수를 말하는 것이 아니라 바로 뒤에 짝지어 나올 도미넌트와의 관계를 뜻합니다. 따라서 어떤 도미넌트에 연결되는지에 따라 다이아토닉 코드가 아닌 여러 가지 m7이 나올 수 있고 다양한 Ⅱ-Ⅴ-Ⅰ 진행이 만들어질 수 있게 됩니다.

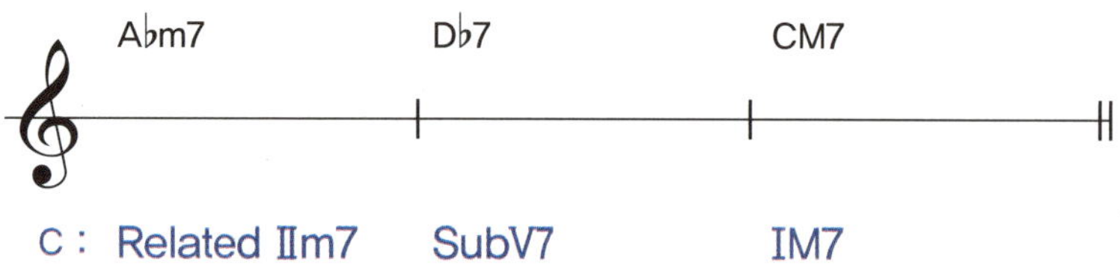

- 타깃이 되는 도미넌트(Db7)로 완전5도 하행하는 m7(Abm7)입니다.
  (타깃이 되는 도미넌트는 모든 종류의 도미넌트7을 말합니다.)

- 다이아토닉에서 독자적인 기능은 없고 오로지 짝을 지어 나오는 도미넌트와 연결되므로 분석 기호는 모두 Related Ⅱm7으로 통일합니다.

- SubV7을 응용하여 완전5도 하행이 아닌 반음 하행도 가능합니다.(ex. C : Gbm7 – F7 – Em7)

문제풀이   다음 코드 진행의 분석 기호를 써보세요.

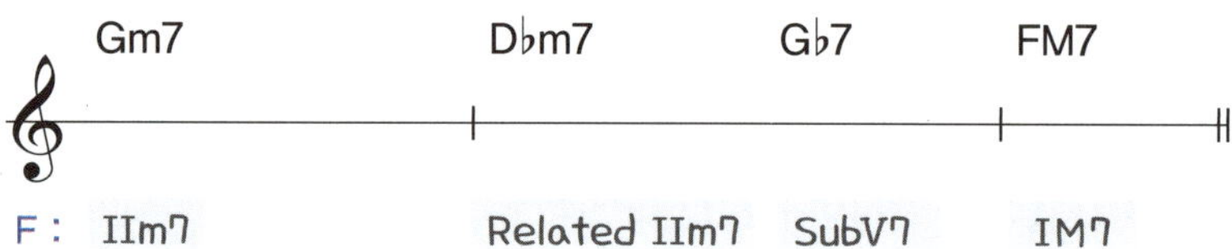

위 악보에서 다이아토닉 코드로 바로 분석 가능한 FM7(ⅠM7), Gm7(Ⅱm7)을 먼저 표기한 뒤 마지막 코드부터 거꾸로 분석해 보면 좀 더 쉽게 분석할 수 있습니다. 마지막 코드의 직전 코드인 Gb7은 FM7로 반음 하행하는 bⅡ7이기 때문에 SubV7을 표기해주고, 그 직전 코드인 Dbm7은 Gb7으로 완전5도 하행하는 m7이므로 Related Ⅱm7을 표기해 주면 됩니다.

① Fm7 Bb7 Am7 Ab7 GM7
G: IM7
② Abm7 Db7 Cm7 F7 BbM7
: IM7
③ F#m7 GM7 C#m7 F#7 Bm7
: IIIm7
④ Gm7 C7 Bm7 Bb7 Am7
: V7

7. 분석 기호의 활용

지금까지 다양한 코드 진행을 배우면서 코드를 주로 도수(로마 숫자)로 표기하는 방법을 익혔는데, 숫자 표기 외에도 코드 진행의 흐름을 나타낼 수 있습니다. 이때 코드 흐름을 표현하기 위해 괄호(Bracket)와 화살표(Arrow)를 사용합니다.

▶ 괄호(Bracket)

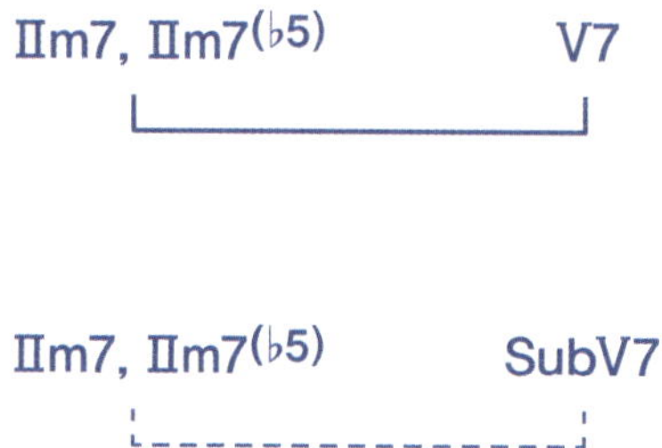

- 완전5도로 하행하는 마이너 세븐과 도미넌트가 연달아 나올 때(II-V) 다이아토닉 코드와 상관없이 전부 실선으로 괄호 표시를 해 줍니다. 영어의 뜻 그대로 두 코드를 묶는다는 의미로 사용합니다.

- 아래처럼 IIm7이 완전5도가 아닌 반음 하행하여 SubV7로 진행한 경우에는 실선이 아닌 점선으로 표기합니다.

- II-V-I의 다양한 형태에 따라 IIm7이 아닌 IIm7(♭5)가 와도 동일하게 표기합니다.

▶ 화살표(Arrow)

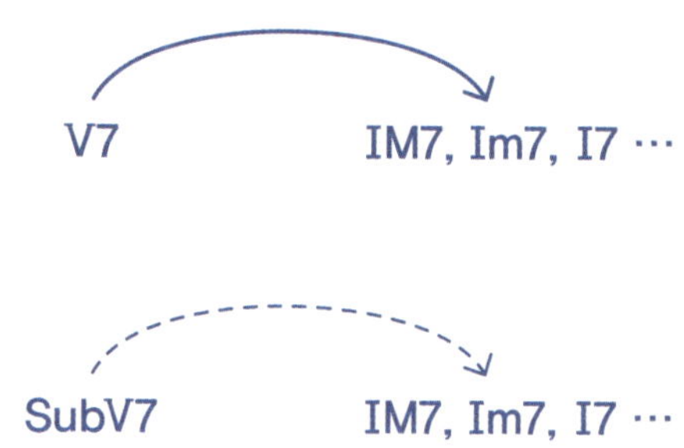

- 도미넌트가 완전5도로 하행할 때(V-I) 전부 실선으로 화살표 표시를 해 줍니다. 괄호와 다른 점은 화살표가 향하는 타깃 코드의 종류가 정해져 있지 않다는 것과 도미넌트가 나온 직후의 코드가 아닌 하나 이상의 코드를 건너뛰었더라도, 완전5도로 하행한 경우에는 화살표가 향할 수 있다는 점입니다.(ex. V7　IVM7　IM7)

- 괄호와 마찬가지로 SubV7의 사용으로 도미넌트가 완전5도가 아닌 반음 하행하여 타깃 코드로 진행한 경우에는 실선이 아닌 점선으로 표기합니다. 도미넌트 세븐 코드가 나오면 어디로든 화살표가 무조건 나가서 타깃 코드로 해결된다고 생각하면 됩니다.

문제풀이　다음 빈칸에 들어갈 코드 이름을 써보세요.

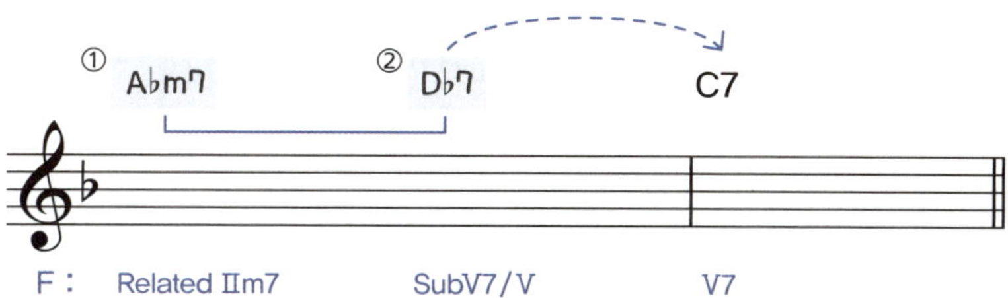

위 악보에서 유일하게 코드 이름이 나와 있는 C7부터 거꾸로 올라가보면 C7에 점선으로 화살표가 향하기 때문에 ②에는 C7으로부터 반음 높은 SubV7이 와야 한다는 것을 알 수 있습니다. 그러므로 ②는 Db7이 되고 ①과 ② 사이에 실선 괄호가 있기 때문에 ①에는 Db7의 Related IIm7, 즉 Abm7이 와야 합니다.

✏ 개념 CHECK 06　다음 빈칸에 들어갈 코드 이름을 써보세요.

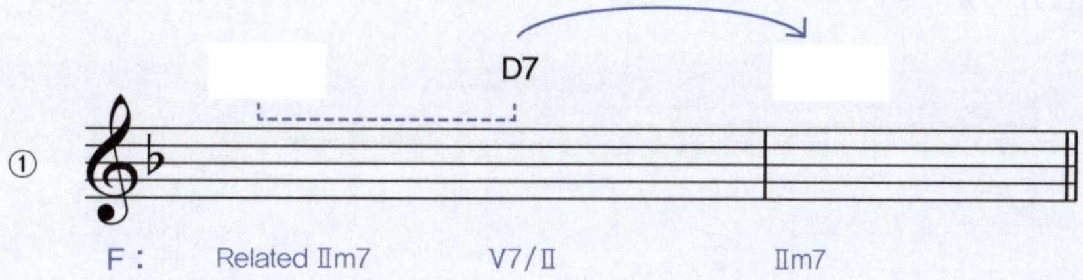

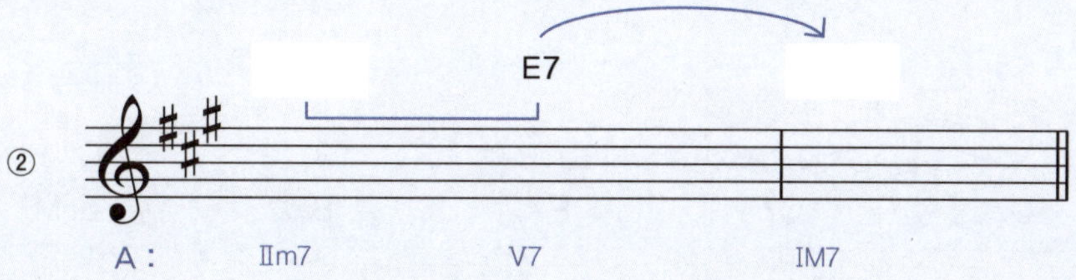

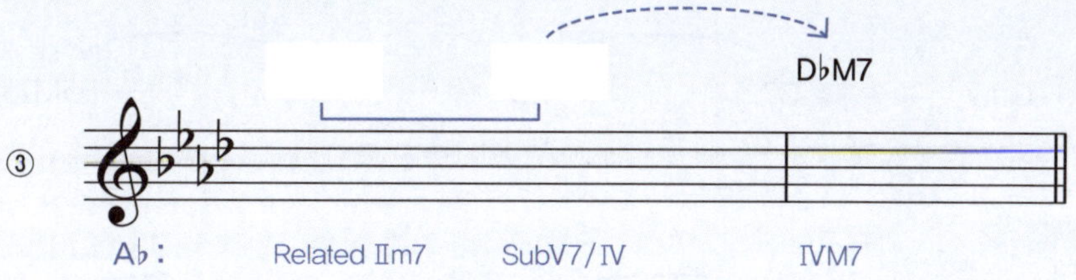

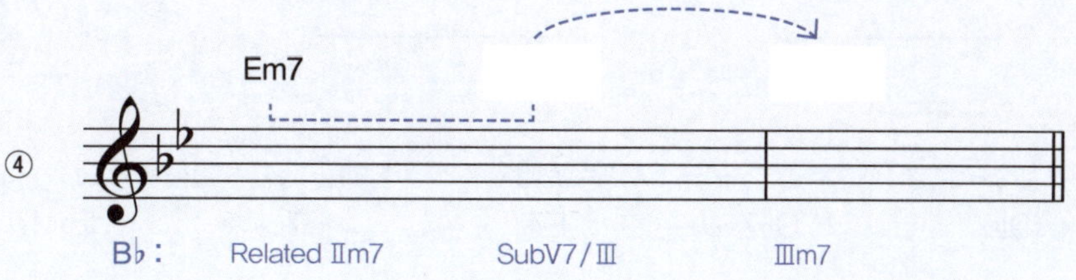

# FINISH CHECK

 **01** 다음 코드 중 같은 가이드 톤을 가지고 있는 코드끼리 짝지어 보세요.

G7 •   • F7

D7 •   • C7

B7 •   • D♭7

G♭7 •   • A♭7

 **02** 다음 중 익스텐디드 도미넌트가 사용된 코드 진행을 고르세요.

① G7 → C7 → F7 → B♭7 → E♭M7

② Gm7 C7 → Fm7 B♭7 → E♭M7

③ D♭m7 G♭7 → Bm7 E7 ⇢ E♭M7

④ D♭7 → G♭7 ⇢ F7 ⇢ E7 ⇢ E♭M7

 **03** 다음 코드 진행에 알맞은 분석 기호 중 도형 기호를 모두 표기해 보세요.

① 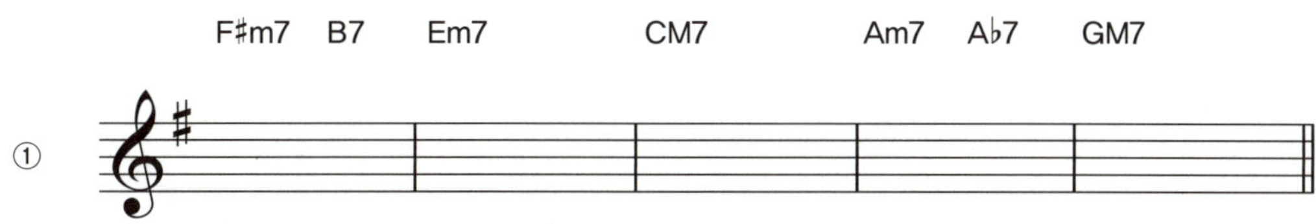

② 

③ 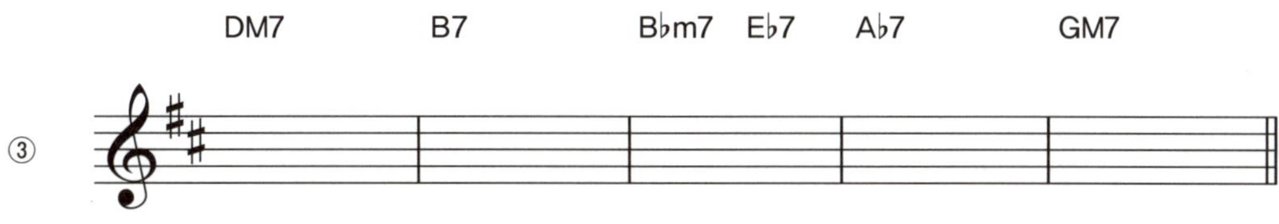

④ 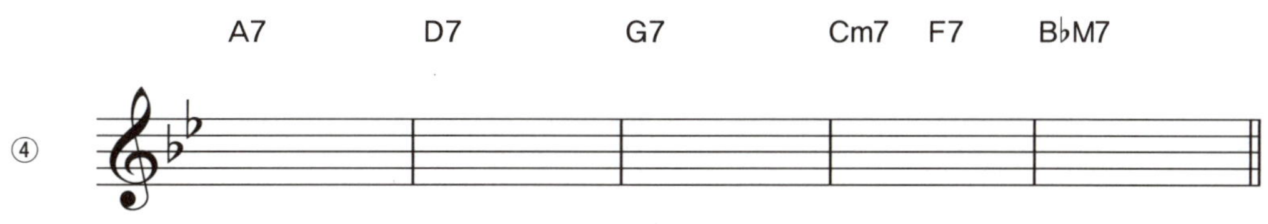

04 (   ) 안에 조표를 그리고 빈칸을 채워보세요.

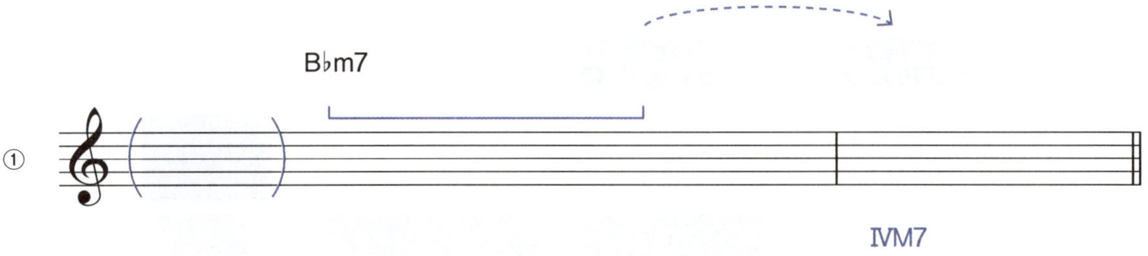

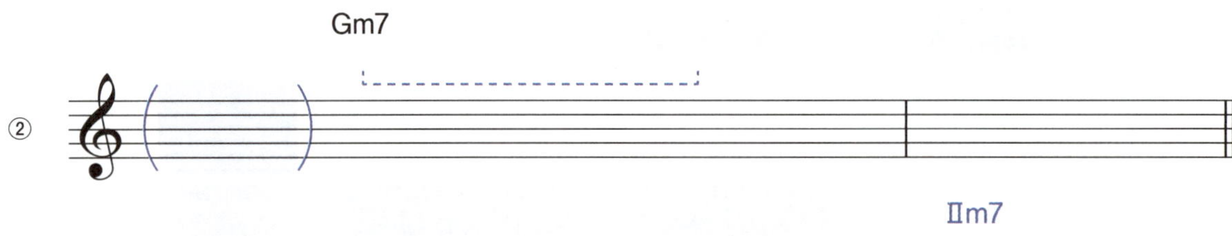

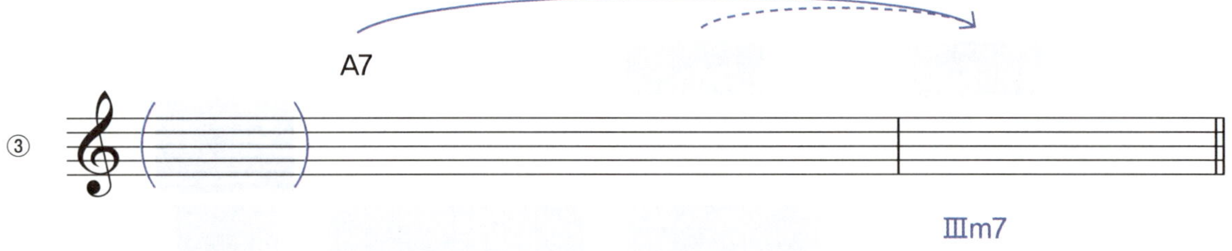

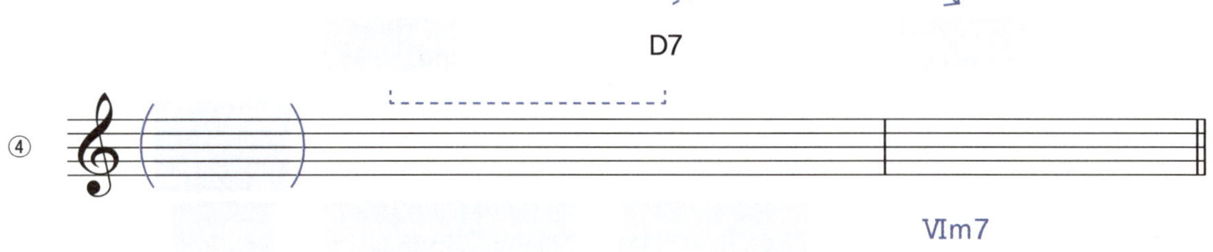

 05 다음 8마디 코드 진행의 빈칸에 들어갈 코드 이름을 써보세요.

①

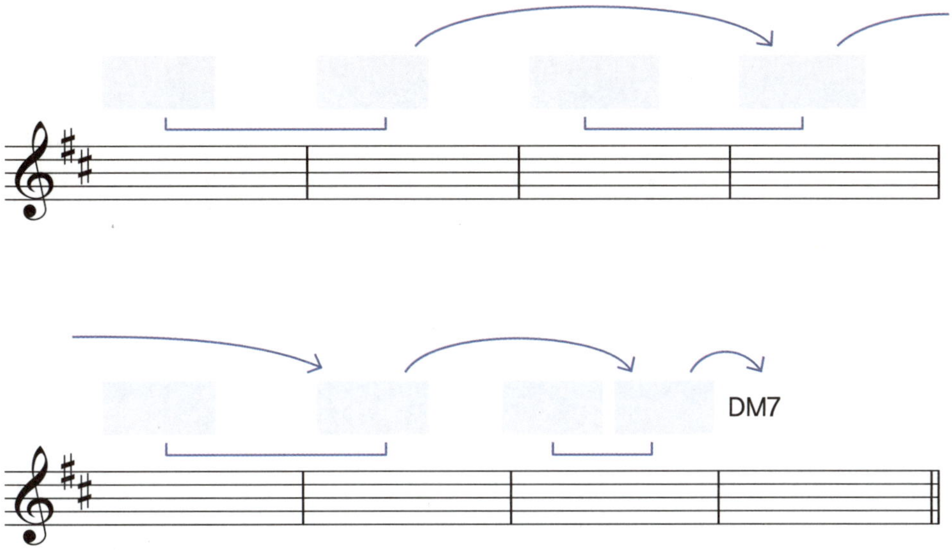

②

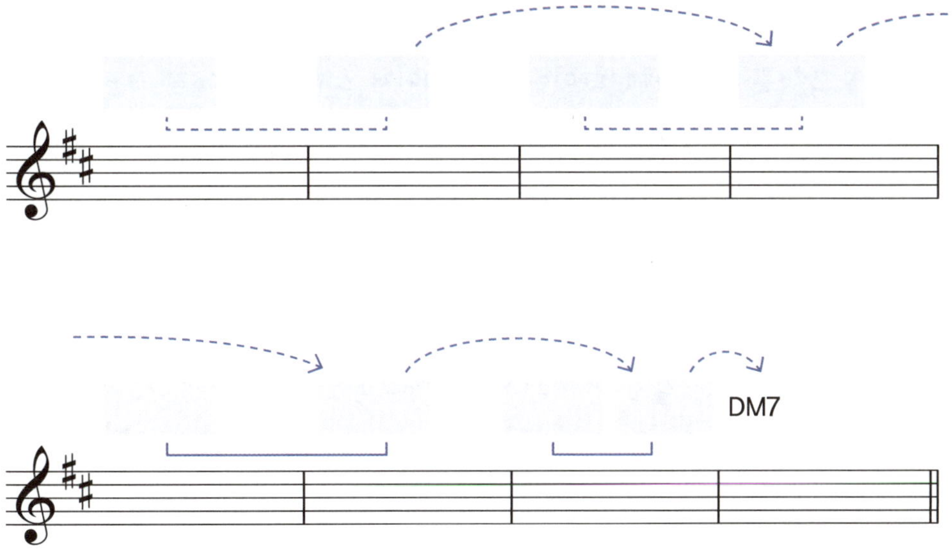

모드 (The Modes of the Major Scale)

Prologue...

드디어 모드 스케일의 세계로 들어왔다. "선생님 코드가 중요한가요? 아니면 스케일이 중요한가요? 무엇부터 먼저 공부하고 연습하는 것이 좋을까요?" 종종 이런 질문을 받는다. 이 질문은 항상 "닭이 먼저인가요? 달걀이 먼저인가요?"라는 질문을 생각하게 하곤 한다.

옛날 옛적에 꼬꼬댁이라는 음악을 사랑하는 시집간 암탉이 있었다. 꼬꼬댁은 매우 재능 있는 암탉이었고 아름다운 노래를 만드는 데 사용할 수 있는 음악적 알을 낳는 것을 좋아했다. 하지만 꼬꼬댁에게는 문제가 있었다. 그녀는 최고의 음악을 만들기 위해 어떤 알을 낳아야 할지 몰랐다. 어느 날 꼬꼬댁은 그녀에게 다이아토닉 메이저 스케일에 대해 가르쳐준 현명한 늙은 수탉을 만났다. 그는 스케일(Scale: 음계)이 음악적 계란을 만드는 비법과 같고, 각 모드(Mode: 선법)는 다른 종류의 음악을 만드는 데 사용할 수 있는 풍미와 같다고 설명했다.

그 후 꼬꼬댁은 온음계 메이저 스케일을 사용하여 음악적 알을 낳기 시작하게 되어 매우 기뻤다. 그녀는 크고 둥근 계란과 같은 아이오니안(Ionian) 모드로 시작했다. 그녀는 이 알을 낳자, 아름다운 소리를 내기 시작하였다. 다음으로 꼬꼬댁은 도리안(Dorian) 모드를 시도했는데, 이것은 독특한 풍미를 더해주는 약간의 추가 노트가 있어 더 매콤한 계란과 같았다. 그녀는 이 알을 낳았고 정말 멋지고 재즈적인 소리를 냈다.

마지막으로 꼬꼬댁은 몇 개의 음만 있는 아주 작은 달걀과 같은 프리지안(phrygian) 모드를 시도했는데 이것은 작았지만, 에너지와 강도가 컸다. 그녀는 이 알을 낳았고 닭장에 있는 모든 닭이 신이 나서 춤을 추기 시작했다. 이렇듯 암탉 꼬꼬댁 같이 온음계 메이저 스케일을 사용하면 여러 가지 풍미와 품질을 가진 다양한 종류의 음악적 알(Chord: 화음)을 낳을 수 있다. 각 모드는 음악 레시피(progression: 진행)를 만드는 데 사용할 수 있는 다양한 유형의 계란과 같으며 가능성은 무한한 것이다.

다시 닭이 먼저냐 달걀이 먼저냐의 문제로 돌아가서, 마찬가지로 음악이론에 관해 스케일이 먼저일까 아니면 코드가 먼저일까 생각해 본다. 과연 어느 것이 더 먼저고, 중요할까?

첫 번째 질문에 답하기 위한 과학적인 대답은 알이 먼저 나왔다는 것이다. 진화론적으로 알은 닭이 아닌 새(조류)가 낳은 것이기 때문이다. 그러나 음악 이론의 맥락에서 우리는 음계와 화음 모두 똑같이 중요하며 차등을 둘 수 없는 동등한 관계로 얽혀져 있다고 본다. 그것은 마치 우리가 만들고자 하는 집의 설계도와 견고하게 쌓을 수 있는 벽돌일 수도 있고, 씨앗과 나무의 경우, 혹은 뼈와 근육과도 비슷하다고 할 수 있다. 이것은 모두가 상호 보완적이며 서로가 있어야 존재할 수 있는 불가분의 관계를 뜻한다.

10 모드(The Modes of the Major Scale)

1. 모드의 종류

메이저 스케일에서 각 음으로 시작하는 7개의 스케일을 말하며, 스케일마다 온음과 반음의 배열이 다른 특징이 있습니다. 우리나라말로 선법이라고도 하며 중세 교회 음악에서 주로 사용된 7가지 종류의 교회 선법(Church Mode)에 유래를 두고 있습니다.

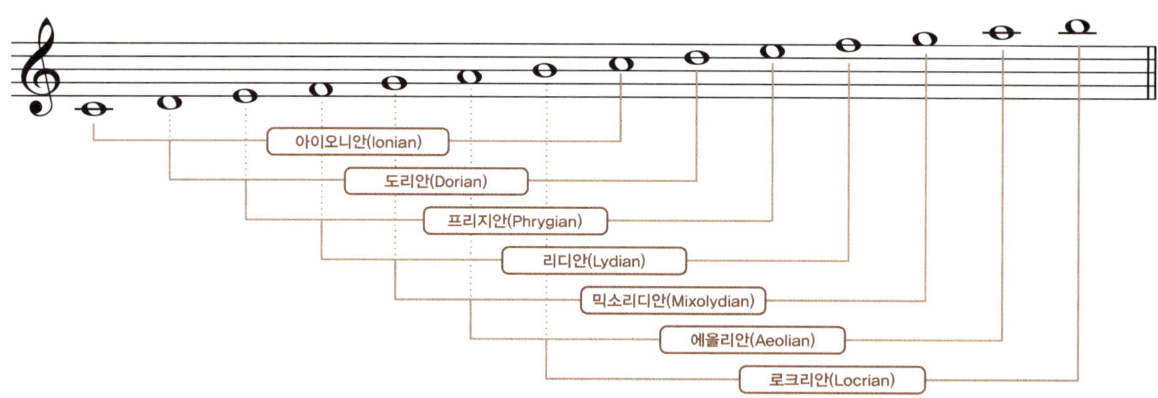

한눈에 보는 모드 스케일

① 아이오니안(Ionian)

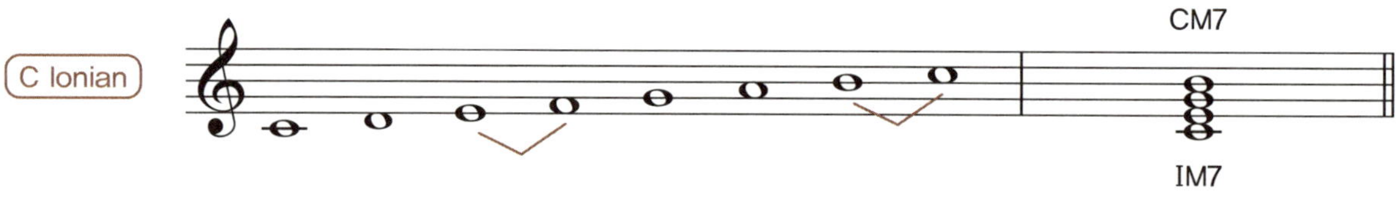

3−4음과 7−8음이 반음인 스케일로 장음계와 동일한 구조를 가지고 있으며 IM7에서 사용됩니다.

② 도리안(Dorian)

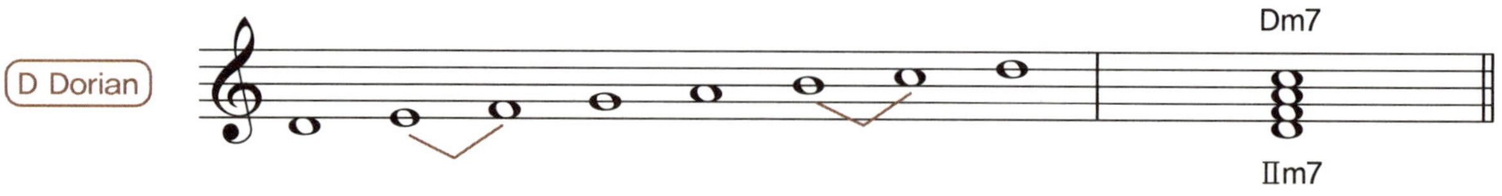

2−3음과 6−7음이 반음인 스케일로 IIm7에서 사용됩니다.

③ 프리지안(Phrygian)

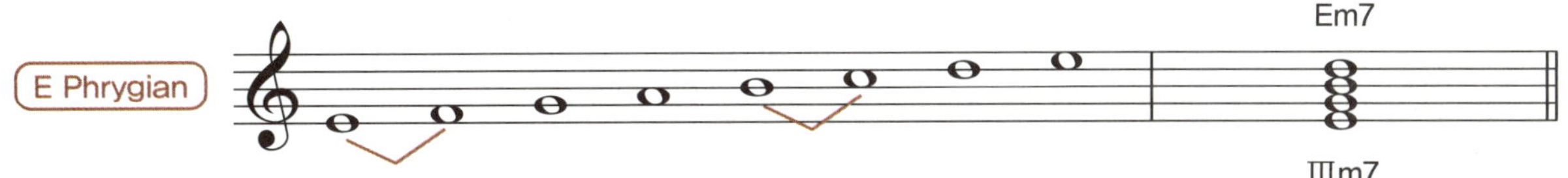

1-2음과 5-6음이 반음인 스케일로 **IIIm7**에서 사용됩니다.

④ 리디안(Lydian)

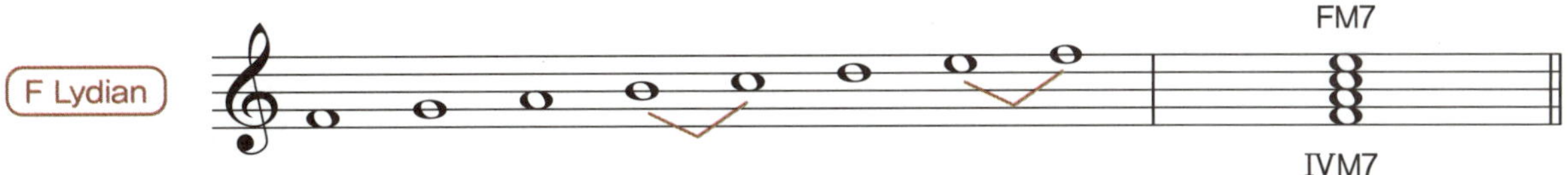

4-5음과 7-8음이 반음인 스케일로 **IVM7**에서 사용됩니다.

⑤ 믹소리디안(Mixolydian)

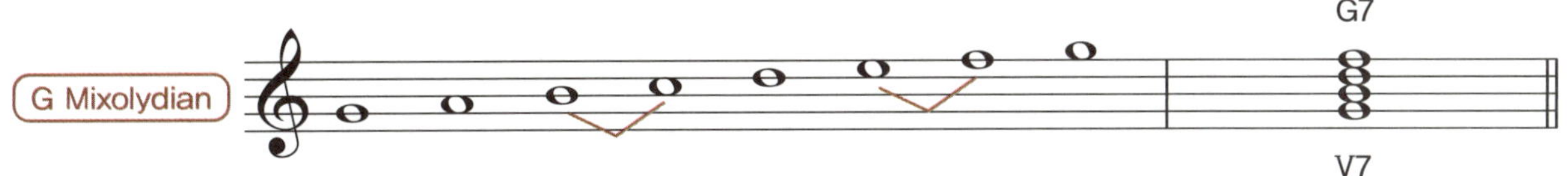

3-4음과 6-7음이 반음인 스케일로 **V7**에서 사용됩니다.

⑥ 에올리안(Aeolian)

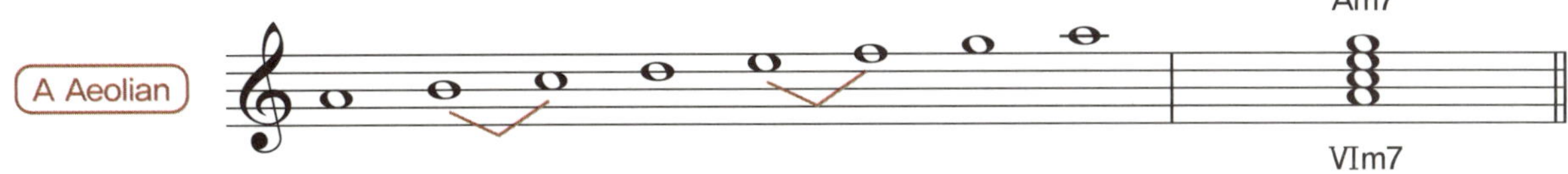

2-3음과 5-6음이 반음인 스케일로 자연단음계와 동일한 구조를 가지고 있으며 **VIm7**에서 사용됩니다.

⑦ 로크리안(Locrian)

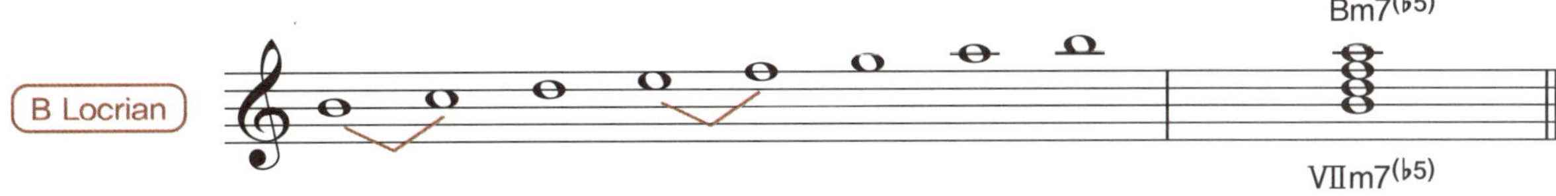

1-2음과 4-5음이 반음인 스케일로 **VIIm7(♭5)**에서 사용됩니다.

Chapter 10

Q 다른 조성의 모드와 다이아토닉 코드를 찾는 방법이 궁금해요.

다이아토닉 코드와 모드 문제 풀 때 Tip! 무조건 맞는 방법!

① 조표를 사용해서 찾고 싶은 조성의 메이저 스케일을 그린다.
② 스케일 위로 화성을 3도씩 쌓아 올린다.
③ 도수가 맞는지 확인하며 코드를 분석하여 적어준다.

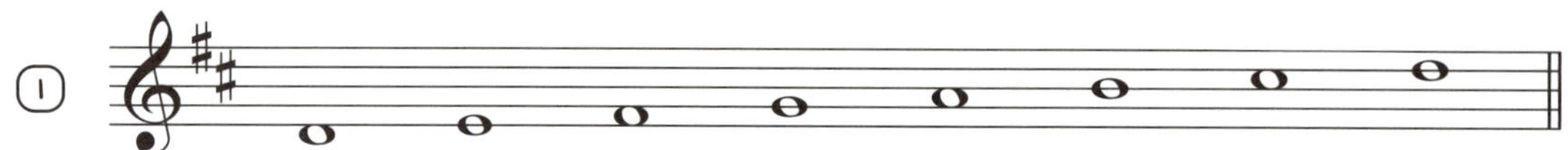

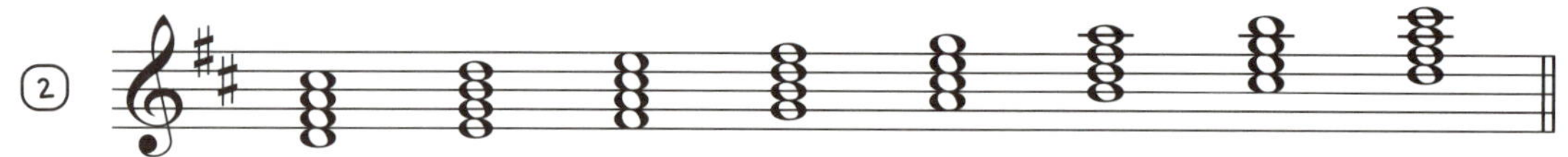

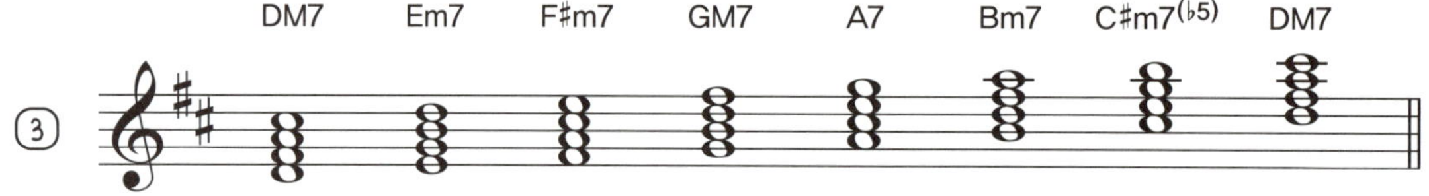

D Major Diatonic 7th Chord에서
나올 수 있는 모드 스케일

- DM7 : D Ionian
- Em7 : E Dorian
- F#m7 : F# Phrygian
- GM7 : G Lydian
- A7 : A Mixolydian
- Bm7 : B Aeolian
- C#m7(♭5) : C# Locrian

이렇게 나오므로 모드는 어떤 조성이든 관계없이
아래의 규칙을 가지게 됩니다.

- ▶ IM7 : Ionian
- ▶ IIm7 : Dorian
- ▶ IIIm7 : Phrygian
- ▶ IVM7 : Lydian
- ▶ V7 : Mixolydian
- ▶ VIm7 : Aeolian
- ▶ VIIm7(♭5) : Locrian

* 모든 Key로 다이아토닉을 그리고 코드와 스케일을 구할 수
  있어야 합니다. 스케일은 수평적인 것이고 코드는 수직적인
  것입니다.

개념 CHECK 01 제시하는 조성의 조표와 다이아토닉 코드를 모두 그린 후 빈칸을 채워보세요.

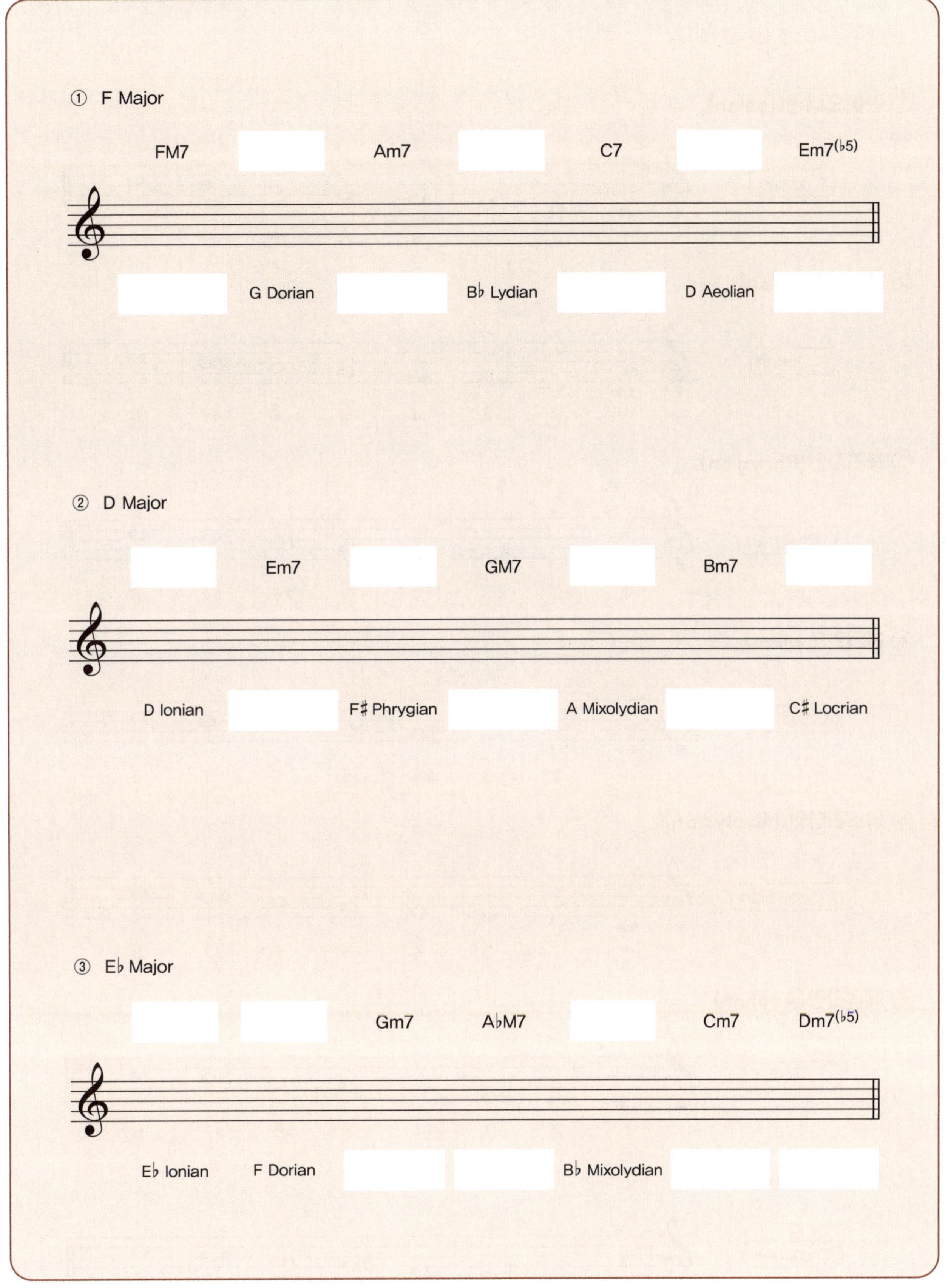

2. 모드 쉽게 구하는 법

모드를 조성과 관계없이 빠르게 구히려면 7기의 모드 스케일을 모두 동일한 으뜸음으로 두고 숫자를 매겨 넘버링된 번호를 외우는 것이 가장 쉬운 방법입니다. 숫자를 매기는 방식은 앞서 배웠듯이 메이저 스케일을 기준으로 두고 벗어나는 음에 임시표를 붙이면 됩니다.

① 아이오니안(Ionian)

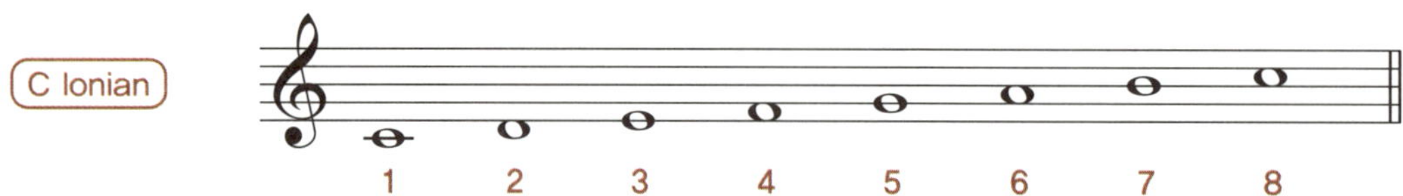

② 도리안(Dorian)

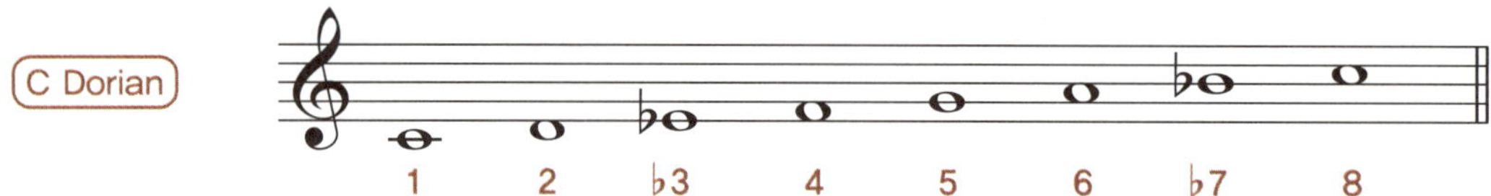

③ 프리지안(Phrygian)

④ 리디안(Lydian)

⑤ 믹소리디안(Mixolydian)

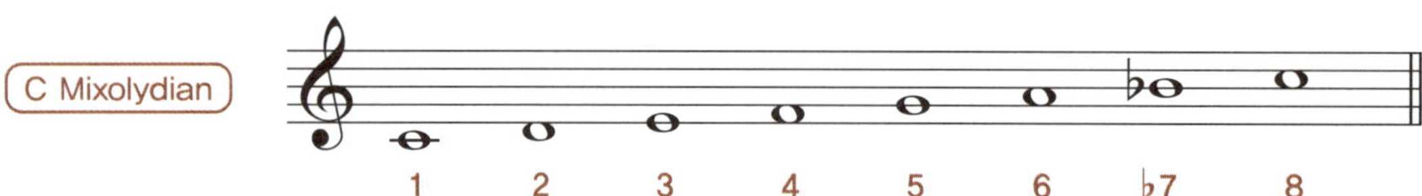

⑥ 에올리안(Aeolian)

⑦ 로크리안(Locrian)

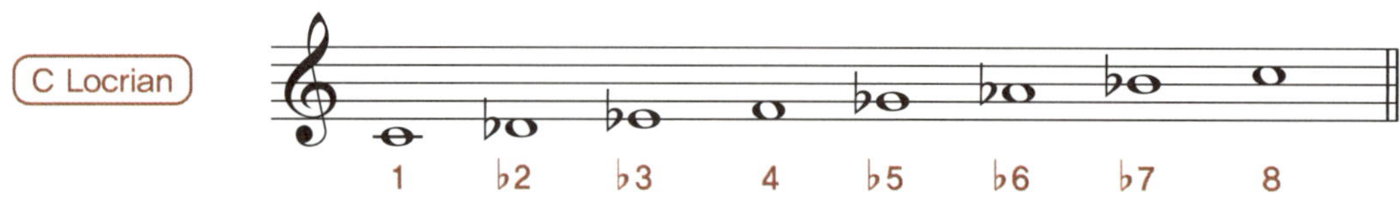

3. 캐릭터 노트(Character Note)

모드 스케일의 구성음 중 해당 모드의 특징을 나타내는 음을 말합니다.

① 메이저 모드(Major Modes)

아이오니안과 리디안 중 리디안의 #4가 특징이며 두 개의 모드를 비교했을 때 리디안이 더 밝습니다.

② 마이너 모드(Minor Modes)

도리안 – ♭3, 6, ♭7 / 에올리안 – ♭3, ♭6, ♭7 / 프리지안 – ♭2, ♭3, ♭6, ♭7 / 로크리안 – ♭2, ♭3, ♭5, ♭6, ♭7

③ 도미넌트 모드(Dominant Mode)

믹소리디안 – ♭7

문제풀이 임시표를 사용하여 제시하는 모드 스케일을 그려보세요.

E Dorian

① E Major 조성 및 음계 파악

② Dorian의 넘버링 파악

→ 1 - 2 - ♭3 - 4 - 5 - 6 - ♭7 - 8

③ E Major 음계에서 숫자 임시표 적용

정답은?

✏️ **개념 CHECK 02** 임시표를 사용하여 제시하는 모드 스케일을 그려보세요.

B♭ Aeolian

① B♭ Major 조성 및 음계 파악

② Aeolian의 넘버링 파악   ☐ - ☐ - ☐ - ☐ - ☐ - ☐ - ☐ - ☐

③ B♭ Major 음계에서 숫자 임시표 적용

FINISH CHECK

 **01** 빈칸에 제시하는 조성의 코드 진행에 사용할 수 있는 모드 스케일의 이름과 도수를 써보세요.

① E Major   F#m7   B7   EM7   AM7

도수	Ⅱm7			
모드	F# Dorian			

② A♭ Major   A♭M7   E♭7   Cm7   D♭M7

도수				
모드				

③ G Major   Em7   CM7   D7   GM7

도수				
모드				

④ D♭ Major   Fm7   G♭M7   Cm7(♭5)   D♭M7

도수				
모드				

02 제시하는 모드 스케일의 이름을 써보세요.

①

②
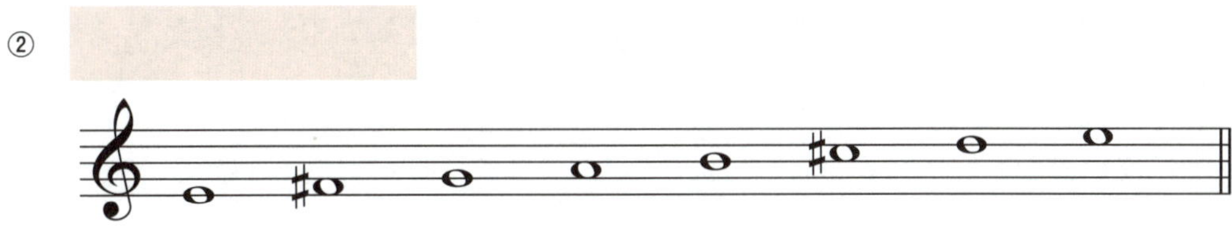

③

④
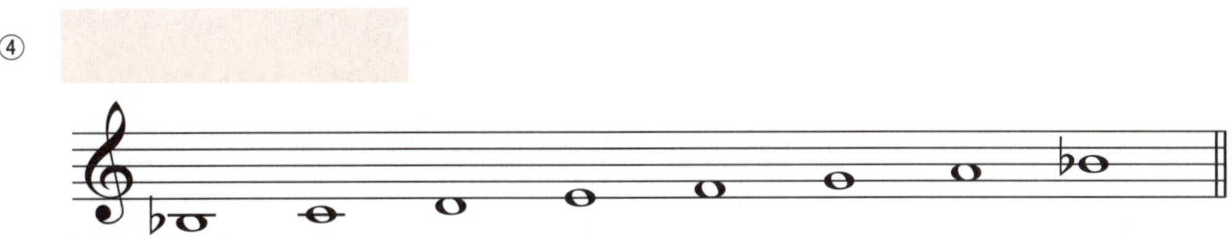

⑤
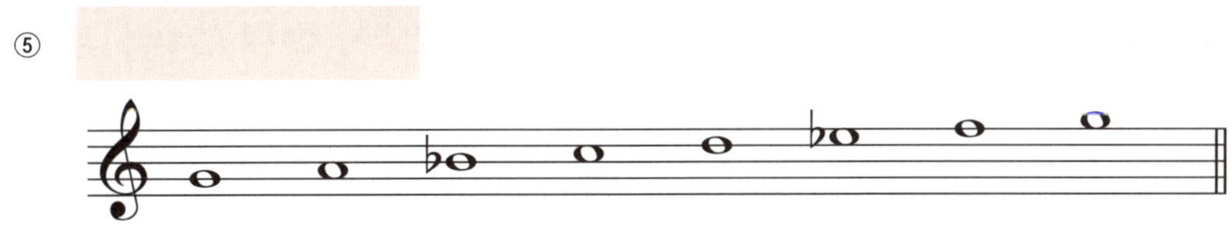

⑥
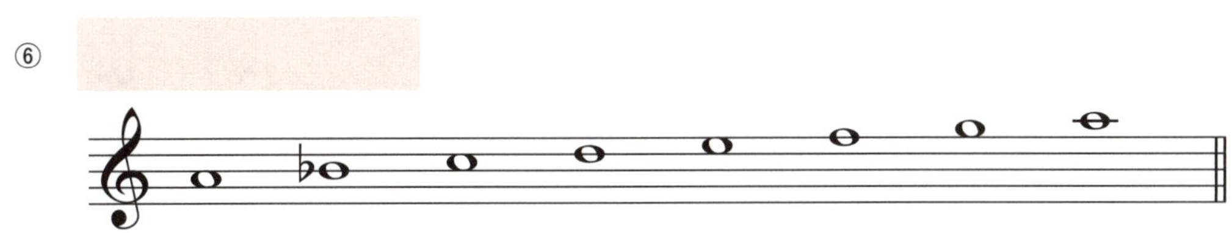

🟣 Epilogue

처음으로 출간하는 책이기에 걱정되는 마음 반, 설레는 마음 반으로 지금을 마주하게 됩니다.

책을 집필하는 동안 한 챕터씩 글을 쓰면서 상상했던 큰 그림, 재미있게 공부했던 내용들, 가르쳤던 학생들의 초롱초롱한 눈망울을 떠올리며 '아~ 정말 행복하다'라는 느낌을 지울 수 없었습니다.

재즈 화성학(혹은 실용음악 화성학)은 제목은 간단하지만, 책 한 권으로는 이해할 수 없을 만큼 단순한 주제는 아니고, 어떤 관점과 목적으로 풀어갈지에 따라 해설과 레퍼런스가 달라질 수 있는 범위가 넓은 학문이기에 모든 것을 담고 싶은 마음이 간절했습니다. 하지만 마음을 비우고 화성학을 처음 공부하는 사람들, 그리고 실용음악을 처음으로 접하는 분들에게 도움이 되고자 학습자의 입장에서 그들이 '뭘 알고 싶을까?' 혹은 '어떻게 도움을 줄 수 있을까?' 라는 마음을 중심에 두고 집필했습니다.

한 권의 책이 나올 때까지 이렇게 많은 분의 노고와 응원이 필요한지를 깨닫는 경이로운 감사의 시간을 보냈습니다. 먼저 여러 가지로 애써주신 세광음악출판사에 깊은 감사를 드립니다. 그리고 저에게 화성학 수업을 들었던 모든 학생들에게도 감사합니다. 코로나 팬데믹을 지나면서도 초롱초롱한 눈으로 수업에 임했던 학생들의 열의가 없었다면 이 책은 결코 나오지 못했을 것입니다. 누구보다도 묵묵히 도와주는 남편과 책을 쓰는 엄마를 응원해 준 사랑하는 두 아들 태윤, 승현에게 감사합니다. 그리고 늘 함께 해주었던 우주엄마, June Lee, 홍유진 선생님, 정미영 선생님, 그리고 응원과 충고를 아끼지 않으셨던 이정선 교수님께도 감사드립니다.

음악 안에서 행복과 평안이 가득하시길 바랍니다.
사랑합니다.

저자 배장은

모범 답안

Chapter 01 기초 악전(The Music Fundamentals)

개념 CHECK 01   P 15

① 레, D / 라, A / 솔, G / 시, B / 미, E

② 도, C / 파, F / 미, E / 라, A / 레, D

③ 시, B / 솔, G / 레, D / 도, C / 미, E

개념 CHECK 02   P 17

온음 / 반음 / 온음 / 반음

개념 CHECK 03   P 19

① $\dfrac{2}{4}$ ② $\dfrac{6}{8}$ ③ $\dfrac{3}{4}$ ④ $\dfrac{9}{8}$ ⑤ $\dfrac{4}{4}$ ⑥ $\dfrac{12}{8}$

개념 CHECK 04   P 20

① 3   ② 3 / 4   ③ 3 / 3

개념 CHECK 05   P 22

① 1 → 2 → 3 → 4 → 2 → 5 → 6

② 1 → 2 → 3 → 4 → 5 → 6 → 1 → 2

③ 1 → 2 → 3 → 4 → 5 → 6 → 2 → 5

FINISH CHECK   P 23 ~ 25

01

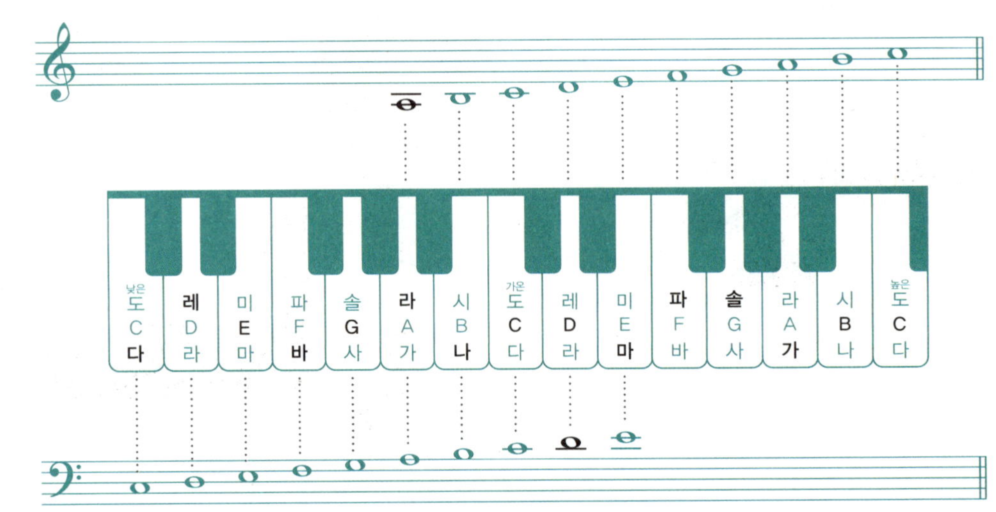

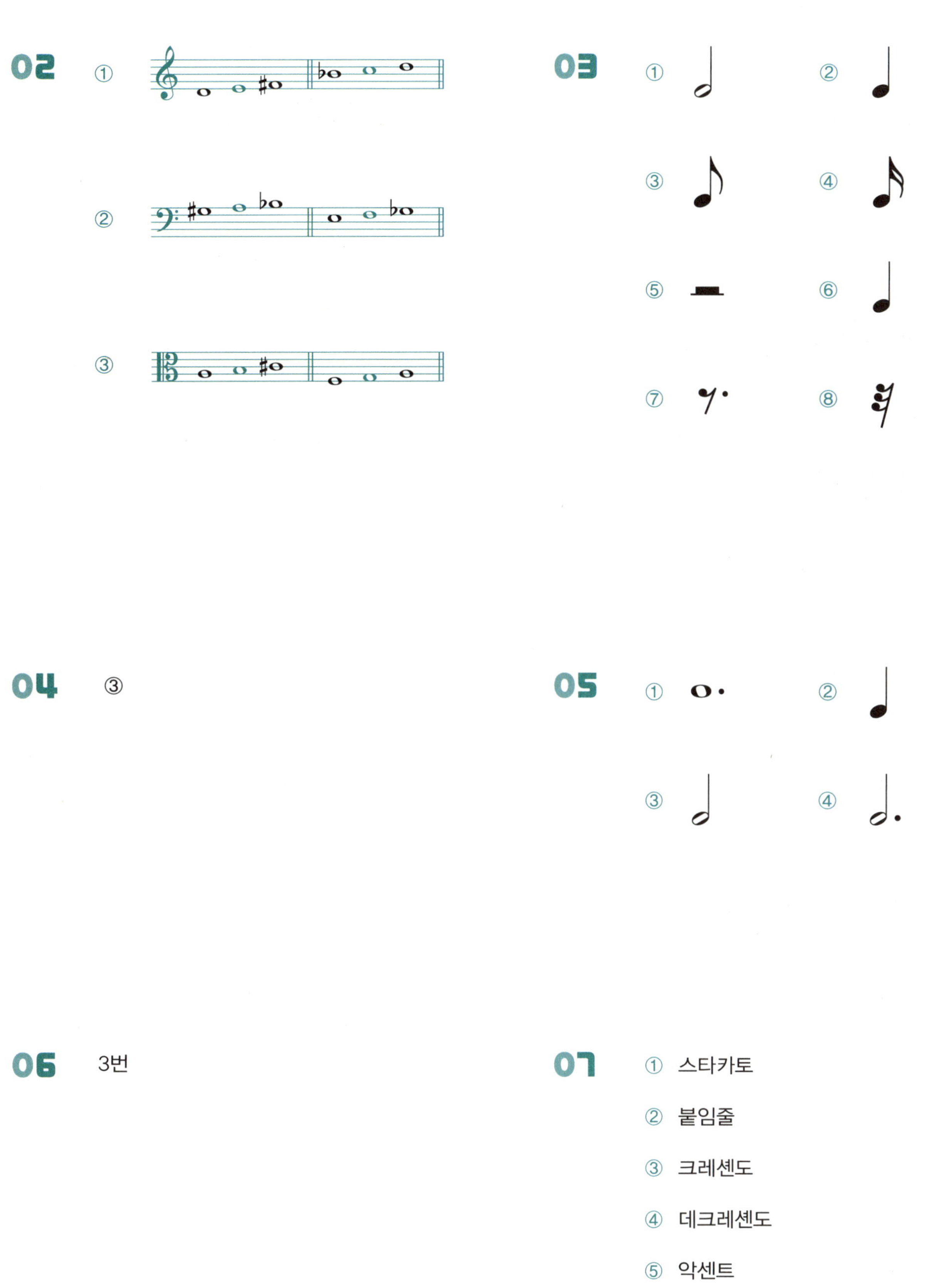

02

03

04 ③

05

06 3번

07
① 스타카토
② 붙임줄
③ 크레셴도
④ 데크레셴도
⑤ 악센트
⑥ 늘임표

개념 CHECK 01
P 29

① 6도 / 4도 / 2도 / 5도
② 3도 / 1도 / 7도 / 8도
③ 5도 / 3도 / 2도 / 7도

개념 CHECK 02
P 29

① 5도 / 4도 / 6도 / 9도
② 3도 / 7도 / 11도 / 2도
③ 8도 / 5도 / 10도 / 4도

개념 CHECK 03
P 32

① 완전4도 / 완전5도 / 장2도 / 장3도   ② 장7도 / 완전5도 / 완전4도 / 장6도

개념 CHECK 04
P 33

①-② 5도   ①-③ 반음 1개, 완전5도   ①-④ 완전5도, −1, 감5도
②-② 3도   ②-③ 반음 1개, 단3도   ②-④ 단3도, +1, 장3도

개념 CHECK 05
P 35

①-② 4도   ①-③ 반음 1개, 완전4도   ①-④ 완전4도, +1, +1, +2, 겹증4도
②-② 4도   ②-③ 반음 1개, 완전4도   ②-④ 완전4도, +1, −1, 0, 완전4도

FINISH CHECK

P 36 ~ 37

01

① 증4도 / 장7도 / 완전4도 / 단3도 / 완전4도 / 단6도

② 증8도 / 장6도 / 단2도 / 단6도 / 완전5도 / 증8도

③ 단6도 / 증2도 / 단7도 / 장7도 / 완전4도 / 단7도

④ 장3도 / 단7도 / 증5도 / 장6도 / 감5도 / 단6도

⑤ 완전5도 / 완전5도 / 장6도 / 장7도 / 장2도 / 단7도

⑥ 완전8도 / 단2도 / 단6도 / 단7도 / 증4도 / 장7도

02

①

②

③

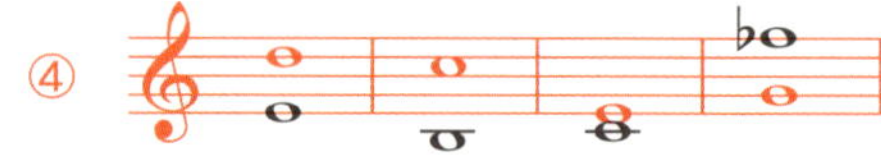

④

Chapter 03

12음과 5도권 (The Circle of Fifth)

개념 CHECK 01 [P 44]

① G ② A ③ B
④ C# ⑤ D# ⑥ E#(F)

개념 CHECK 02 [P 44]

① C ② B♭ ③ A♭
④ G♭ ⑤ E ⑥ D
⑦ # ⑧ ♭

개념 CHECK 03 [P 45]

Ⅱ	Ⅴ	Ⅰ
D	G	C
G	C	F
C	F	B♭
F	B♭	E♭
B♭	E♭	A♭
E♭	A♭	D♭
A♭	D♭	G♭
C#	F#	B
F#	B	E
B	E	A
E	A	D
A	D	G

FINISH CHECK [P 46 ~ 47]

01

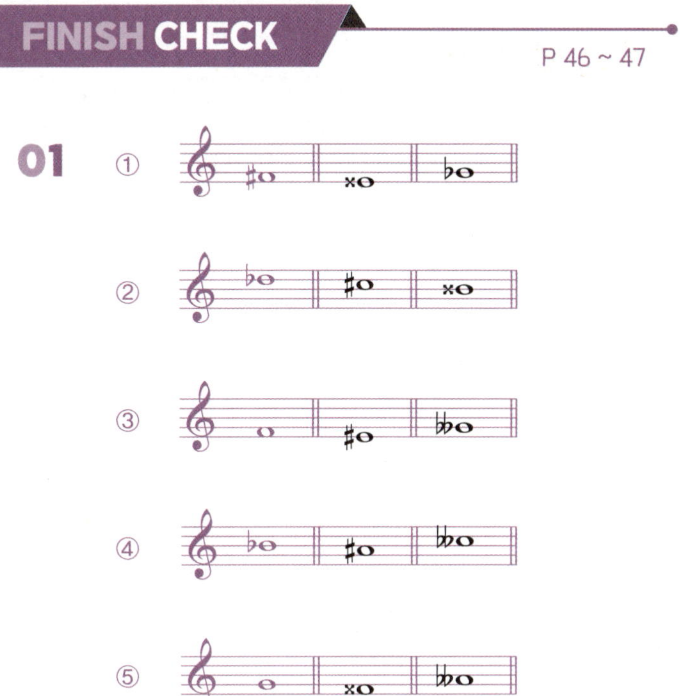

02 C → G → D → A → E → B → F# → C# → G# → D# → A# → E#(F) → C

03 C → F → B♭ → E♭ → A♭ → D♭ → G♭ → B → E → A → D → G → C

04 ① B♭ ② A ③ B♭ ④ C ⑤ E ⑥ G

개념 CHECK 01 P 51

개념 CHECK 02 P 53

개념 CHECK 03 P 55

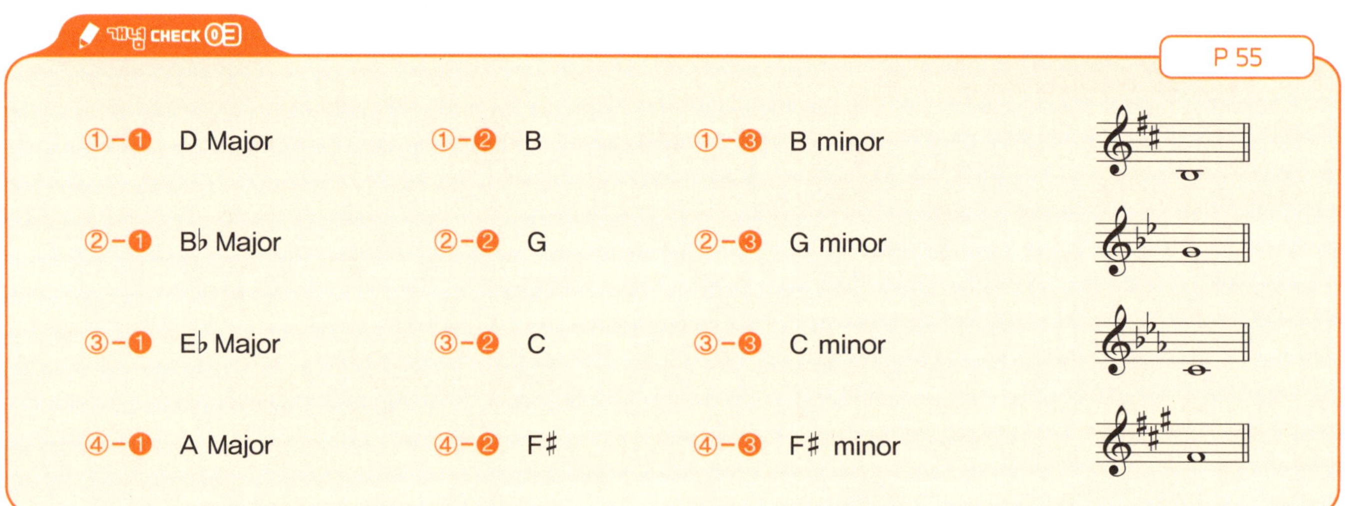

FINISH CHECK P 56 ~ 57

01　① FM / DM / A♭M / EM　② E♭M / G♭M / AM / B♭M

02　① Dm / Bm / Fm / C♯m　② Cm / E♭m / F♯m / Gm

03

04

개념 CHECK 01 P 63

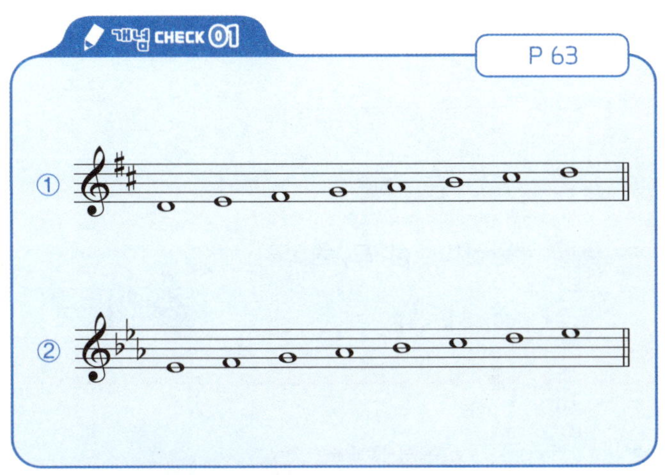

개념 CHECK 02 P 63

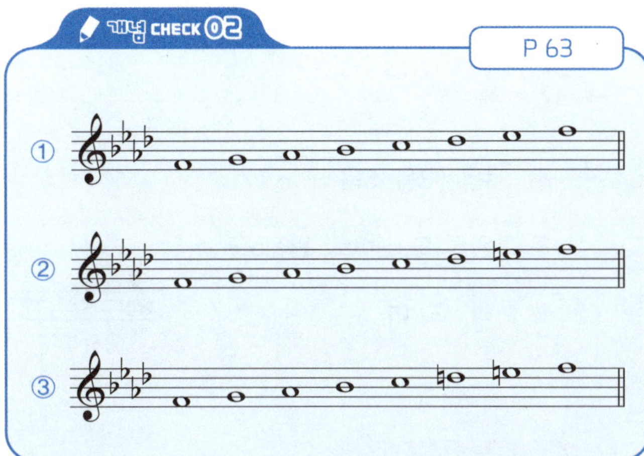

개념 CHECK 03 P 64

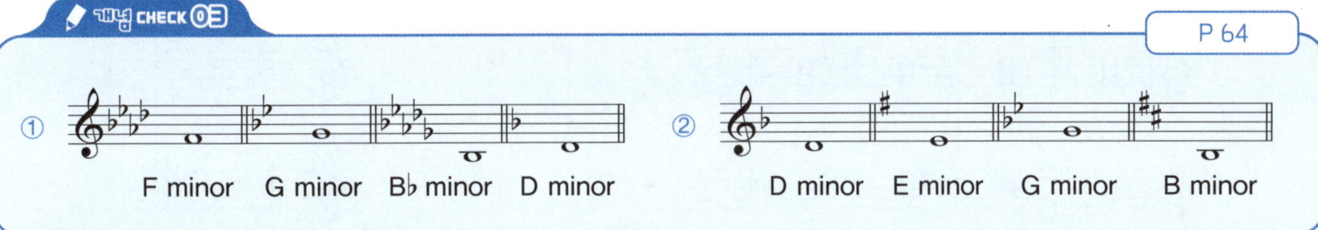

FINISH **CHECK**

P 66 ~ 69

01

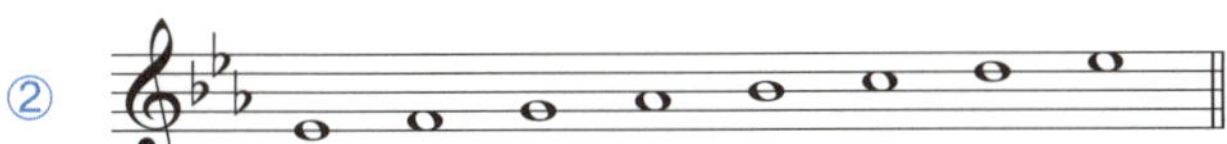
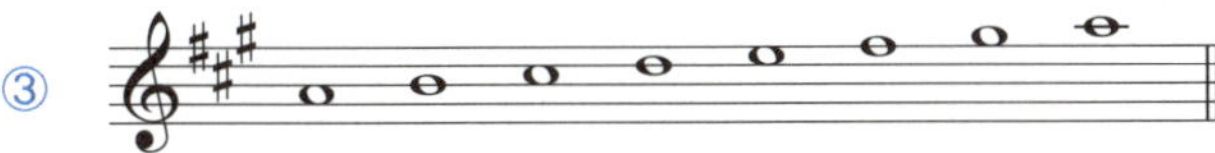
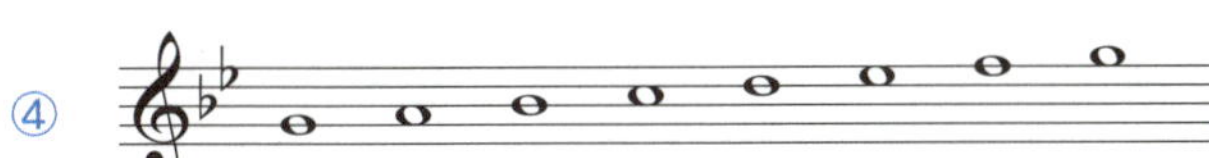

03

02

04

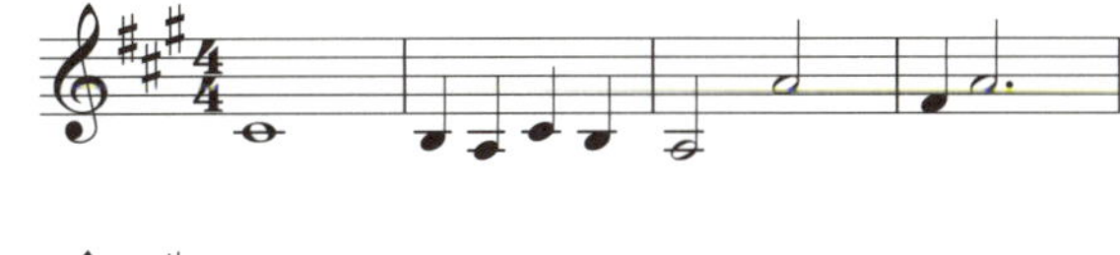

Chapter 06 코드: 3화음과 4화음 (Chords: Triads and 7th Chords)

개념 CHECK 01 P 73

①-❶ 1음, ♭3음, 5음

①-❷ 완전1도, 단3도, 완전5도

①-❸ 라, 도, 미

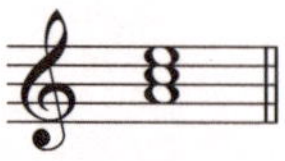

②-❶ 1음, 3음, #5음

②-❷ 완전1도, 장3도, 증5도

②-❸ 솔, 시, 레#

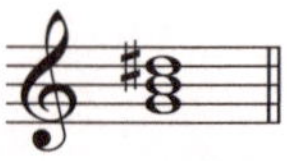

개념 CHECK 02 P 75

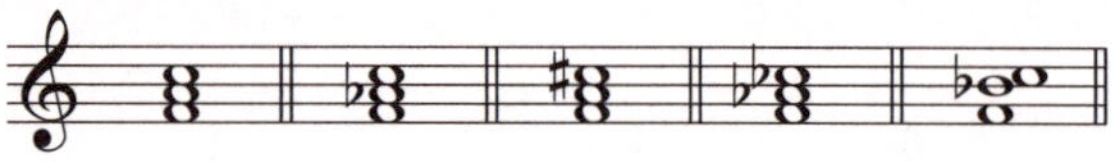

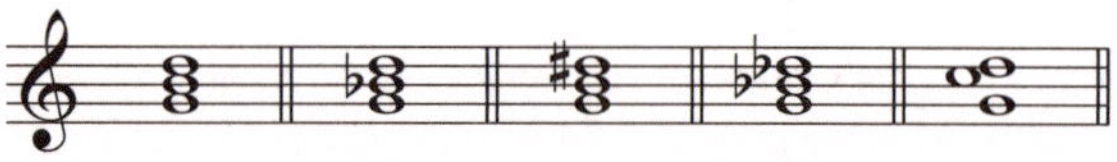

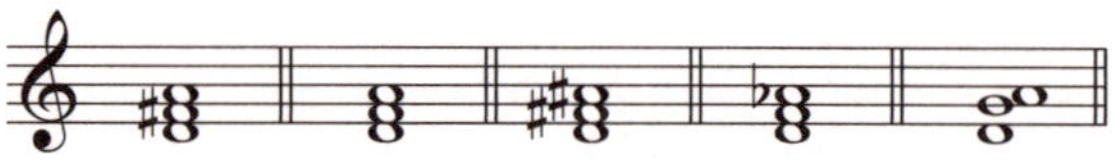

개념 CHECK 03 P 75

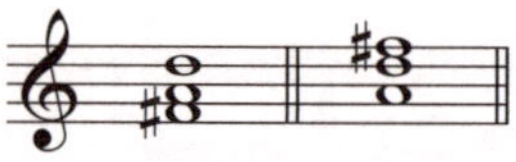

개념 CHECK 04 P 76

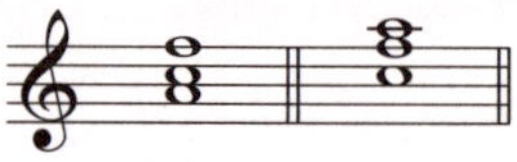

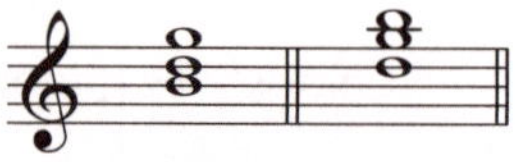

①-❶ 솔, 시♭, 레

①-❷ 시♭, 레, 솔

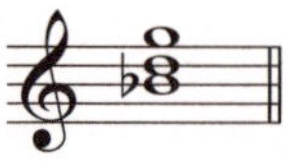

②-❶ 레, 파#, 라

②-❷ 라, 레, 파#

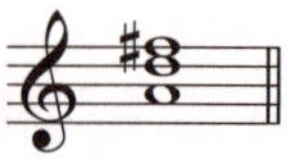

③-❶ 파, 라, 도

③-❷ 라, 도, 파

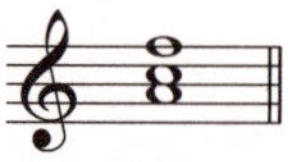

개념 CHECK 05 P 77

①-❶ 도, 미♭, 라♭

①-❷ 라♭, 도, 미♭

①-❸ A♭/C

②-❶ 파, 라, 레

②-❷ 레, 파, 라

②-❸ Dm/F

③-❶ 시, 레, 솔

③-❷ 솔, 시, 레

③-❸ G/B

FINISH CHECK

P 82 ~ 87

01

02

① Bm / E / Adim / Dsus4   ② Caug / Gdim / F# / E♭

③ Bsus4 / A / G#m / A♭   ④ Fdim / D♭m / Cdim / Aaug

03

04

05

① Gm/B♭   Cm/E♭   A♭/E♭   A/C#   ② E/G#   Bm/F#   D/A   A♭aug/E

③ B/F#   C#dim/G   E/B   B♭/D   ④ Em/G   Adim/E♭   A/E   Bm/D

06

07

① Dm7 / Cm7$^{(♭5)}$ / B♭m7 / G#m7   ② FM7$^{(♯5)}$ / Adim7 / EM7$^{(♯5)}$ / D♭M7

③ C#7 / G♭M7 / Cm7 / BmM7   ④ A♭7 / E♭m7 / F#dim7 / C#m7

Chapter 07 텐션(Tensions)

P 92

P 93

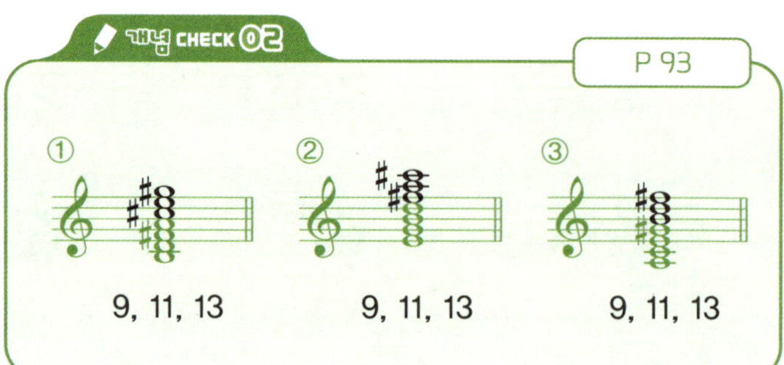

P 94

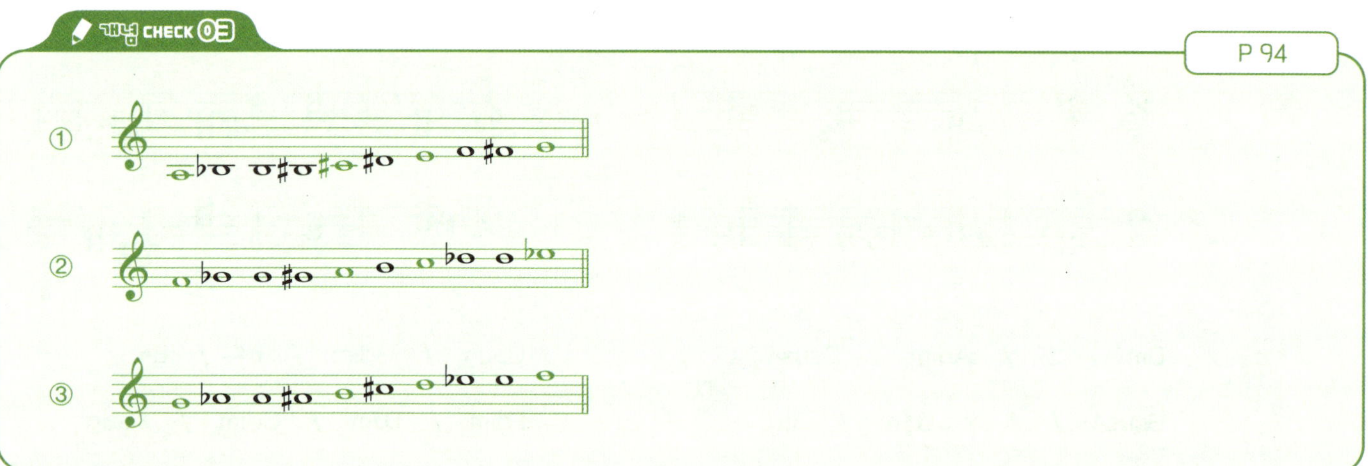

P 98

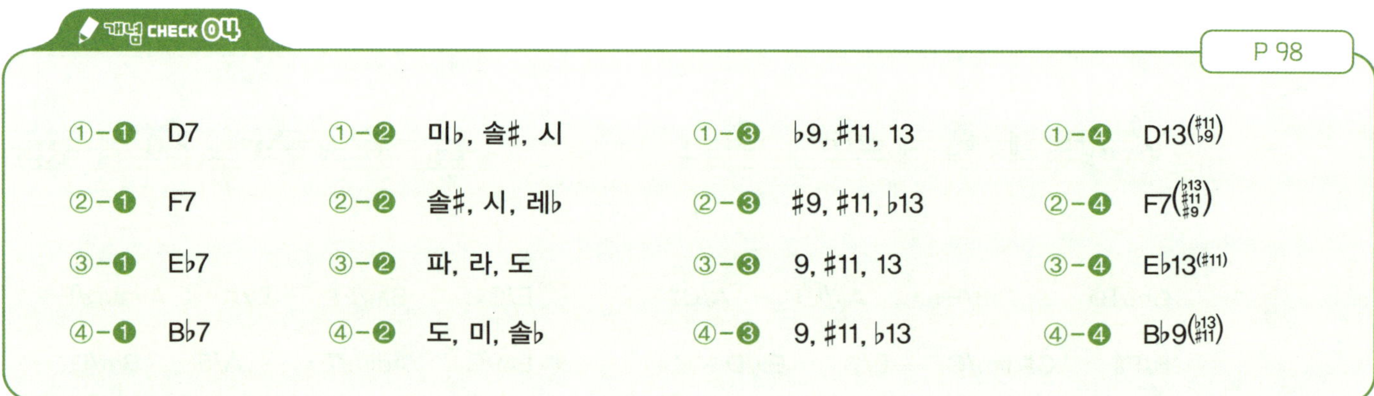

①-❶ D7	①-❷ 미♭, 솔#, 시	①-❸ ♭9, #11, 13	①-❹ D13$\binom{\#11}{\flat9}$
②-❶ F7	②-❷ 솔#, 시, 레♭	②-❸ #9, #11, ♭13	②-❹ F7$\binom{\flat13}{\substack{\#11\\\#9}}$
③-❶ E♭7	③-❷ 파, 라, 도	③-❸ 9, #11, 13	③-❹ E♭13$^{(\#11)}$
④-❶ B♭7	④-❷ 도, 미, 솔♭	④-❸ 9, #11, ♭13	④-❹ B♭9$\binom{\flat13}{\#11}$

P 99

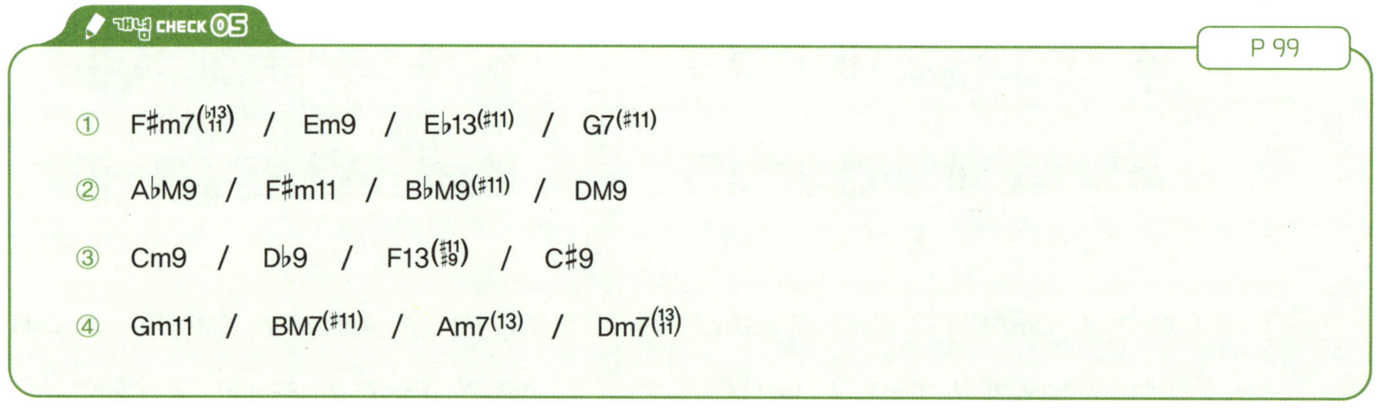

① F#m7$\binom{\flat13}{11}$ / Em9 / E♭13$^{(\#11)}$ / G7$^{(\#11)}$

② A♭M9 / F#m11 / B♭M9$^{(\#11)}$ / DM9

③ Cm9 / D♭9 / F13$\binom{\#11}{\#9}$ / C#9

④ Gm11 / BM7$^{(\#11)}$ / Am7$^{(13)}$ / Dm7$\binom{13}{11}$

FINISH **CHECK**

P 102 ~ 105

01
① 9, #11, 13　　② ♭9, 9, #9, #11, ♭13, 13　　③ 9, 11, ♭13　　④ 9, #11

⑤ 9, 11, 13　　⑥ 9, 11, 13　　⑦ 9, 13

02

03

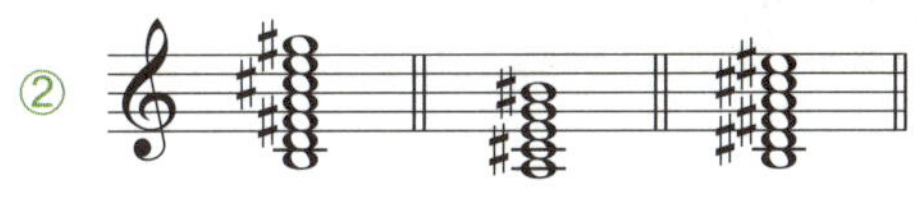

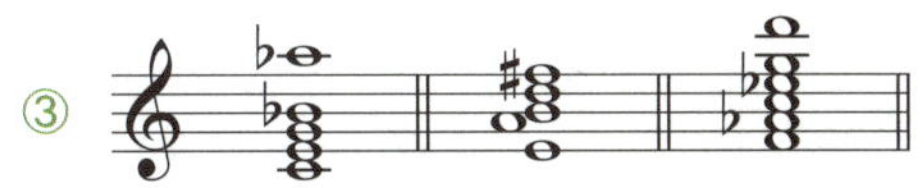

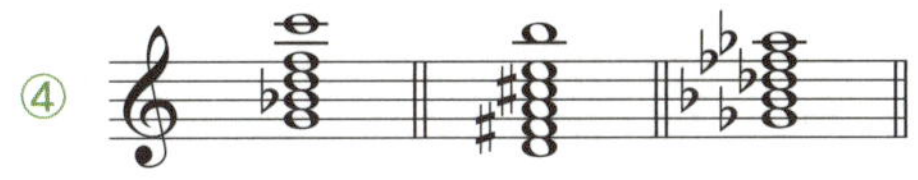

04
① AmM9　/　Dm11　/　Em9

② Fm9$^{(♭5)}$　/　Dm7$^{\binom{13}{11}}$　/　A♭7$^{\binom{13}{\#11}}$

③ E♭M9$^{(\#5)}$　/　B♭7$^{\binom{♭13}{\#11}}$　/　D7$^{(♭9)}$

④ D9sus4　/　Am9$^{(♭5)}$　/　EM7$^{(\#11)}$

개념 CHECK 01

P 109

③ G – Am – Bm – C – D – Em – F#dim

개념 CHECK 02

P 110

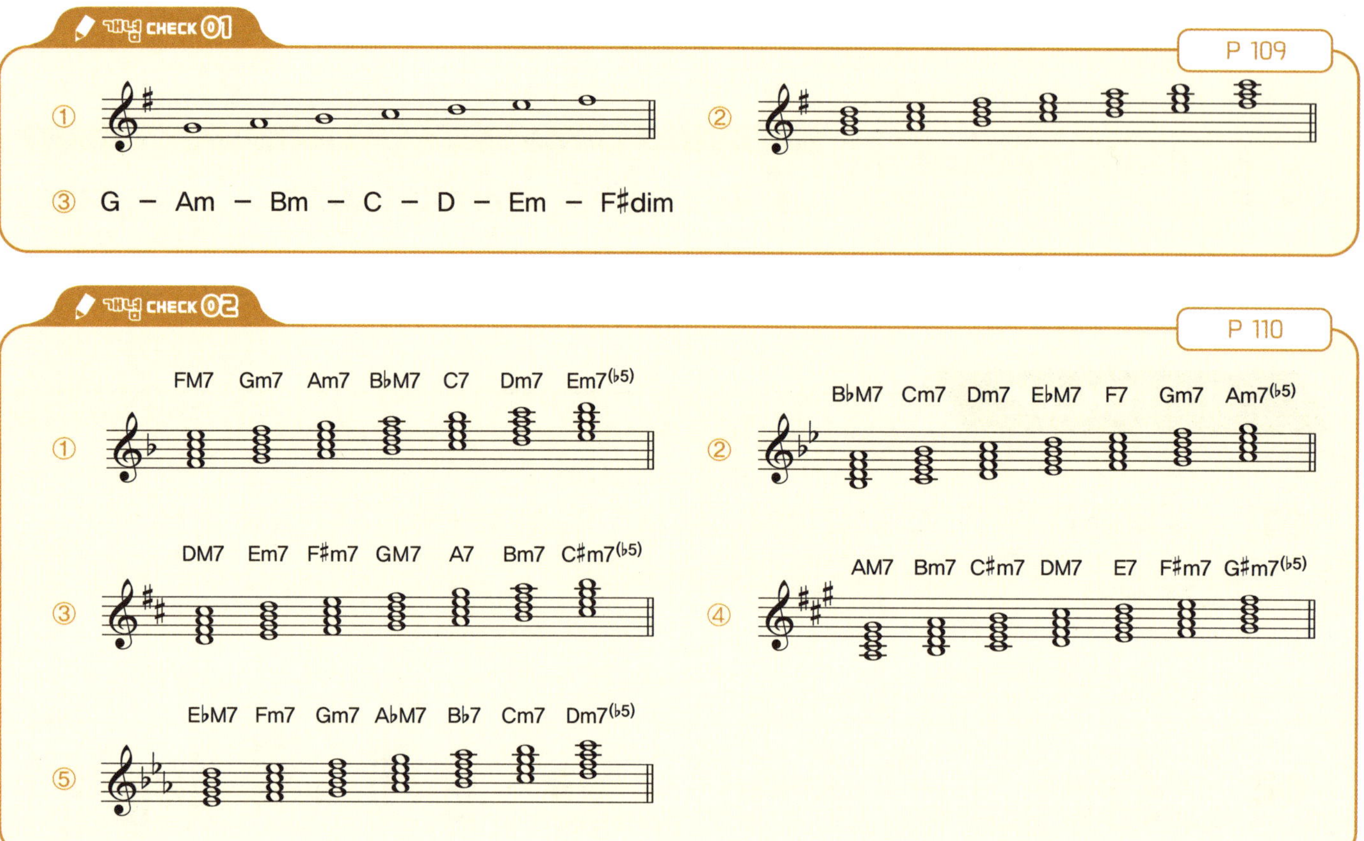

개념 CHECK 03

P 111

Key	IM7	IIm7	IIIm7	IVM7	V7	VIm7	VIIm7(♭5)
C Major	CM7	Dm7	Em7	FM7	G7	Am7	Bm7(♭5)
F Major	FM7	Gm7	Am7	B♭M7	C7	Dm7	Em7(♭5)
B♭ Major	B♭M7	Cm7	Dm7	E♭M7	F7	Gm7	Am7(♭5)
E♭ Major	E♭M7	Fm7	Gm7	A♭M7	B♭7	Cm7	Dm7(♭5)
A♭ Major	A♭M7	B♭m7	Cm7	D♭M7	E♭7	Fm7	Gm7(♭5)
D♭ Major	D♭M7	E♭m7	Fm7	G♭M7	A♭7	B♭m7	Cm7(♭5)
G♭ Major	G♭M7	A♭m7	B♭m7	C♭M7	D♭7	E♭m7	Fm7(♭5)
B Major	BM7	C#m7	D#m7	EM7	F#7	G#m7	A#m7(♭5)
E Major	EM7	F#m7	G#m7	AM7	B7	C#m7	D#m7(♭5)
A Major	AM7	Bm7	C#m7	DM7	E7	F#m7	G#m7(♭5)
D Major	DM7	Em7	F#m7	GM7	A7	Bm7	C#m7(♭5)
G Major	GM7	Am7	Bm7	CM7	D7	Em7	F#m7(♭5)

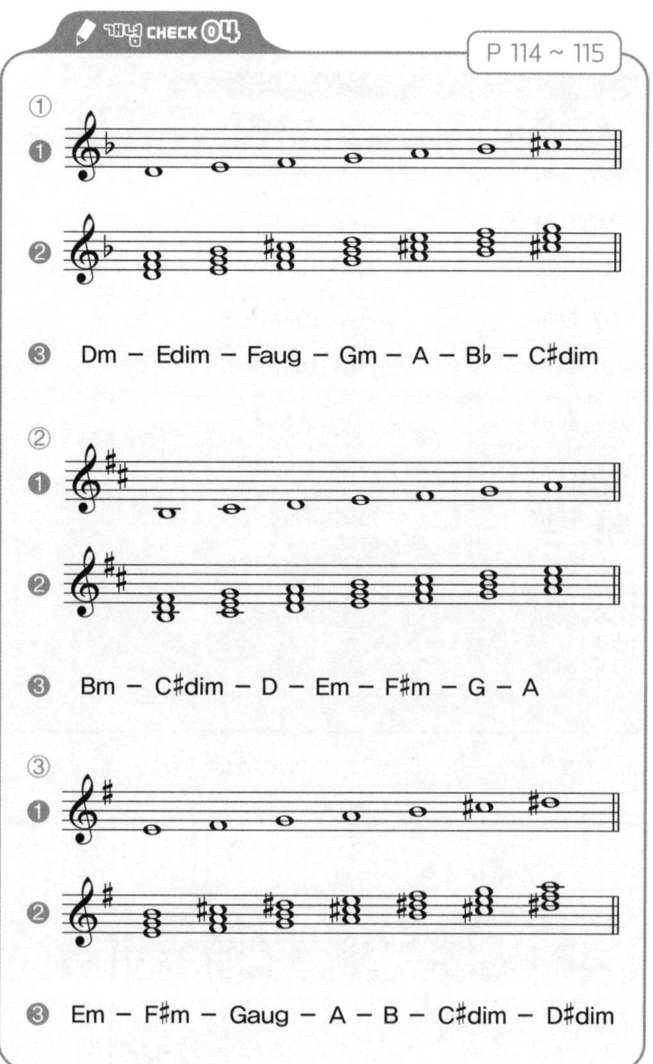

①
❶
❷
③ Dm − Edim − Faug − Gm − A − B♭ − C#dim
②
❶
❷
③ Bm − C#dim − D − Em − F#m − G − A
③
❶
❷
③ Em − F#m − Gaug − A − B − C#dim − D#dim

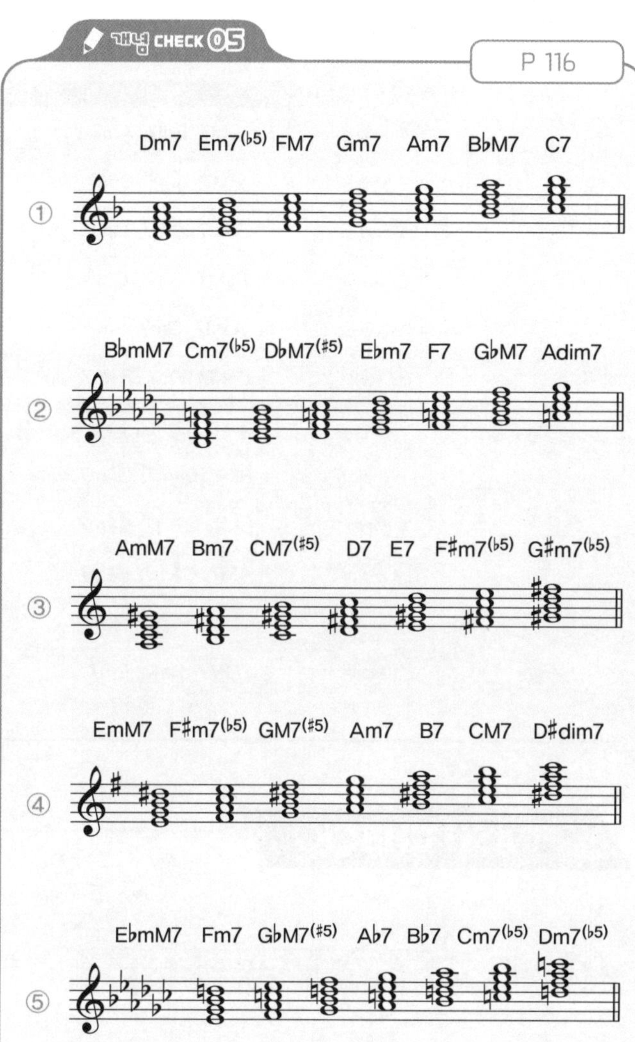

① Dm7 Em7(♭5) FM7 Gm7 Am7 B♭M7 C7
② B♭mM7 Cm7(♭5) D♭M7(#5) E♭m7 F7 G♭M7 Adim7
③ AmM7 Bm7 CM7(#5) D7 E7 F#m7(♭5) G#m7(♭5)
④ EmM7 F#m7(♭5) GM7(#5) Am7 B7 CM7 D#dim7
⑤ E♭mM7 Fm7 G♭M7(#5) A♭7 B♭7 Cm7(♭5) Dm7(♭5)

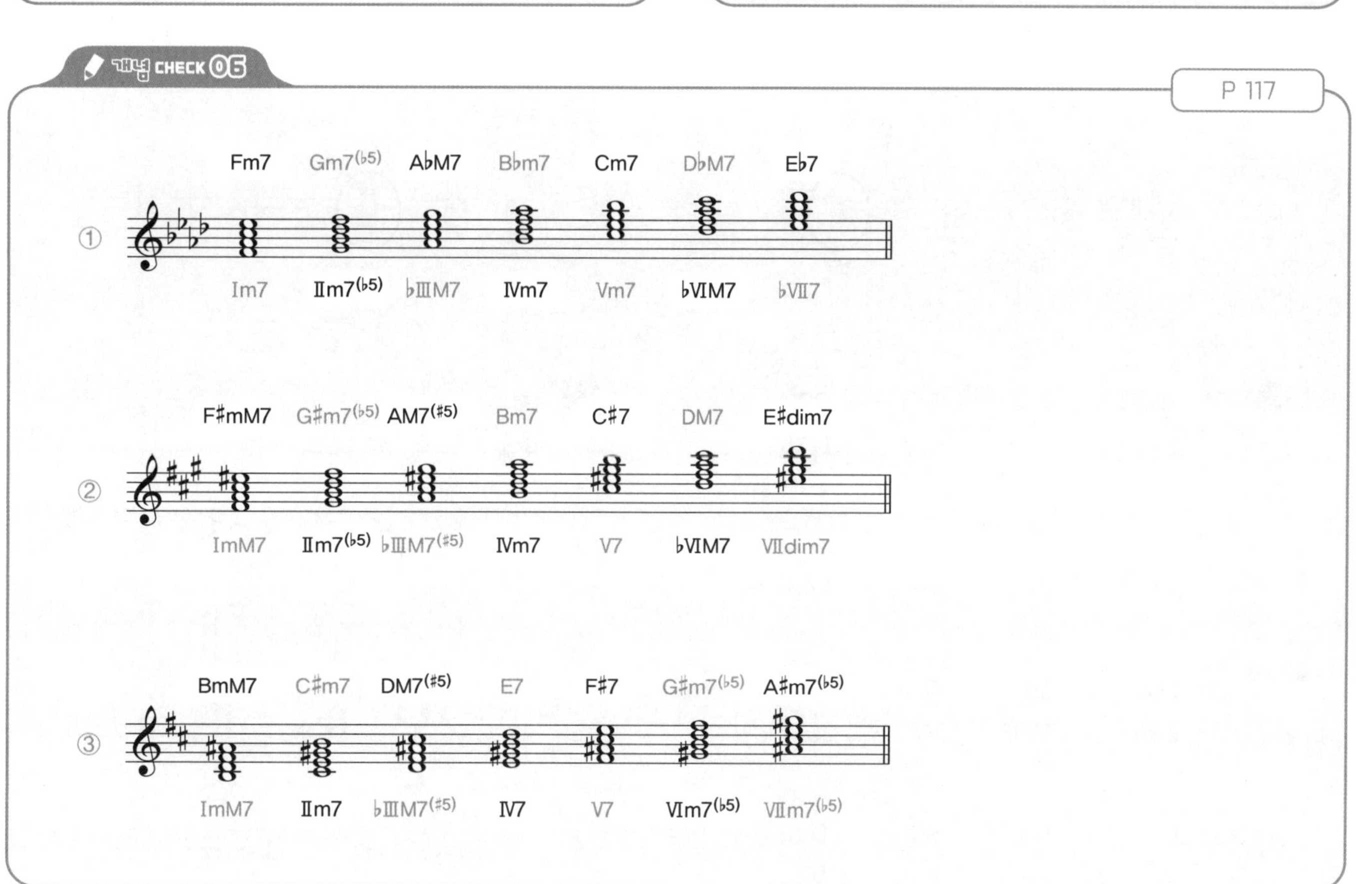

① Fm7 Gm7(♭5) A♭M7 B♭m7 Cm7 D♭M7 E♭7
Im7 IIm7(♭5) ♭IIIM7 IVm7 Vm7 ♭VIM7 ♭VII7

② F#mM7 G#m7(♭5) AM7(#5) Bm7 C#7 DM7 E#dim7
ImM7 IIm7(♭5) ♭IIIM7(#5) IVm7 V7 ♭VIM7 VIIdim7

③ BmM7 C#m7 DM7(#5) E7 F#7 G#m7(♭5) A#m7(♭5)
ImM7 IIm7 ♭IIIM7(#5) IV7 V7 VIm7(♭5) VIIm7(♭5)

Key	T	SD	D
C Major	CM7, Em7, Am7	FM7, Dm7	G7, Bm7(♭5)
F Major	FM7, Am7, Dm7	B♭M7, Gm7	C7, Em7(♭5)
B♭ Major	B♭M7, Dm7, Gm7	E♭M7, Cm7	F7, Am7(♭5)
E♭ Major	E♭M7, Gm7, Cm7	A♭M7, Fm7	B♭7, Dm7(♭5)
A♭ Major	A♭M7, Cm7, Fm7	D♭M7, B♭m7	E♭7, Gm7(♭5)
D♭ Major	D♭M7, Fm7, B♭m7	G♭M7, E♭m7	A♭7, Cm7(♭5)
G♭ Major	G♭M7, B♭m7, E♭m7	C♭M7, A♭m7	D♭7, Fm7(♭5)
B Major	BM7, D#m7, G#m7	EM7, C#m7	F#7, A#m7(♭5)
E Major	EM7, G#m7, C#m7	AM7, F#m7	B7, D#m7(♭5)
A Major	AM7, C#m7, F#m7	DM7, Bm7	E7, G#m7(♭5)
D Major	DM7, F#m7, Bm7	GM7, Em7	A7, C#m7(♭5)
G Major	GM7, Bm7, Em7	CM7, Am7	D7, F#m7(♭5)

FINISH CHECK

P 120 ~ 123

01

① 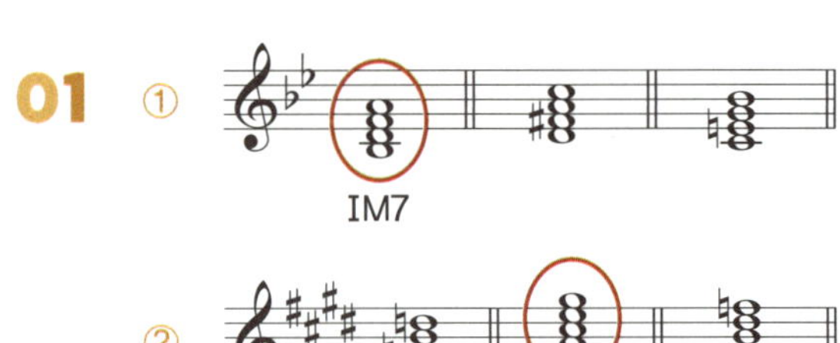

② 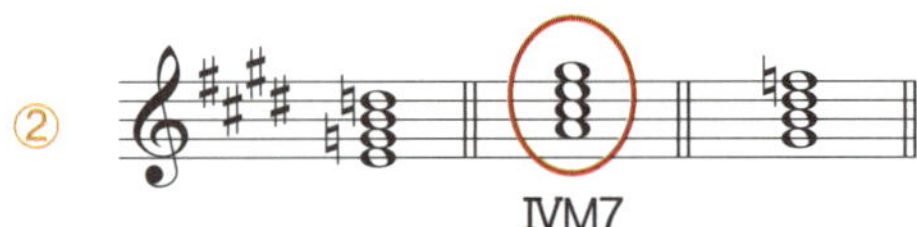

③ 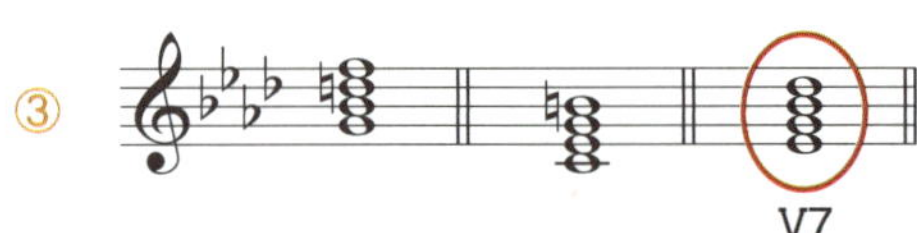

02

① 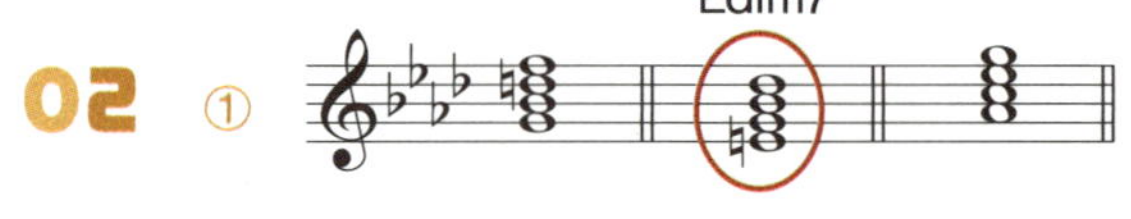

② 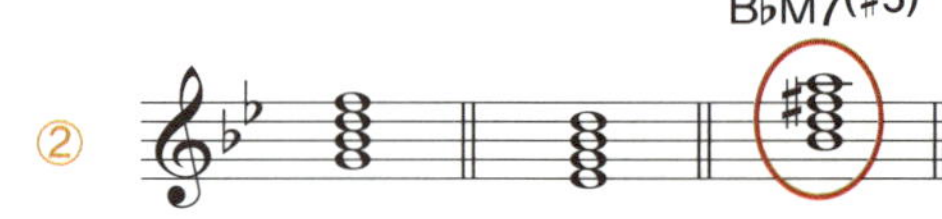

③ 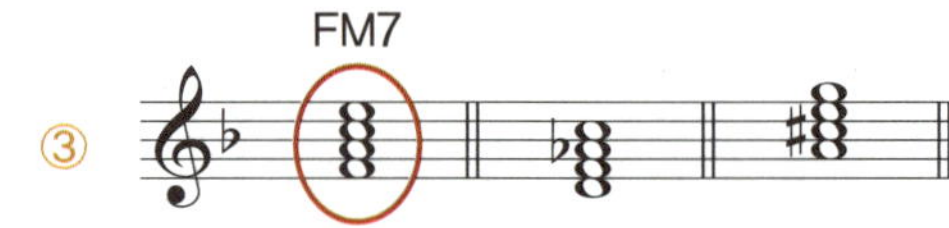

03

①
SD	D	T	SD
IIm7	V7	IM7	IVM7

②
T	D	T	SD
IM7	V7	VIm7	IVM7

③
SD	SD	D	T
IIm7	IVM7	V7	IM7

④
D	T	SD	D
VIIm7(♭5)	IM7	IIm7	V7

04

① 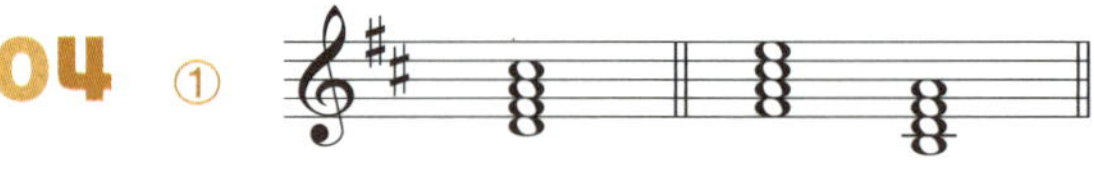

② 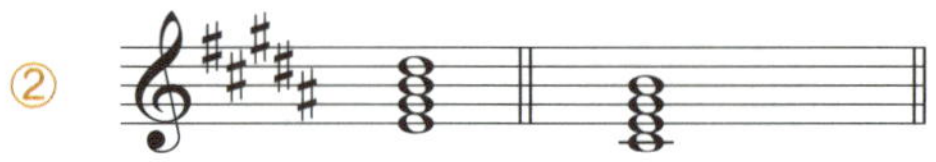

③ 

④ 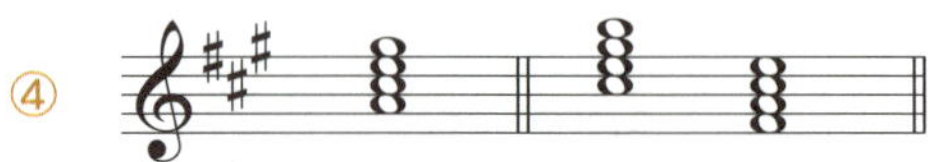

⑤ 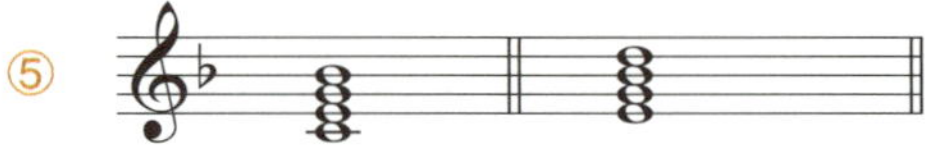

Chapter 09

코드 진행과 분석 (Harmonic Progressions and Analysis)

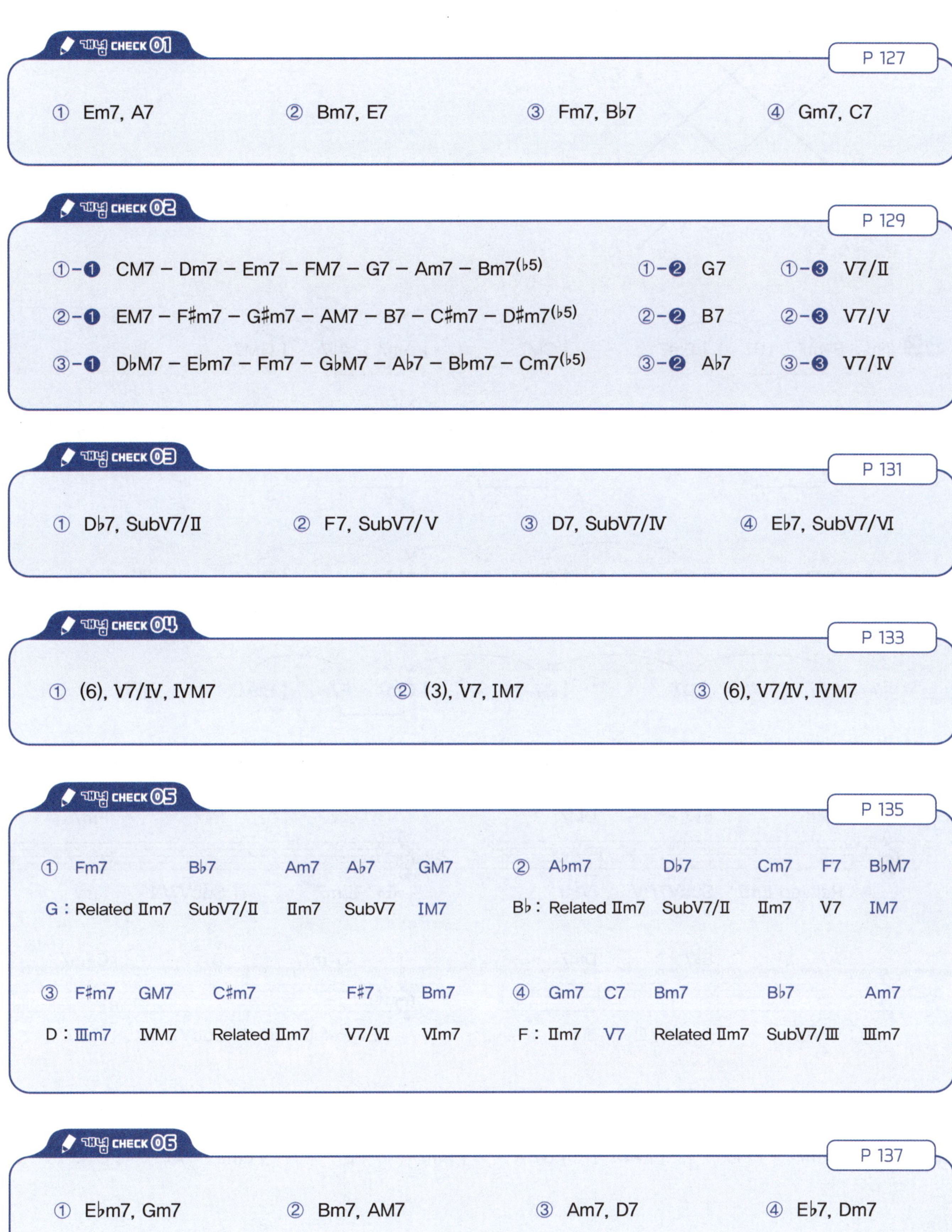

01

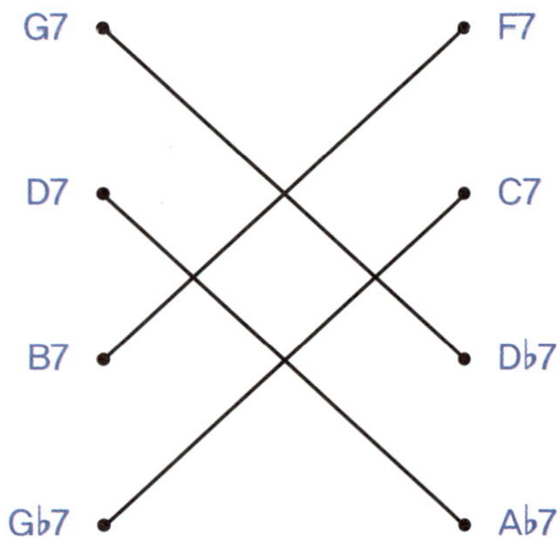

02 ①

03

① F#m7   B7 | Em7 | CM7 | Am7   A♭7 | GM7   ‖

② Dm7   G7 | CM7 | A♭m7 D♭7 | Gm7   C7 | FM7   ‖

③ DM7 | B7 | B♭m7 E♭7 | A♭7 | GM7   ‖

④ A7 | D7 | G7 | Cm7   F7 | B♭M7   ‖

04

① 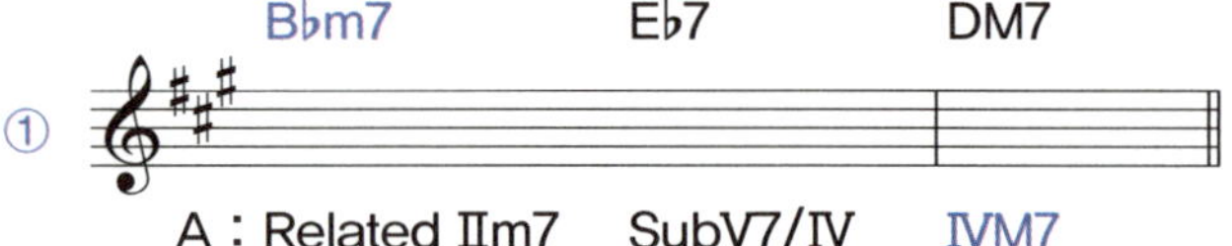

A : Related IIm7   SubV7/IV   IVM7

② 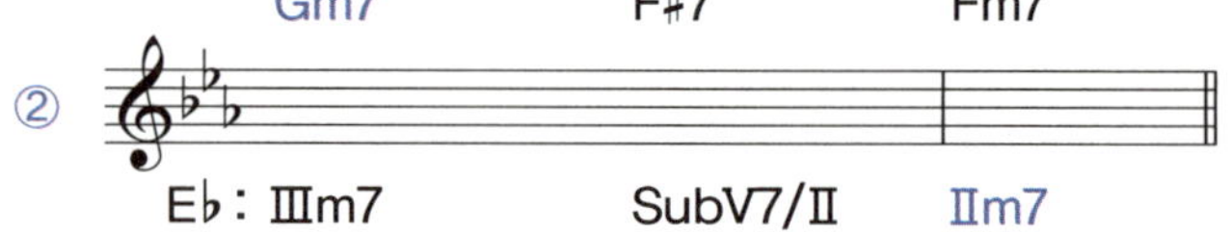

E♭ : IIIm7   SubV7/II   IIm7

③ 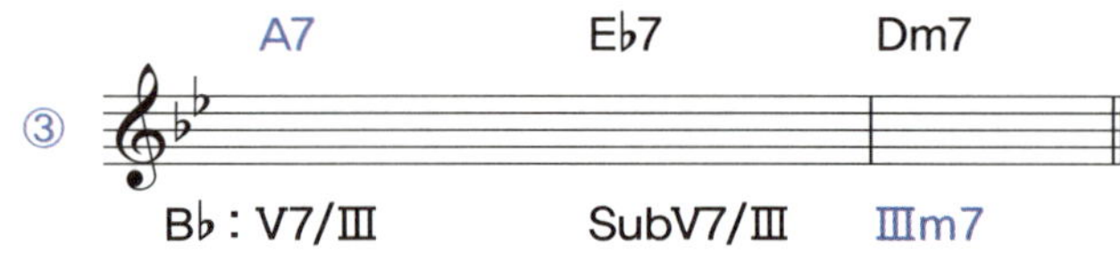

B♭ : V7/III   SubV7/III   IIIm7

④ 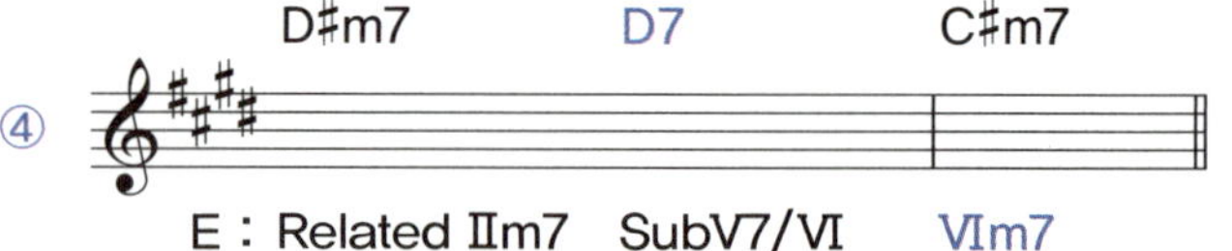

E : Related IIm7   SubV7/VI   VIm7

05

① C#m7 | F#7 | F#m7 | B7 | Bm7 | E7 | Em7   A7 | DM7   ‖

② Gm7 | G♭7 | G♭m7 | F7 | Bm7 | E7 | B♭m7   E♭7 | DM7   ‖

개념 CHECK 01

P 147

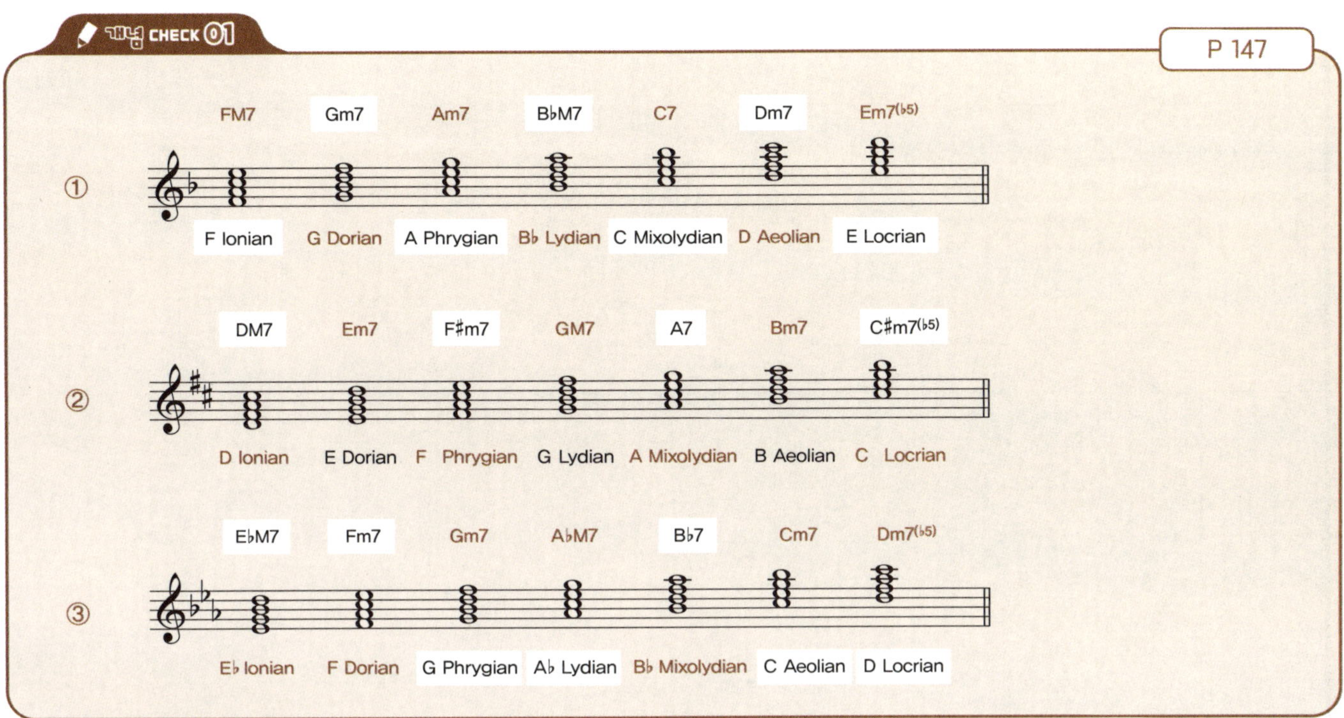

개념 CHECK 02

P 149

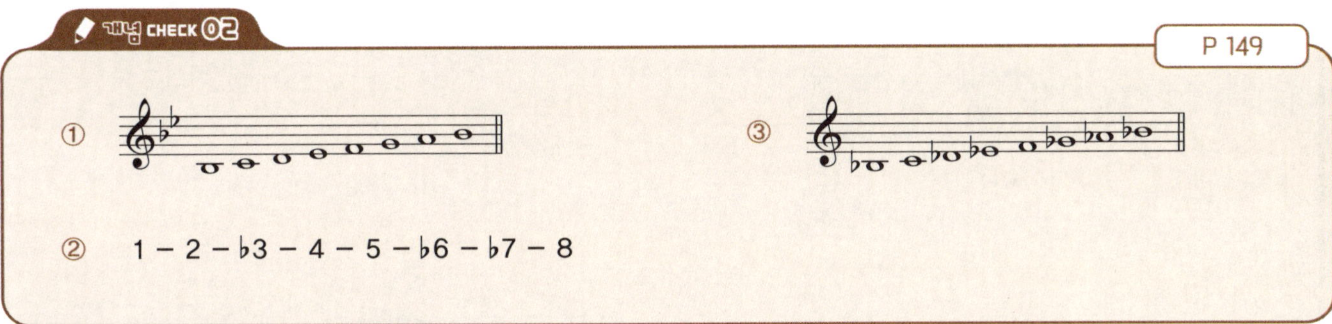

② 1 − 2 − b3 − 4 − 5 − b6 − b7 − 8

FINISH **CHECK**

P 150 ~ 151

01

① IIm7 — F# Dorian | V7 — B Mixolydian | IM7 — E Ionian | IVM7 — A Lydian

② IM7 — Ab Ionian | V7 — Eb Mixolydian | IIIm7 — C Phrygian | IVM7 — Db Lydian

③ VIm7 — E Aeolian | IVM7 — C Lydian | V7 — D Mixolydian | IM7 — G Ionian

④ IIIm7 — F Phrygian | IVM7 — Gb Lydian | VIIm7(b5) — C Locrian | IM7 — Db Ionian

02

① F Mixolydian

② E Dorian

③ D Locrian

④ Bb Lydian

⑤ G Aeolian

⑥ A Phrygian

memo

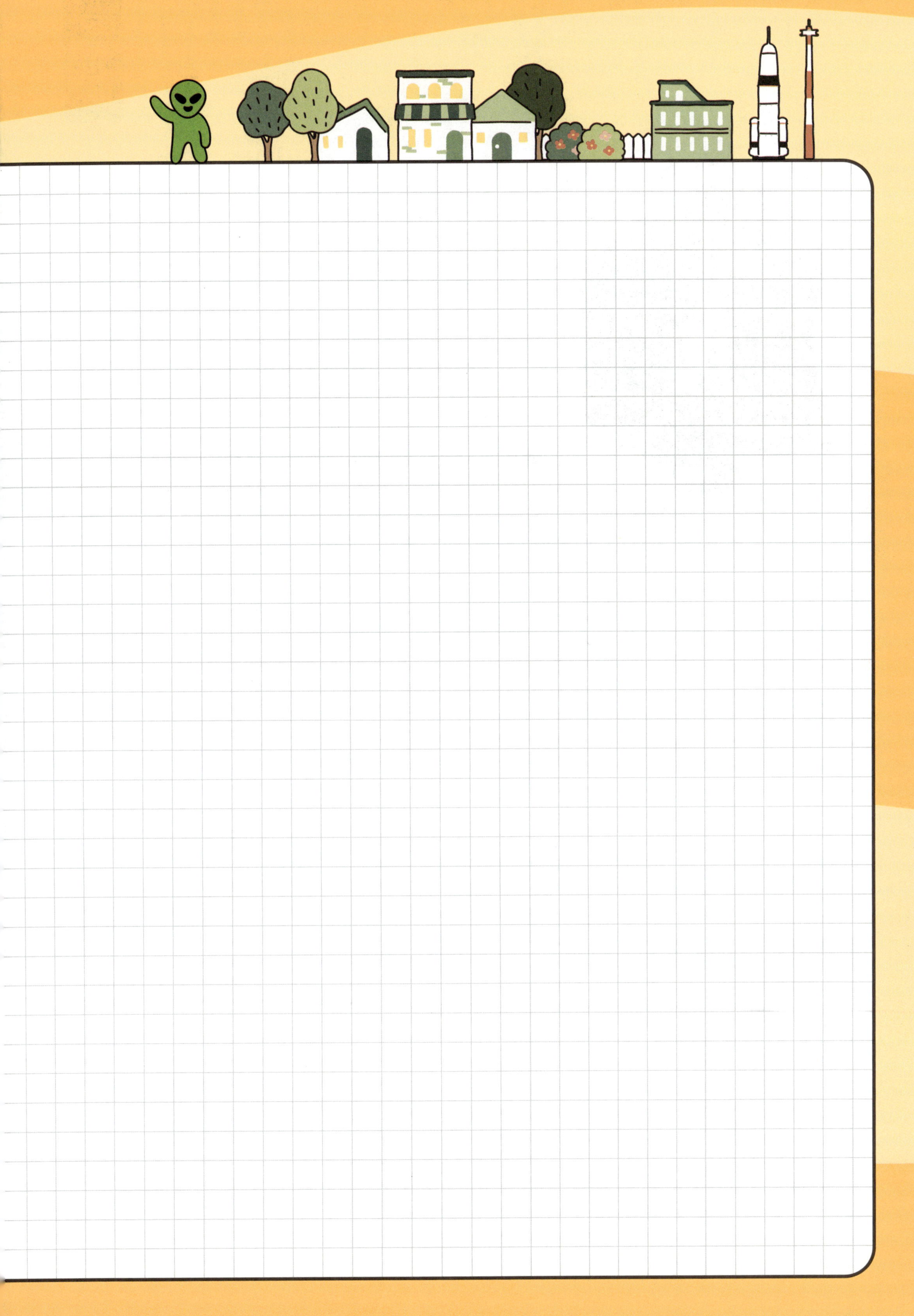

- 서울예술대학교 실용음악과 졸업
- 미국 노스 텍사스 주립대학교(University of North Texas) 학사 · 석사
- 서경대학교 문화예술학 박사

- 2006년 첫 앨범 "The End and Everything After"로 데뷔와 함께 제4회 대중음악상 수상
- 재즈피플 리더스폴 베스트 피아노 부문 2회 수상(2009, 2012)
- 2020년 2월 JB Liberation Amalgamation 밴드로 대중음악상 최우수 연주상 수상

현 서경대학교 실용음악과 특임교수, 경희대학교 포스트모던 음악학과 겸임교수

화성에서 온 실용 화성학 배장은 편저

발행인 박현수

발행처 세광음악출판사 | 서울특별시 구로구 벚꽃로76길 27
Tel. 02)714-0048, 50(내용 문의)　　Fax. 02)719-2656
http://www.sekwangmall.co.kr

공급처 (주)세광아트 Tel. 02)719-2652　　Fax. 02)719-2191

|총괄| 강성호
|편집 및 교정| 강효정, 유은재
|디자인| 김태원, 김수진
|제작| 김상준
|마케팅| 강성호, 윤미희

등록번호 제 3-108호(1953. 2. 12)
ISBN　978-89-03-16306-0 93670